과학도 공부하고, 스크래치도 함께 배워요!

스크래치야!
과학이랑
놀자

김미의, 김현정, 이미향 지음

프로젝트편

스크래치야! 과학이랑 놀자_프로젝트편

ISBN 978-89-314-5540-3

독자님의 의견을 받습니다.

이 책을 구입한 독자님은 영진닷컴의 가장 중요한 비평가이자 조언가입니다. 저희 책의 장점과 문제점이 무엇인지, 어떤 책이 출판되기를 바라는지, 책을 더욱 알차게 꾸밀 수 있는 아이디어가 있으면 팩스나 이메일, 또는 우편으로 연락주시기 바랍니다. 의견을 주실 때에는 책 제목 및 독자님의 성함과 연락처(전화번호나 이메일)를 꼭 남겨 주시기 바랍니다. 독자님의 의견에 대해 바로 답변을 드리고, 또 독자님의 의견을 다음 책에 충분히 반영하도록 늘 노력하겠습니다.

이메일 : support@youngjin.com

주 소 : (우)08505 서울시 금천구 가산디지털2로 123 월드메르디앙벤처센터2차 10층 1016호 (주)영진닷컴 기획1팀

파본이나 잘못된 도서는 구입하신 곳에서 교환해 드립니다.

STAFF

저자 김미의, 김현정, 이미향 | **총괄** 김태경 | **진행** 정소현 | **내지 디자인** 고은애 | **표지 디자인** 고은애 | **인쇄** 제이엠 인쇄

머리말

'나무' 한 그루를 소중히 심으며, '숲'을 볼 줄 아는 힘을 키워나가는 코딩 교육

〈스크래치야! 과학이랑 놀자 : 입문편〉을 통해 스크래치의 각 블록의 기능을 익혔습니다. 영어 공부로 비유하면, 알파벳을 배우고, 단어를 익히며, 간단한 문장을 만들어 보는 과정을 학습한 것입니다.

〈스크래치야! 과학이랑 놀자 : 프로젝트편〉은 스크래치의 블록의 기능을 적극 활용하여, 초등 교과 과학의 개념과 원리를 프로젝트 단위로 개발하는 데 초점을 맞췄습니다. 즉, 단어를 사용해서 문장을 만들고 더 나아가 대화를 하고 자신의 생각을 마음껏 표현할 수 있도록 연습하는 것과 같습니다.

1. 어떤 문제가 주어졌을 때 문제 해결을 위한 고민을 하고, 코딩을 이용해 다양한 방법으로 해결할 수 있도록 도와줍니다.
2. 교육자의 입장에서 이 책으로 배우는 친구들이 코드를 따라 해보는 것에 그치지 말고, 자신만의 방법으로 문제 해결을 할 수 있는 역량을 키우길 기대합니다.
3. 나무만을 보는 단편적인 생각의 틀을 벗어나 큰 숲을 볼 수 있는 생각의 힘을 키우는데 도움이 되었으면 합니다.
4. 어려운 과학이 코딩을 통해 더 재미있는 공부로 자연스럽게 이어지길 기대해봅니다.

저자 소개 ㅇㅇㅇ

김미의
곤지암 초등학교 특기적성 강사
(전)곤지암 초등학교 SW동아리 강사
(전)서울대곡초등학교 특기적성 강사
(전)용인대학교 ITQ자격증 외부 강사
안랩샘 아카데미 1기 수료(코딩 심화과정)

김현정
보평초등학교 특기적성 강사
(전)프로그래머
금융계 CRM센터 구축 프로젝트 개발 참여
안랩샘 아카데미 1기 수료(코딩 심화과정)

이미향
숭실대학교 미디어 공학 박사
아세아연합신학대학교 외래교수
동양미래대학교 외래교수
주니어 CEO 코딩클럽 대표
역곡고등학교 클러스터 정보과학 강사
안랩샘 아카데미 1기 수료(코딩 심화과정)

목차

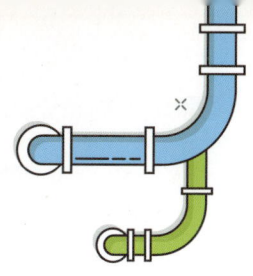

01 고체의 열 이동

열은 온도가 높은 부분에서 낮은 부분으로 이동합니다. 쇠막대를 이용하여 고체에서 열이 어떻게 이동하는지 과정을 표현해봅니다.

- **예제 파일 l** 1강-고체의 열 이동_예제.sb2
- **완성 파일 l** 1강-고체의 열 이동_완성.sb2
- **사용 방법 l** 쇠막대에서 열 이동 방향을 관찰합니다.

 **교과 내용 파악하기**

1 | 교과 연계 : 5학년 과학 [온도와 열]

2 | 교과 핵심 내용

(1) 가열하는 부분에서부터 주위의 다른 부분으로 고체를 따라 열이 이동합니다.

(2) 온도가 높은 부분에서 온도가 낮은 부분으로 열이 이동합니다.

3 | 교과 핵심 확인 문제

다음 중 고체에서의 열의 이동을 이용한 기구인 것은? (   )

① 다리미   ② 에어컨   ③ 냉장고   ④ 선풍기

 **생각하기**

1 | 알고리즘

(1) [실행(🏳)] 버튼을 클릭하면 '불' 스프라이트(🕯)의 모양이 바뀝니다.

(2) '쇠막대' 스프라이트(■●●●●■)의 모양이 바뀝니다.

(3) '화살표' 스프라이트(➜)가 움직입니다.

2 | 순서도

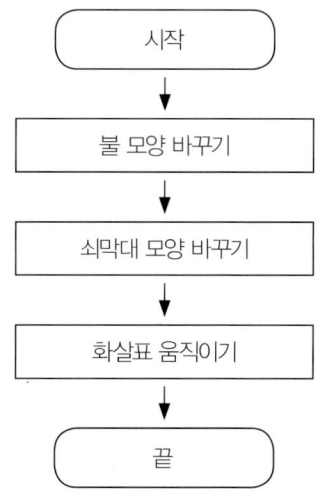

1ㅣ불 켜기

(1) '1강-고체의 열 이동_예제.sb2' 파일을 엽니다. '불' 스프라이트(🔥)를 선택한 후, 이벤트 팔레트의 클릭했을 때 블록을 드래그하고, 형태 팔레트의 크기를 100 % 로 정하기 블록을 연결한 후 크기를 작게 줄이기 위해서 크기를 100 % 로 정하기 블록을 연결하고, '25%'를 입력합니다.

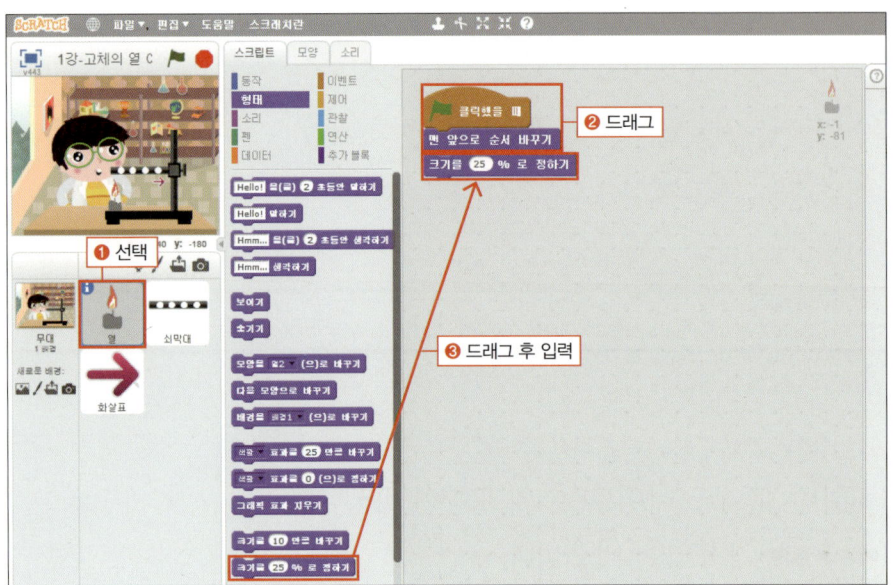

(2) 불이 켜져 있다는 것을 표현하기 위해 제어 팔레트의 무한 반복하기 블록을 연결하고, 형태 팔레트의 다음 모양으로 바꾸기 블록을 연결한 후 1 초 기다리기 블록을 연결하여 '0.5'초를 입력합니다.

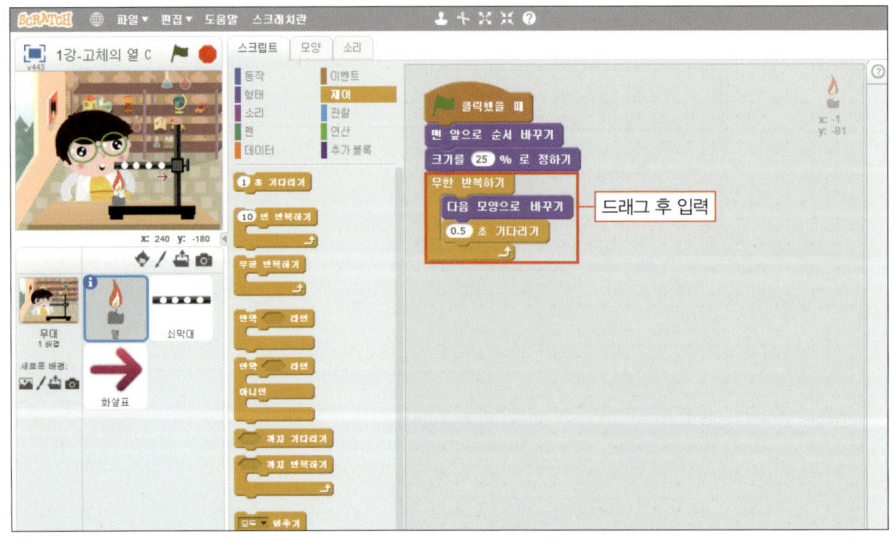

2 | 열 모양 바꾸기

(1) '쇠막대' 스프라이트(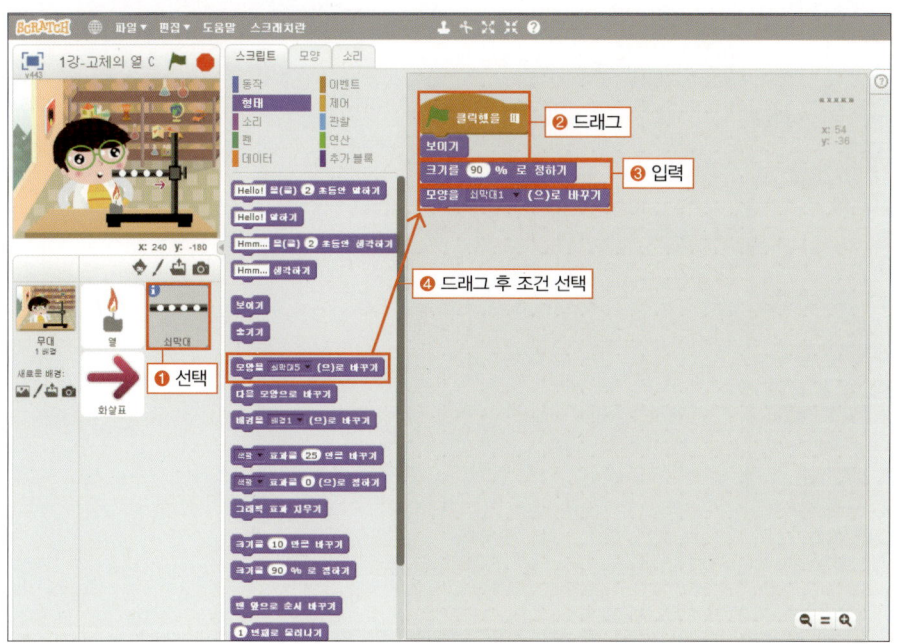)를 선택하고, 이벤트 팔레트의 클릭했을때 블록을 드래그합니다. 형태 팔레트의 보이기 블록을 연결한 후 크기를 100 % 로 정하기 블록을 연결하고, '90'%를 입력합니다. 모양을 쇠막대5 (으)로 바꾸기 블록을 연결하고, ▼를 클릭하여 [쇠막대1]을 선택합니다.

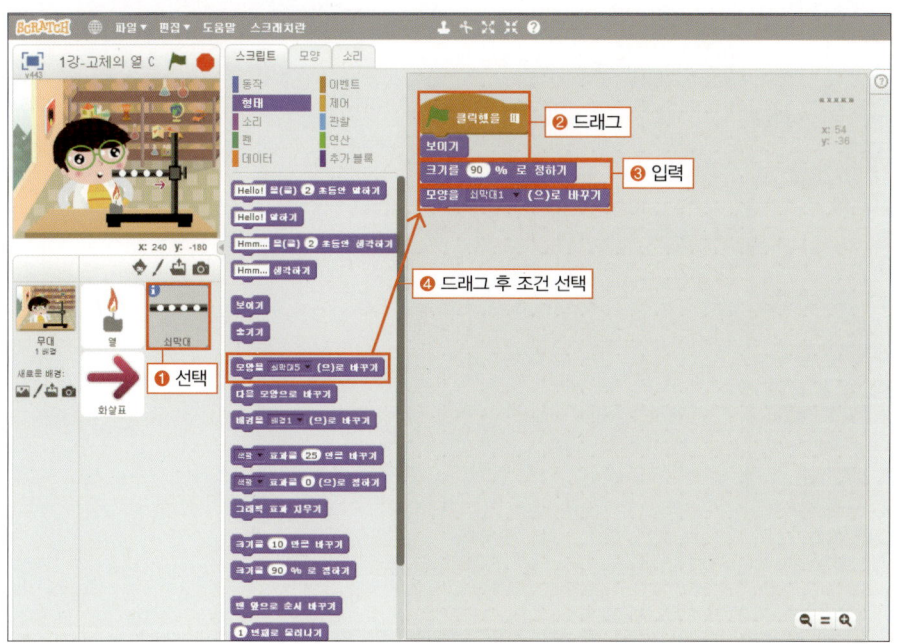

(2) 제어 팔레트의 1 초 기다리기 블록을 연결하고, 형태 팔레트의 모양을 쇠막대5 ▼ (으)로 바꾸기 블록을 연결한 후 ▼를 클릭하여 [쇠막대2]를 선택합니다. 이와 같은 방법으로 '쇠막대3', '쇠막대4', '쇠막대5'까지 복사 후 다음과 같이 코딩합니다.

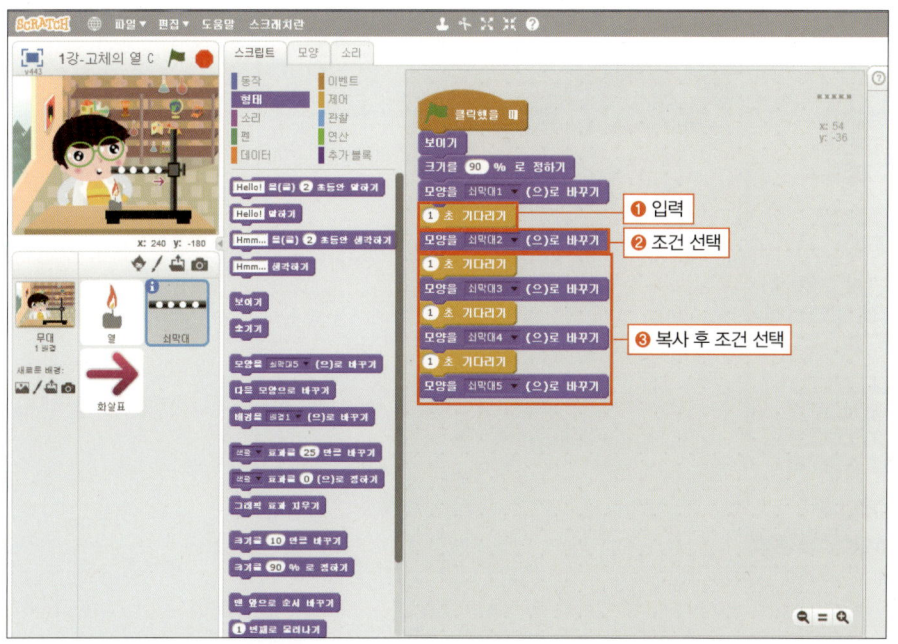

3 | 열 이동 표현하기

(1) '화살표' 스프라이트(→)를 선택하고, 이벤트 팔레트의 클릭했을때 블록을 드래그하고, 형태 팔레트의 크기를 100 % 로 정하기 블록을 연결하여 '50%'를 입력합니다.

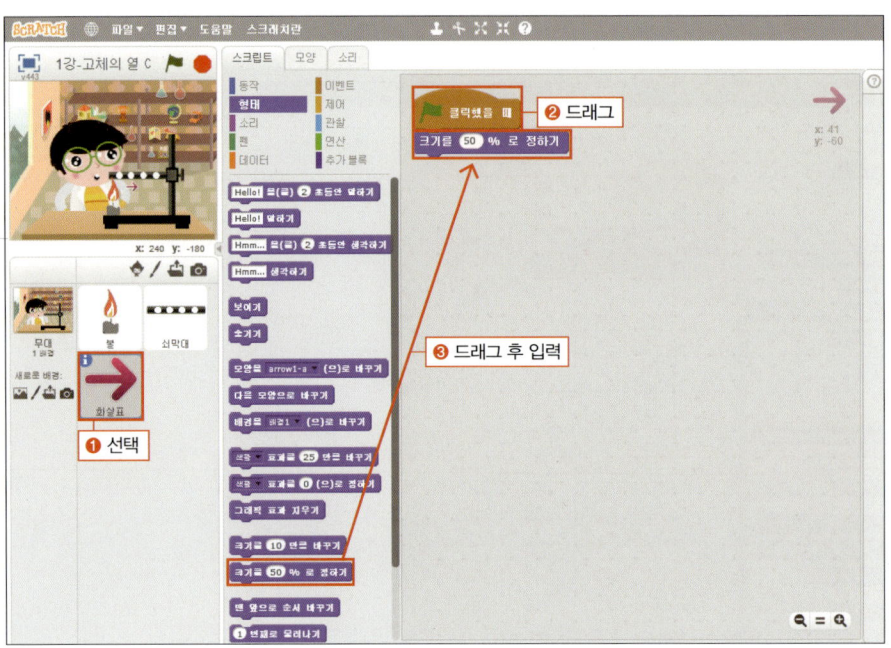

(2) 열 이동을 표현하기 위해 동작 팔레트의 x: 42 y: -60 로 이동하기 블록을 연결한 다음 'x: 10', 'y: -60'을 입력합니다. 1 초 동안 x: 42 y: -60 으로 움직이기 블록을 연결한 다음 '5'초, 'x: 100', 'y: -60'을 입력한 후 [실행(▶)] 버튼을 클릭하여 결과 화면을 확인합니다.

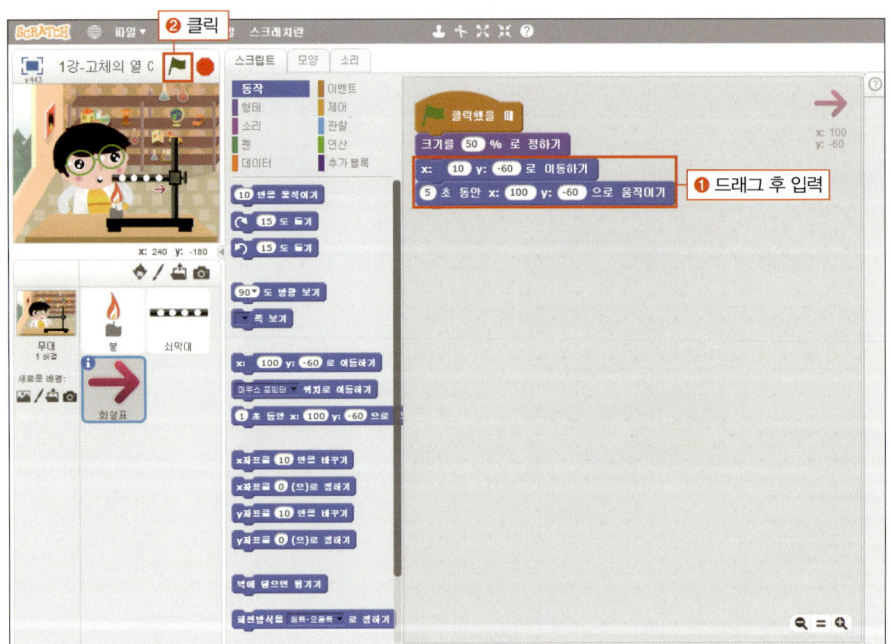

사고력 향상 문제

○ 예제 파일 | 1강-고체의 열 이동_완성.sb2
○ 완성 파일 | 1강-고체의 열 이동_사고력향상_완성.sb2

1 '쇠막대' 스프라이트(●●●●●)의 모양을 반복하여 나타내봅니다.

2 '화살표' 스프라이트(➜)의 모양을 반복하여 나타내봅니다.

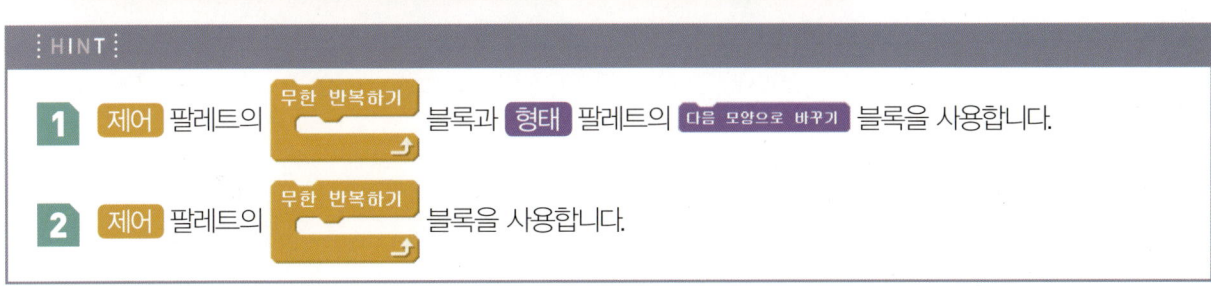

HINT

1 제어 팔레트의 무한 반복하기 블록과 형태 팔레트의 다음 모양으로 바꾸기 블록을 사용합니다.

2 제어 팔레트의 무한 반복하기 블록을 사용합니다.

02 태양계의 행성

태양계에는 태양의 영향이 미치는 공간과 구성원이 있습니다. 태양과의 거리에 따라 태양계의 행성들을 나타내봅니다.

- ○ **예제 파일 |** 2강–태양계의 행성_예제.sb2
- ○ **완성 파일 |** 2강–태양계의 행성_완성.sb2
- ○ **사용 방법 |** 앞버튼, 뒤버튼을 클릭하여 태양계의 행성들을 봅니다.

Point 01 교과 내용 파악하기

1 | 교과 연계 : 5학년 과학 [태양계와 별]

2 | 교과 핵심 내용

(1) 태양의 영향이 미치는 공간과 구성원을 태양계라고 합니다.

(2) 태양계의 행성에는 수성, 금성, 지구, 화성, 목성, 토성, 천왕성, 해왕성이 있습니다.

3 | 교과 핵심 확인 문제

태양계의 행성이 아닌 것은? (   )

① 금성   ② 지구   ③ 명왕성   ④ 해왕성

Point 02 생각하기

1 | 알고리즘

(1) [실행(▶)] 버튼을 클릭하면 배경에 '앞버튼' 스프라이트(←), '뒤버튼' 스프라이트(→), '행성' 스프라이트(●)가 보여집니다.

(2) '앞버튼' 스프라이트(←)를 클릭하면 그림이 앞으로 바뀌고, 말해줍니다.

(3) '뒤버튼' 스프라이트(→)를 클릭하면 그림이 뒤로 바뀌고, 말해줍니다.

2 | 순서도

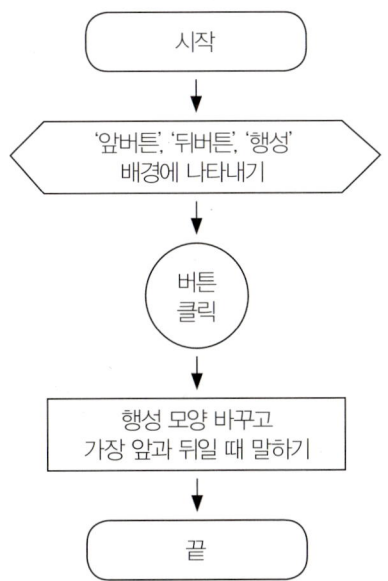

1 | 앞으로 뒤로 방송하기

(1) '2강-태양계의 행성_예제.sb2' 파일을 엽니다. '앞버튼' 스프라이트(←)를 선택한 후 [이벤트] 팔레트의 [클릭했을 때] 블록을 드래그하고, [동작] 팔레트의 [x: 0 y: 0 로 이동하기] 블록을 연결하여 'x: -90', 'y: 0'로 입력하고, [형태] 팔레트의 [보이기] 블록을 연결합니다. [이벤트] 팔레트의 [이 스프라이트를 클릭했을 때] 블록을 드래그하고, [메시지1 ▼ 방송하기] 블록의 ▼를 클릭하여 [앞으로] 메시지를 만들고, 선택합니다.

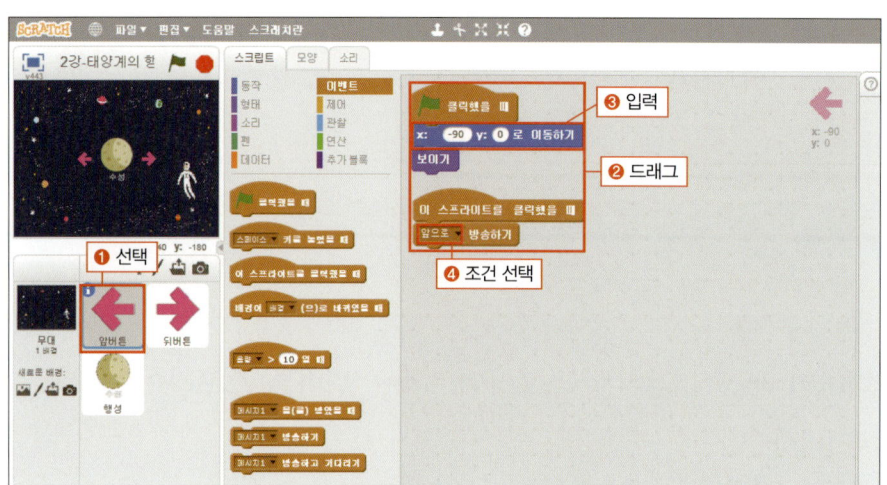

(2) '앞버튼' 스프라이트(←)의 [클릭했을 때] 블록과 [이 스프라이트를 클릭했을 때] 블록 위에 마우스 오른쪽 버튼을 클릭하여 [복사]를 선택하고, '뒤버튼' 스프라이트(→)를 클릭한 후 다음과 같이 코딩합니다.

- '뒤버튼' 스프라이트 위치 : 'x: 90', 'y: 0'   • 새 메시지 : '뒤로'

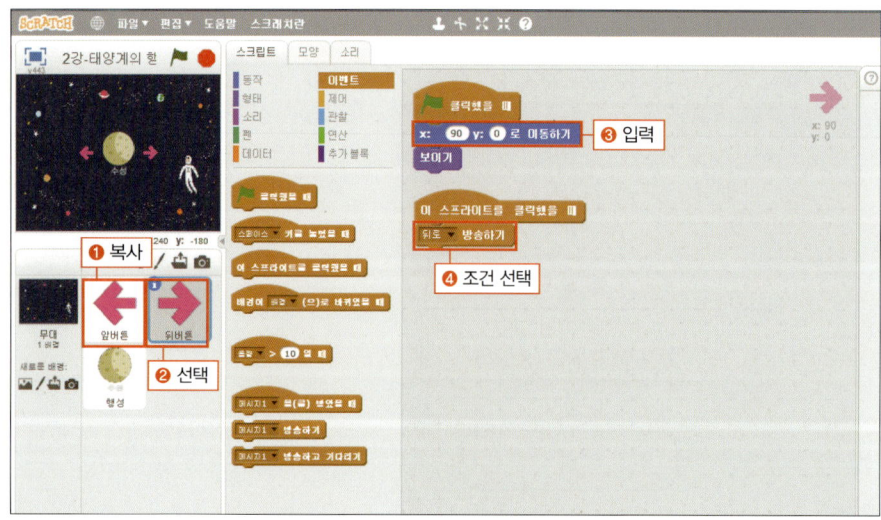

2 | 그림 바꾸고, 말하기

(1) '행성' 스프라이트(●)를 선택한 후 **이벤트** 팔레트의 ● **클릭했을 때** 블록을 드래그하고, **동작** 팔레트의 **x: 0 y: 0 로 이동하기** 블록을 연결합니다. **형태** 팔레트의 **모양을 해왕성 ▼ (으)로 바꾸기** 블록을 연결하고, ▼를 클릭하여 [수성]을 선택한 후, **보이기** 블록을 연결합니다.

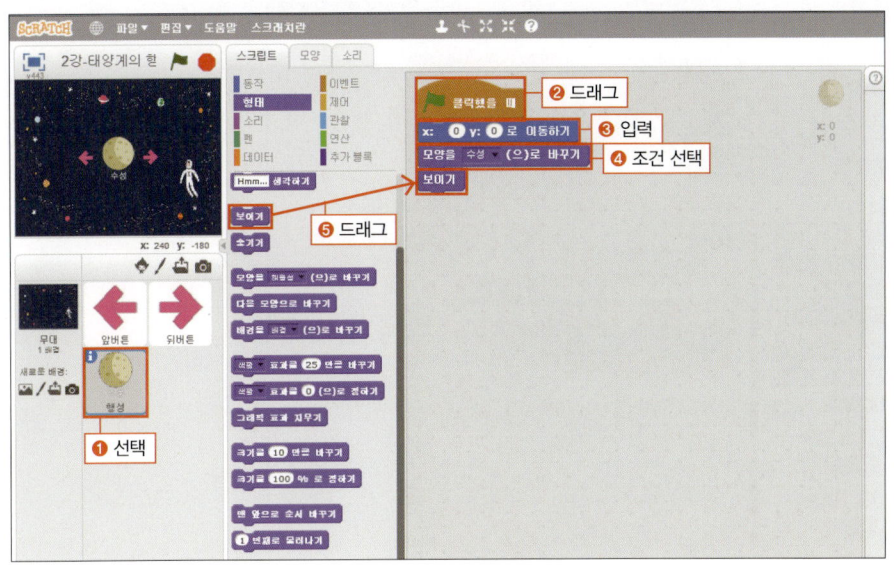

(2) 가장 앞일 때를 나타내기 위해서 **이벤트** 팔레트의 **앞으로 ▼ 을(를) 받았을 때** 블록을 드래그하고, **형태** 팔레트의 **보이기** 블록을 연결합니다. **제어** 팔레트의 **10 번 반복하기** 블록을 연결하여 **연산** 팔레트의 **□ = □** 블록을 연결한 후 첫 번째 칸에는 **형태** 팔레트의 **모양 #** 블록을 연결하고, 두 번째 칸에는 '1'을 입력합니다.

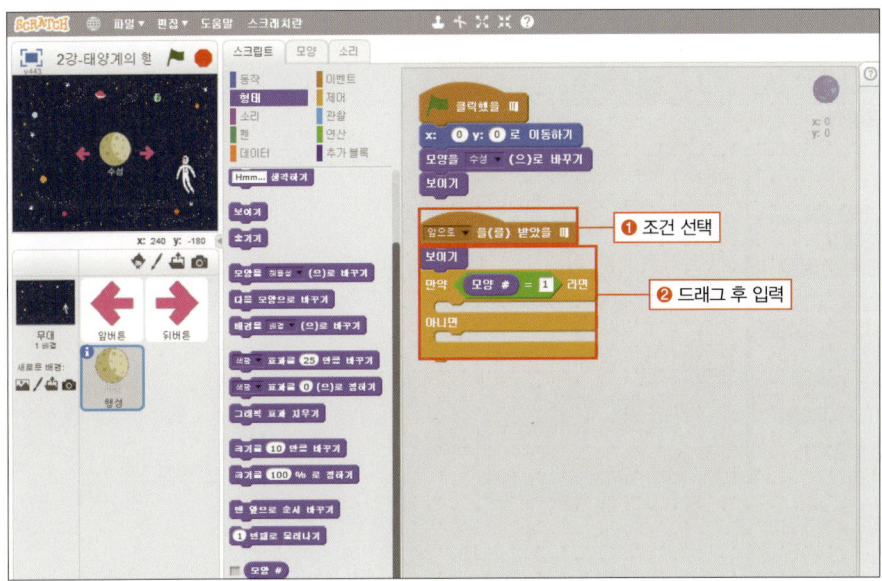

(3) 조건이 '참'일 경우 형태 팔레트의 [클릭했을 때] 블록을 연결하여 '태양과 가장 가까운 행성', '2' 초를 입력합니다. '거짓'일 경우에는 형태 팔레트의 [모양을 해왕성 (으)로 바꾸기] 블록을 연결하여 연산 팔레트의 [◯-◯] 블록을 연결한 후 첫 번째 칸에는 형태 팔레트의 [모양 #] 블록을 연결하고, 두 번째 칸에는 '1'을 입력합니다.

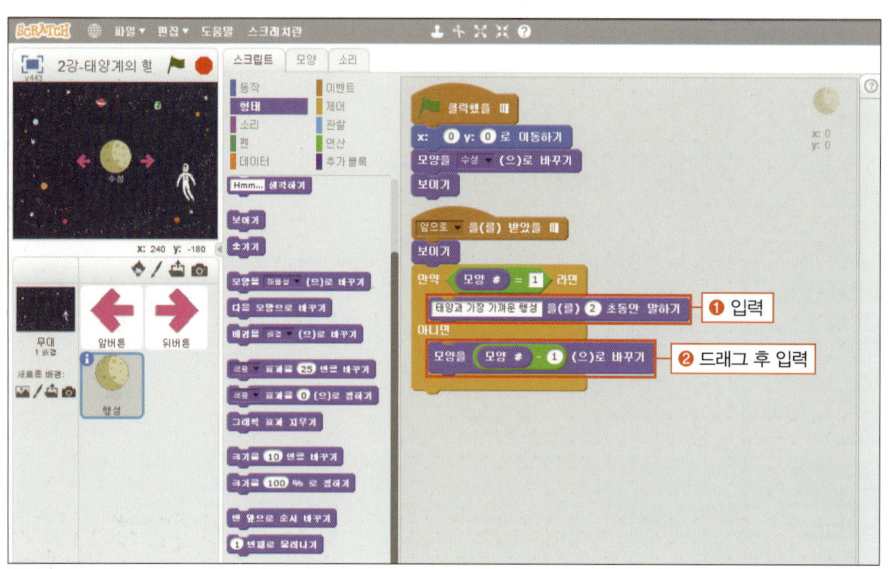

(4) [앞으로▼ 을(를) 받았을 때] 블록 위에 마우스 오른쪽 버튼을 클릭하여 [복사]를 선택하고, 아래에 클릭한 후 [앞으로▼ 을(를) 받았을 때] 블록의 ▼를 클릭하여 [뒤로]를 선택합니다. [모양 # = 1]은 '8'을 입력한 후 '태양과 가장 멀리 있는 행성', '2'초를 입력합니다. [모양 # - 1]은 [모양 # + 1]로 변경합니다. [실행(▶)] 버튼을 클릭하여 결과 화면을 확인합니다.

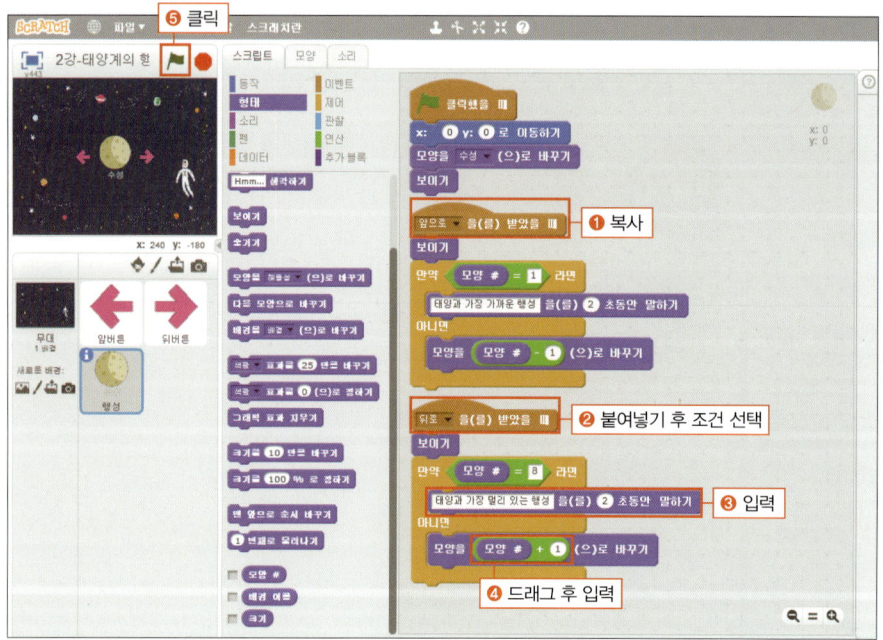

사고력 향상 문제

● 예제 파일 | 2강-태양계의 행성_완성.sb2
● 완성 파일 | 2강-태양계의 행성_사고력향상_완성.sb2

1 [실행(⚑)] 버튼을 클릭할 때 별이 자연스럽게 이동하도록 나타내봅니다.

2 [실행(⚑)] 버튼을 클릭할 때 별의 색깔이 변하도록 나타내봅니다.

> **HINT**
>
> **1** 동작 팔레트의 `x: 0 y: 0 로 이동하기` 블록과 `1 초 동안 x: 160 y: -100 으로 움직이기` 블록을 사용합니다.
>
> **2** 형태 팔레트의 `색깔 효과를 25 만큼 바꾸기` 블록을 사용합니다.

03 비밀가루 알아맞히기

어떤 일에 대하여 추리하는 것은 맞을 수도 있고 틀릴 수도 있습니다. 추리의 옳고 그름을 판단하는 과정을 통해 비밀가루가 무엇인지 알아봅니다.

- **예제 파일 |** 3강–비밀가루 알아맞히기_예제.sb2
- **완성 파일 |** 3강–비밀가루 알아맞히기_완성.sb2
- **사용 방법 |** 비밀가루에 대해 설명하는 것을 추리하여 비밀가루가 무엇인지 알아맞힙니다.

교과 내용 파악하기

1 | 교과 연계 : 4학년 과학 [기초 탐구 활동 익히기]

2 | 교과 핵심 내용

(1) 추리란 사물이나 사건, 현상을 관찰한 결과를 논리적으로 해석하는 과정을 의미합니다.

(2) 추리는 직접 관찰한 사실과 이전에 알고 있던 지식이나 경험하였던 사실을 연관시키는 과정을 통해 이루어집니다.

3 | 교과 핵심 확인 문제

다음 설명은 무엇에 대한 것인가요? (   )

사물이나 사건, 현상을 관찰한 결과를 논리적으로 해석하는 과정을 (   )라고 합니다.

생각하기

1 | 알고리즘

(1) [실행(🚩)] 버튼을 클릭하면 '해설자' 스프라이트(👧)가 4단계에 걸쳐 설명합니다.

(2) 각 단계 설명에 해당하는 가루는 남고 나머지는 숨겨서 최종적으로 하나의 가루만 남게 됩니다.

2 | 순서도

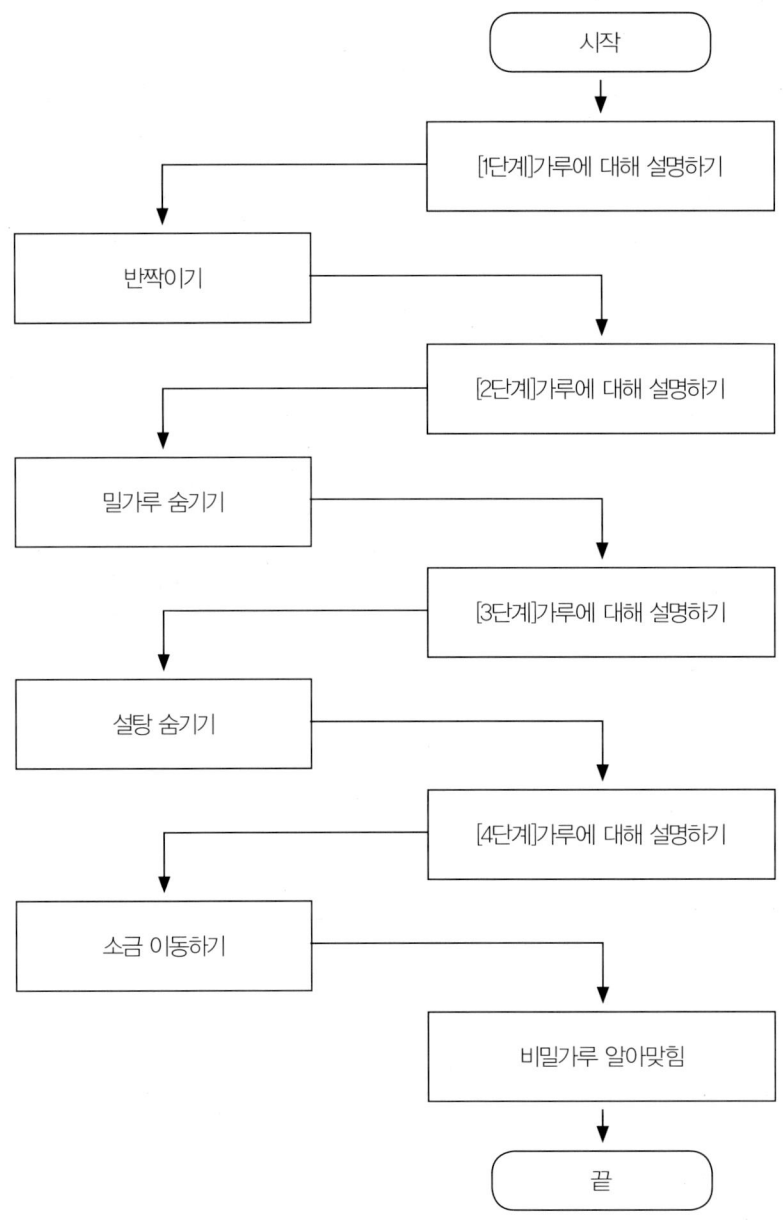

시작

[1단계]가루에 대해 설명하기

반짝이기

[2단계]가루에 대해 설명하기

밀가루 숨기기

[3단계]가루에 대해 설명하기

설탕 숨기기

[4단계]가루에 대해 설명하기

소금 이동하기

비밀가루 알아맞힘

끝

프로젝트 시작하기

1 | 해설자 : 가루에 대해 4단계 설명하기

(1) '3강-비밀가루 알아맞히기_예제.sb2' 파일을 엽니다. '해설자' 스프라이트(👧)를 선택한 후 **이벤트** 팔레트의 [클릭했을 때] 블록을 드래그하고, **형태** 팔레트의 [Hello! 을(를) 2 초동안 말하기] 블록을 연결한 후 '이것은 무엇일까요?'와 '5초를 각각 입력합니다. 1단계 질문을 하기 위해 [Hello! 을(를) 2 초동안 말하기] 블록을 연결한 후 '1. 하얀색이다.'와 '3'초를 입력합니다.

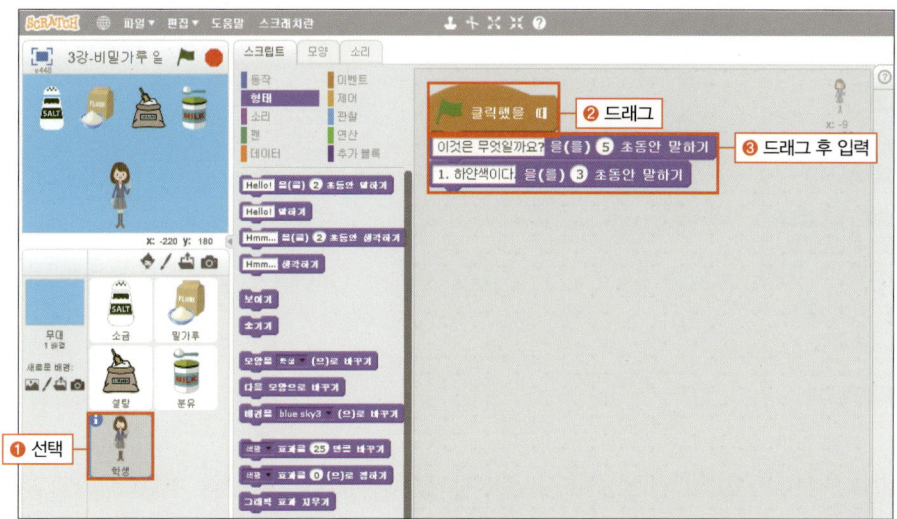

(2) 1단계 설명에 해당하는 가루를 표시하기 위해서 **이벤트** 팔레트의 [메시지1 ▼ 방송하고 기다리기] 블록을 드래그하고, ▼를 클릭하여 [반짝이기] 메시지를 만들고, 선택합니다. 2단계에서 4단계 설명과 그에 맞는 동작을 다음과 같이 코딩합니다.

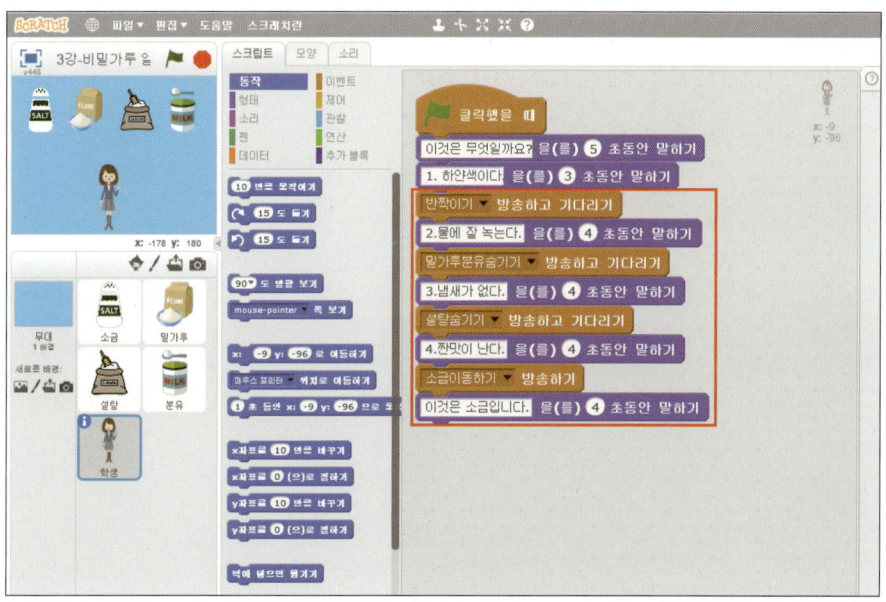

2 | 밀가루&분유와 설탕 표현하기

(1) '밀가루' 스프라이트(📦)를 선택한 후 이벤트 팔레트의 클릭했을때 블록을 드래그하고, 위치를 지정하기 위해 동작 팔레트의 x: -66 y: 103 로 이동하기 블록을 연결합니다. 스프라이트를 보여주고 '밀가루'라고 표현하기 위해 형태 팔레트의 보이기 블록과 밀가루 말하기 블록을 연결합니다.

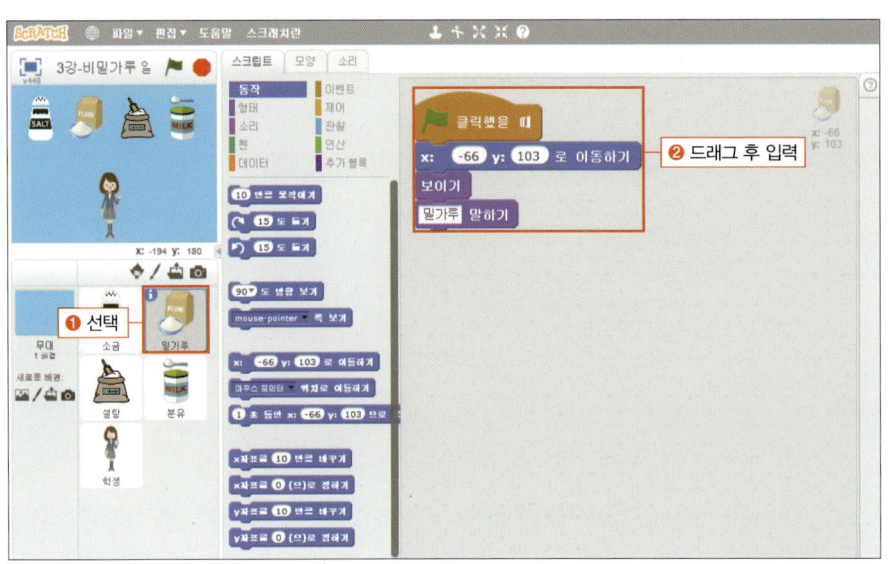

(2) '밀가루' 스프라이트(📦)를 반짝이게 하기 위해 이벤트 팔레트의 반짝이기 ▼ 을(를) 받았을때 블록을 드래그하고, 제어 팔레트의 10 번 반복하기 블록을 연결한 후 형태 팔레트의 밝기 ▼ 효과를 -5 만큼 바꾸기 블록을 삽입합니다. 반대 효과를 위한 블록도 추가로 연결합니다.

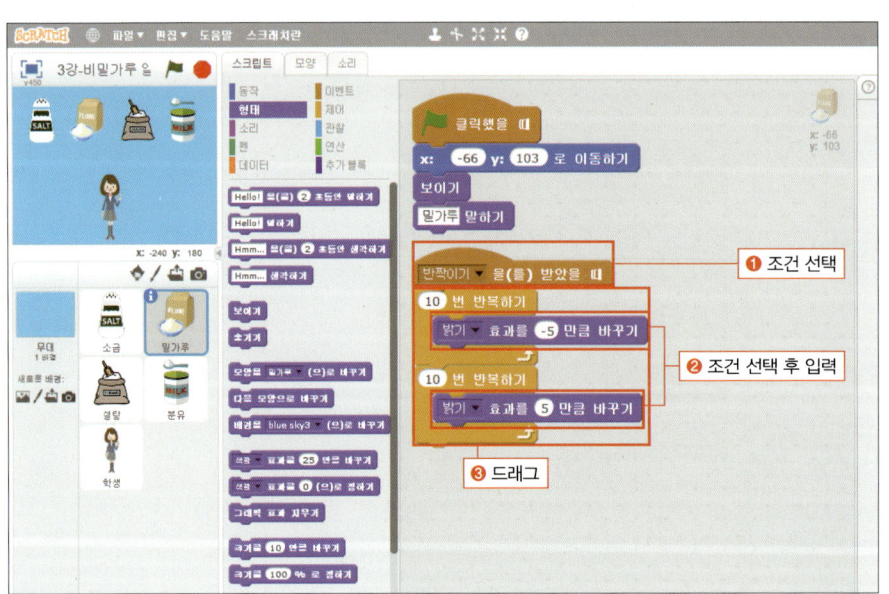

(3) '밀가루' 스프라이트(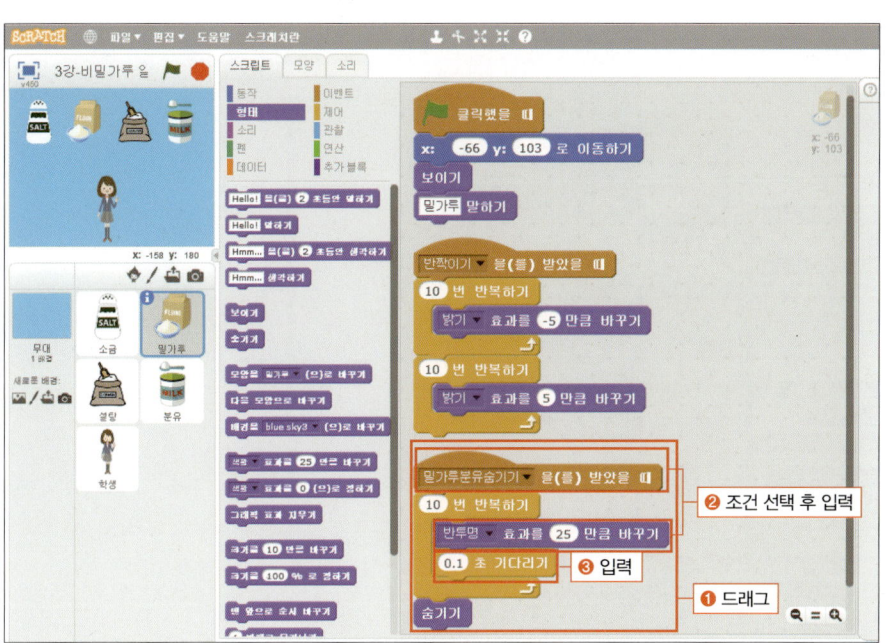)를 숨기기 위해 이벤트 팔레트의 밀가루분유숨기기 을(를) 받았을 때 블록을 드래그 하고, 제어 팔레트의 10 번 반복하기 블록을 연결한 후 형태 팔레트의 반투명 효과를 25 만큼 바꾸기 블록과 제어 팔레트의 0.1 초 기다리기 블록을 삽입합니다. 완전히 숨기기 위해 형태 팔레트의 숨기기 블록을 연결합니다.

(4) '밀가루' 스프라이트(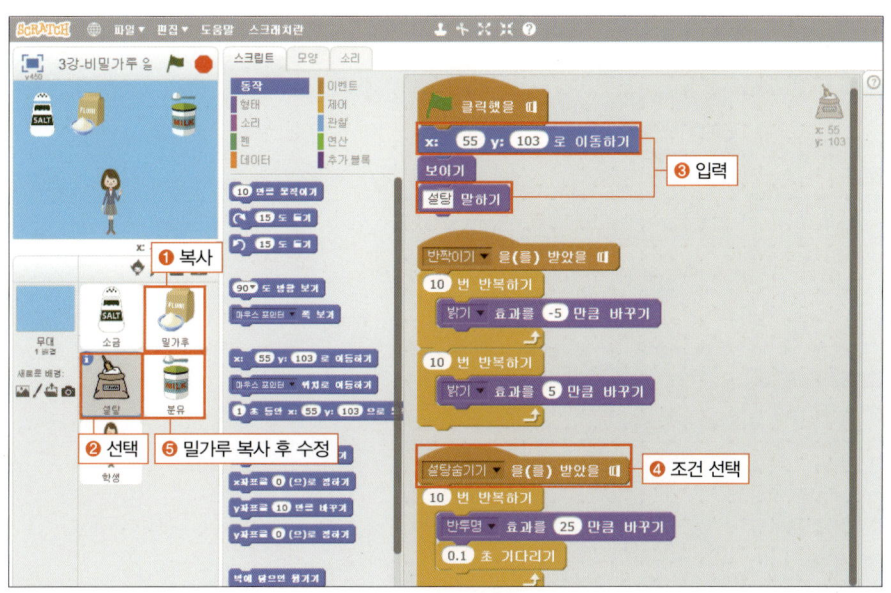)의 블록을 모두 복사하고, '설탕' 스프라이트()를 선택한 후, 처음 위치를 'x: 55', 'y: 103'으로, 말하기를 '설탕'으로 수정하고 설탕숨기기 을(를) 받았을 때 블록을 변경합니다. '분유' 스프라이트도 처음 위치를 'x: 162', 'y: 103'으로, 말하기를 '분유'로 수정합니다.

3 | 비밀가루인 소금 표현하기

(1) '소금' 스프라이트(🧂)를 선택한 후 이벤트 팔레트의 🏁 클릭했을 때 블록을 드래그하고, 원래 크기로 정하기 위해 형태 팔레트의 크기를 100 % 로 정하기 블록을 연결하고, 처음 위치를 'x: -172', 'y: 103'으로, 말하기를 '소금'으로 수정한 블록을 연결합니다. 반짝이는 표현은 다른 스프라이트와 동일합니다.

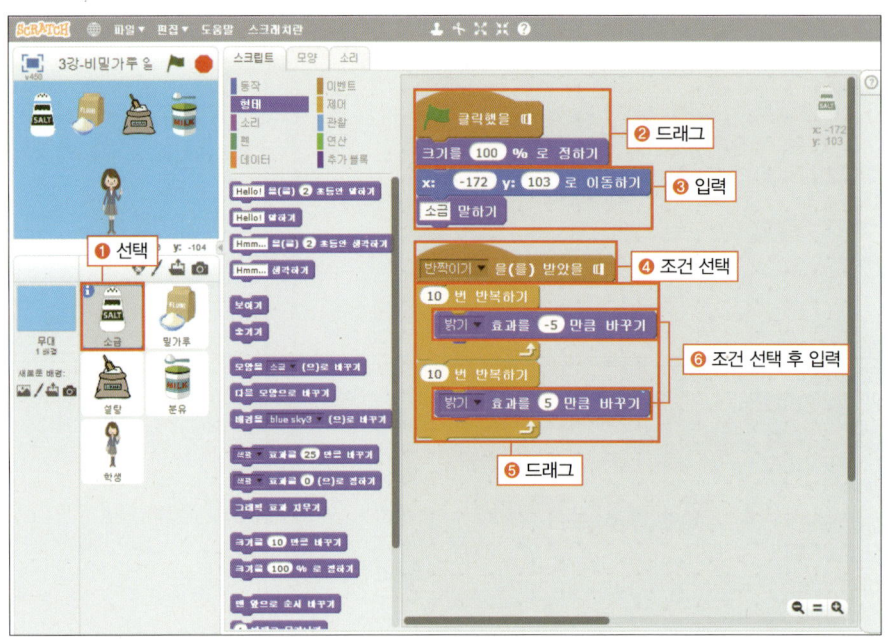

(2) '소금' 스프라이트(🧂)가 해설자가 설명한 비밀가루임을 나타내기 위해 이동하며 크기를 키우도록 다음과 같이 코딩합니다. [실행(🏁)] 버튼을 클릭하여 결과 화면을 확인합니다.

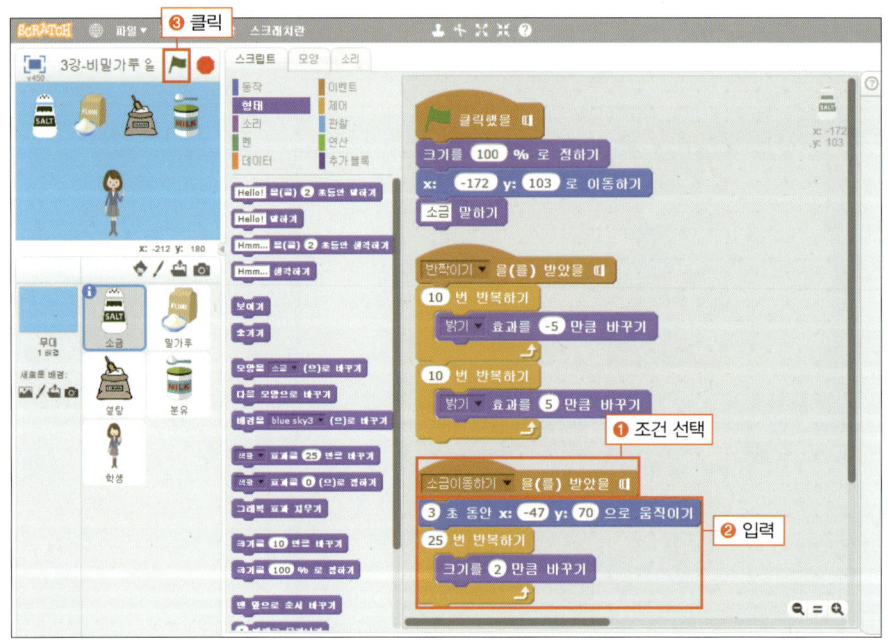

사고력 향상 문제

● 예제 파일 l 3강–비밀가루 알아맞히기_완성.sb2
● 완성 파일 l 3강–비밀가루 알아맞히기_사고력향상_완성.sb2

1 비밀가루가 '설탕'이 되도록 해설자의 설명을 수정합니다.

2 1번의 수정사항이 반영되도록 '설탕' 스프라이트(🏷)와 '소금' 스프라이트(🧂)의 코딩을 수정합니다.

HINT

1 ❶ 3번째 설명 : 3. 흑색/갈색/흰색이 있다.

　❷ 4번째 설명 : 4. 단맛이 난다.

2 ❶ '소금' 스프라이트(🧂) : [소금숨기기] 방송하고 기다리기

　❷ '설탕' 스프라이트(🏷) : [설탕이동하기] 방송하기

04 인체모형 맞추기

뼈는 몸을 지탱하여 근육과 함께 우리 몸을 움직이게 합니다. 인체 모형을 통해 우리 몸의 뼈들의 위치를 맞추어 봅니다.

- 예제 파일 | 4강–인체모형 맞추기_예제.sb2
- 완성 파일 | 4강–인체모형 맞추기_완성.sb2
- 사용 방법 | 뼈를 인체 모형에 드래그하여 맞추어 봅니다.

 **교과 내용 파악하기**

1 | 교과 연계 : 5학년 과학 [우리 몸의 구조와 기능]

2 | 교과 핵심 내용

(1) 뼈는 몸을 지탱하며, 근육과 함께 우리 몸을 움직이게 합니다.

(2) 근육은 뼈에 연결되어 뼈를 움직일 수 있게 합니다.

3 | 교과 핵심 확인 문제

몸을 지탱하며, 근육과 함께 우리 몸을 움직이게 하는 것은? (   )

 **생각하기**

1 | 알고리즘

(1) '뼈' 스프라이트(☠), (🦴), (✏), (✎), (🦴)를 드래그하여 '인체' 스프라이트(⬤), (◼), (✏), (✎),
   (◫)에 닿으면 그 위치로 이동합니다.

(2) '다시시작' 스프라이트(다시시작)를 클릭하면 모두 제자리로 돌아갑니다.

2 | 순서도

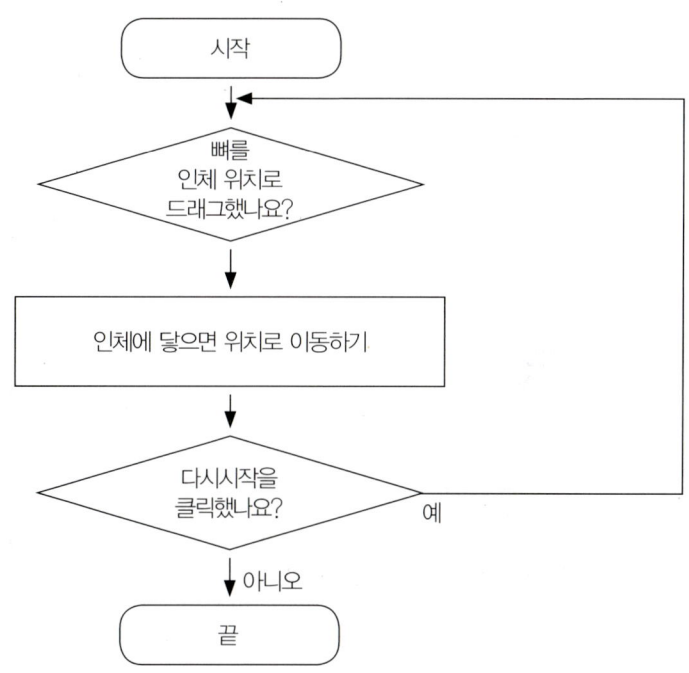

Point 03 · 프로젝트 시작하기

1 ┃ 인체 위치와 크기 정하기

(1) '4강-인체모형 맞추기_예제.sb2' 파일을 엽니다. '머리' 스프라이트( )를 선택한 후 이벤트 팔레트의 클릭했을 때 블록을 드래그하고, 동작 팔레트의 x: 0 y: 0 로 이동하기 블록을 연결하여 'x: 110', 'y: 100'을 입력합니다. 형태 팔레트의 크기를 100 % 로 정하기 블록을 연결하여 '60%'를 입력하고, 보이기 블록을 연결합니다.

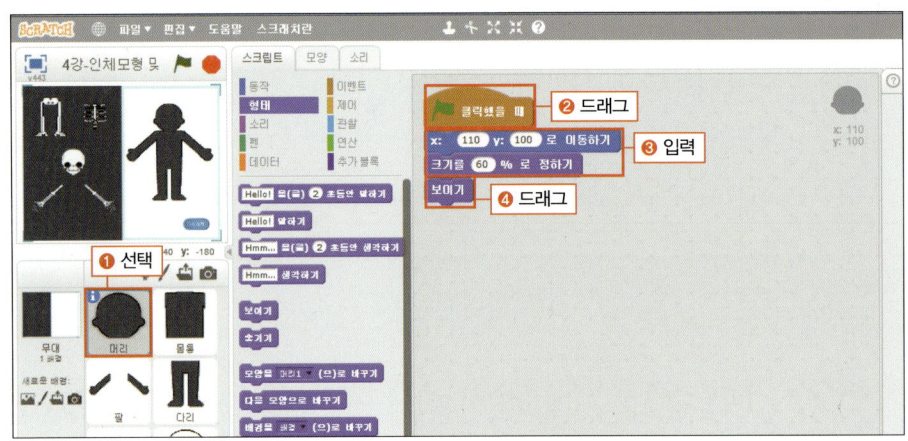

(2) '머리' 스프라이트( )의 스크립트에서 클릭했을 때 블록 위에 마우스 오른쪽 버튼을 클릭하여 [복사]를 선택한 후 '몸통', '팔', '다리' 스프라이트에 복사하고 위치를 다음과 같이 코딩합니다.

- '몸통' 위치 : 'x: 110', 'y: 35'
- '팔' 위치 : 'x: 110', 'y: 35'
- '다리' 위치 : 'x: 109', 'y: -40'

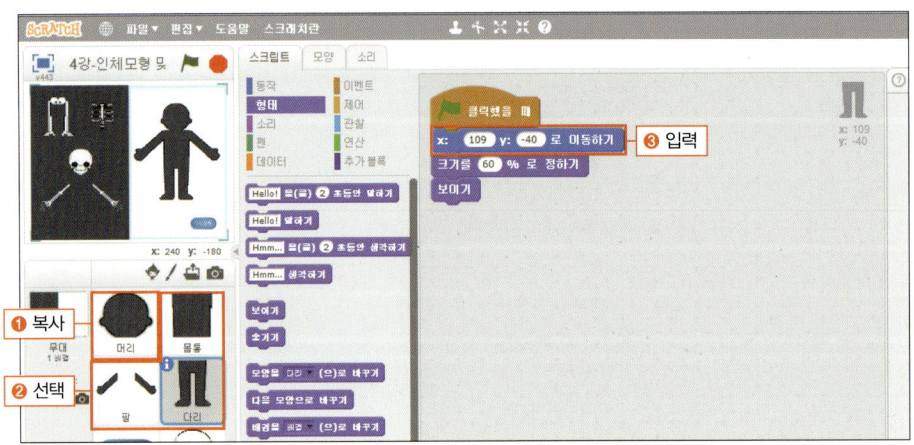

2 | 다시시작하기

(1) '다시시작' 스프라이트(다시시작)를 선택한 후 이벤트 팔레트의 클릭했을 때 블록을 드래그하고, 동작 팔레트의 x: 0 y: 0 로 이동하기 블록을 연결하여 'x: 170', 'y: −140'을 입력하고, 형태 팔레트의 크기를 100 % 로 정하기 블록을 연결하여 '50%'를 입력하고, 보이기 블록을 연결합니다.

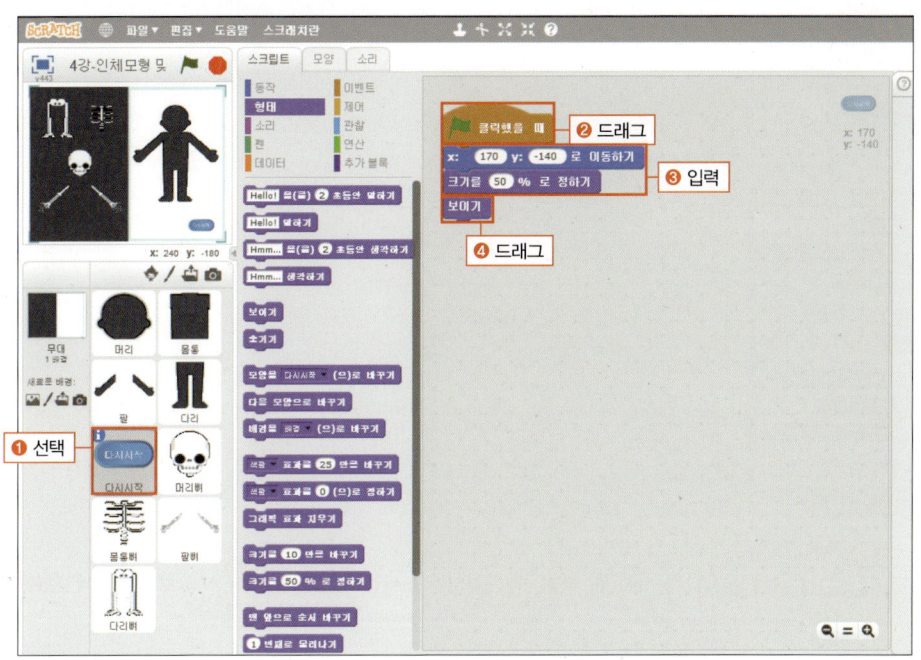

(2) '뼈' 스프라이트를 제자리로 돌아가게 하기 위해 이벤트 팔레트의 이 스프라이트를 클릭했을 때 블록을 드래그하고, 메시지1 ▼ 방송하기 블록을 연결한 후, ▼를 클릭하여 [다시시작] 메시지를 만들고 선택합니다.

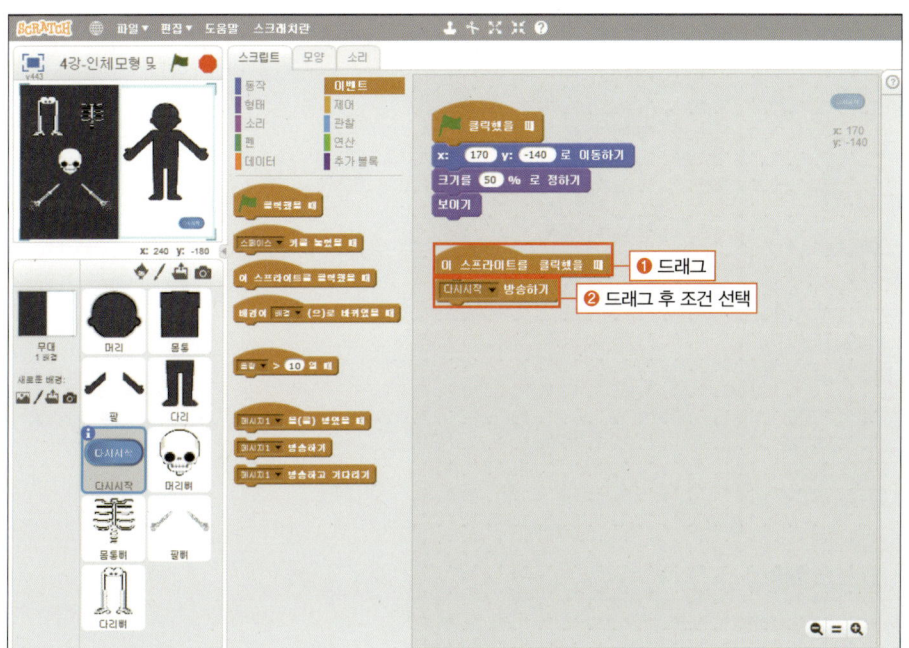

3 │ 인체에 닿으면 뼈 이동하기

(1) '머리뼈' 스프라이트(⬤)를 선택한 후 `이벤트` 팔레트의 `클릭했을 때` 블록을 드래그하고, `동작` 팔레트의 `x: 0 y: 0 로 이동하기` 블록을 연결하여 'x: −110', 'y: 0'을 입력합니다. `형태` 팔레트의 `크기를 100 % 로 정하기` 블록을 연결하여 '60%'를 입력하고, `보이기` 블록을 연결합니다.

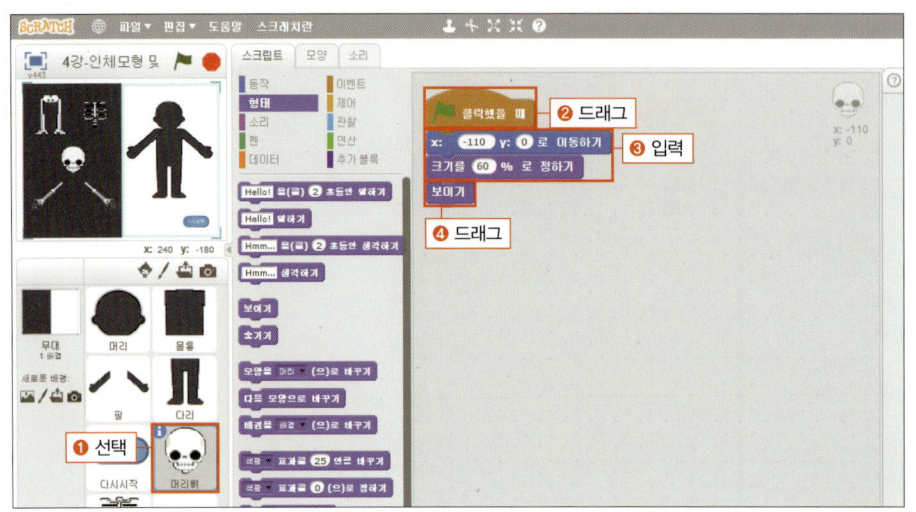

(2) '머리뼈' 스프라이트(⬤)가 이동하기 위해 `제어` 팔레트의 `무한 반복하기` 블록을 연결하고, `만약 라면` 블록을 연결합니다. `관찰` 팔레트의 `▼ 에 닿았는가?` 블록을 드래그한 후 ▼를 클릭하여 [머리]를 선택하고, `동작` 팔레트의 `마우스 포인터 ▼ 위치로 이동하기` 블록을 드래그한 후 ▼를 클릭하여 [머리]를 선택합니다.

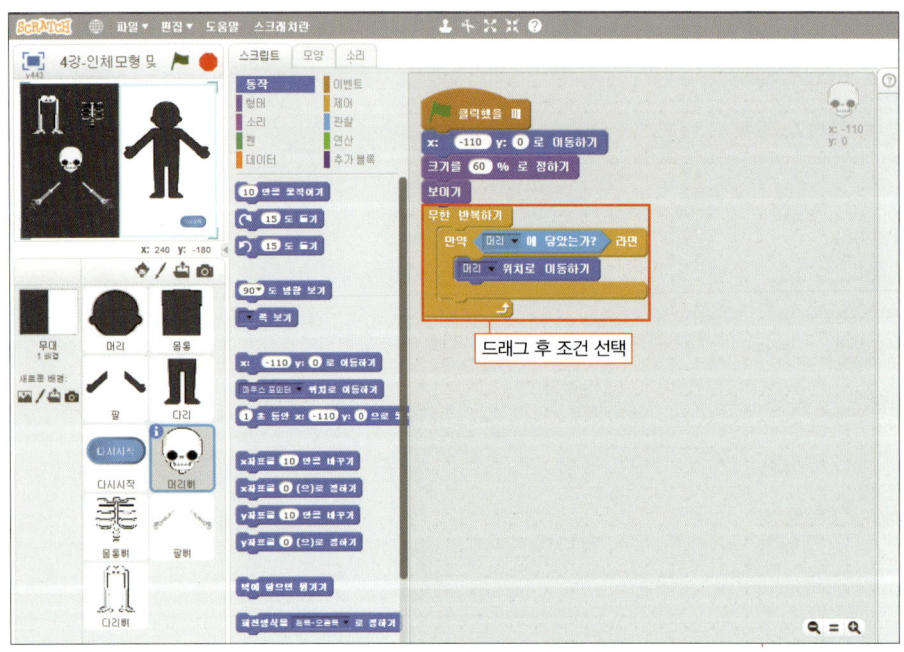

(3) **이벤트** 팔레트의 다시시작 ▼ 을(를) 받았을 때 블록을 드래그하고, **동작** 팔레트의 x: 0 y: 0 로 이동하기

블록을 연결하여 'x: −110', 'y: 0'을 입력합니다.

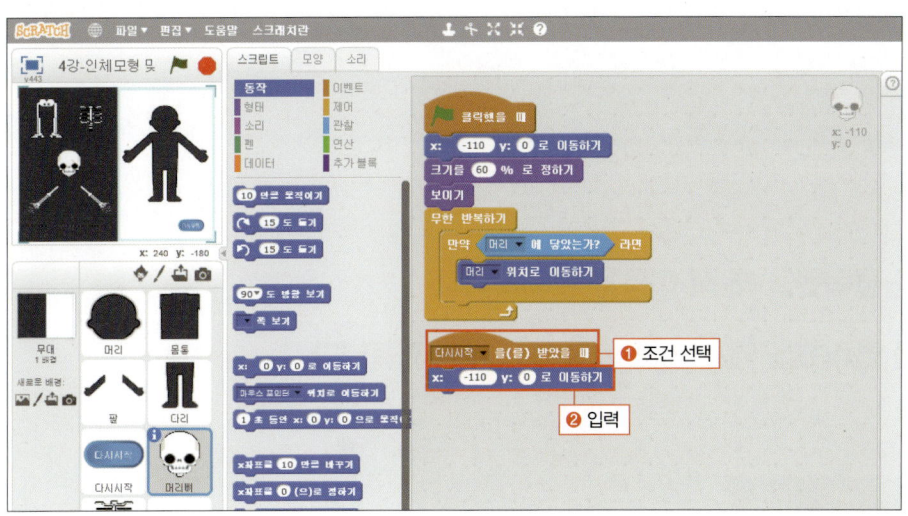

(4) '머리뼈' 스프라이트( )의 스크립트에서 클릭했을 때 블록과 다시시작 ▼ 을(를) 받았을 때 블록 위에 마우
스 오른쪽 버튼을 클릭하여 [복사]를 선택한 후 '몸통뼈', '팔뼈', '다리뼈' 스프라이트에 복사
하고 위치와 선택을 다음과 같이 코딩합니다. [실행( )] 버튼을 클릭하여 결과 화면을 확
인합니다.

- '몸통뼈' 위치 : 'x: −60', 'y: 100', 선택 : 몸통
- '팔뼈' 위치 : 'x: −110', 'y: −80', 선택 : 팔
- '다리뼈' 위치 : 'x: −160', 'y: 100', 선택 : 다리

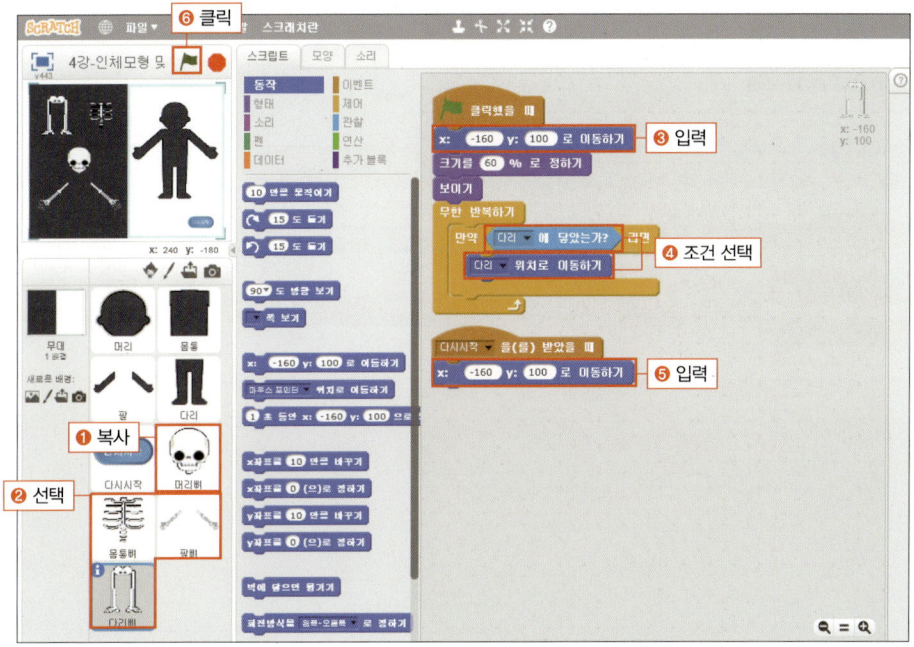

사고력 향상 문제

○ 예제 파일 | 4강-인체모형 맞추기_완성.sb2
○ 완성 파일 | 4강-인체모형 맞추기_사고력향상_완성.sb2

1 '뼈' 스프라이트를 클릭했을 때 뼈 이름을 말해봅니다.

2 '뼈' 스프라이트를 클릭했을 때 크기를 커졌다 작게 바꿔봅니다.

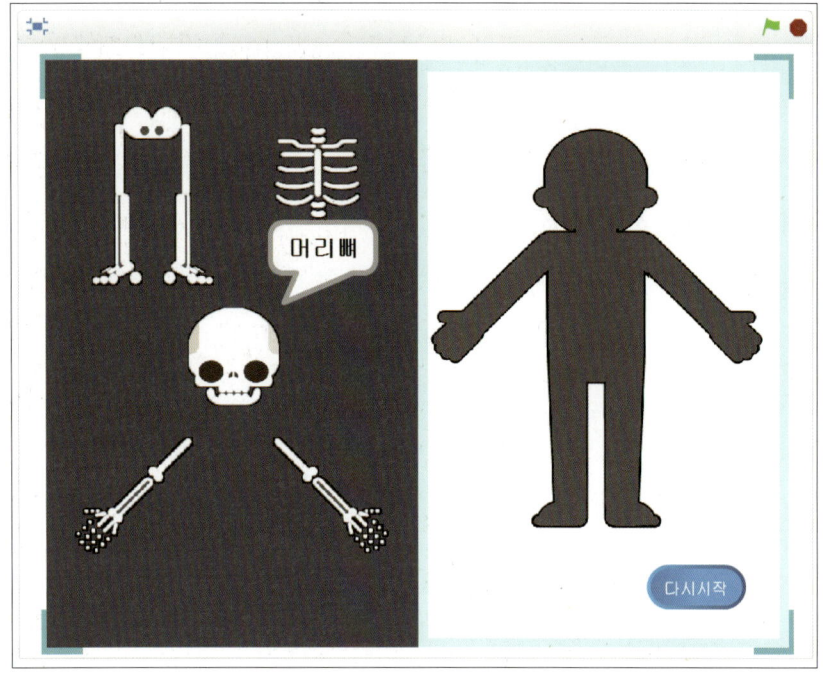

HINT

1 이벤트 팔레트의 이 스프라이트를 클릭했을 때 블록과 형태 팔레트의 Hello! 을(를) 2 초동안 말하기 블록을 사용합니다.

2 제어 팔레트의 10 번 반복하기 블록과 형태 팔레트의 크기를 10 만큼 바꾸기 블록을 사용합니다.

05 탄산수 만들기

시트르산과 탄산수소나트륨이 반응하면 이산화탄소가 발생합니다. 우리 생활 속에서 이와 같이 반응하는 탄산수가 어떻게 만들어지는 지 표현해봅니다.

- **예제 파일 l** 5강-탄산수 만들기_예제.sb2
- **완성 파일 l** 5강-탄산수 만들기_완성.sb2
- **사용 방법 l** 탄산수소나트륨을 클릭하여 비커에 닿으면 이산화탄소가 발생합니다.

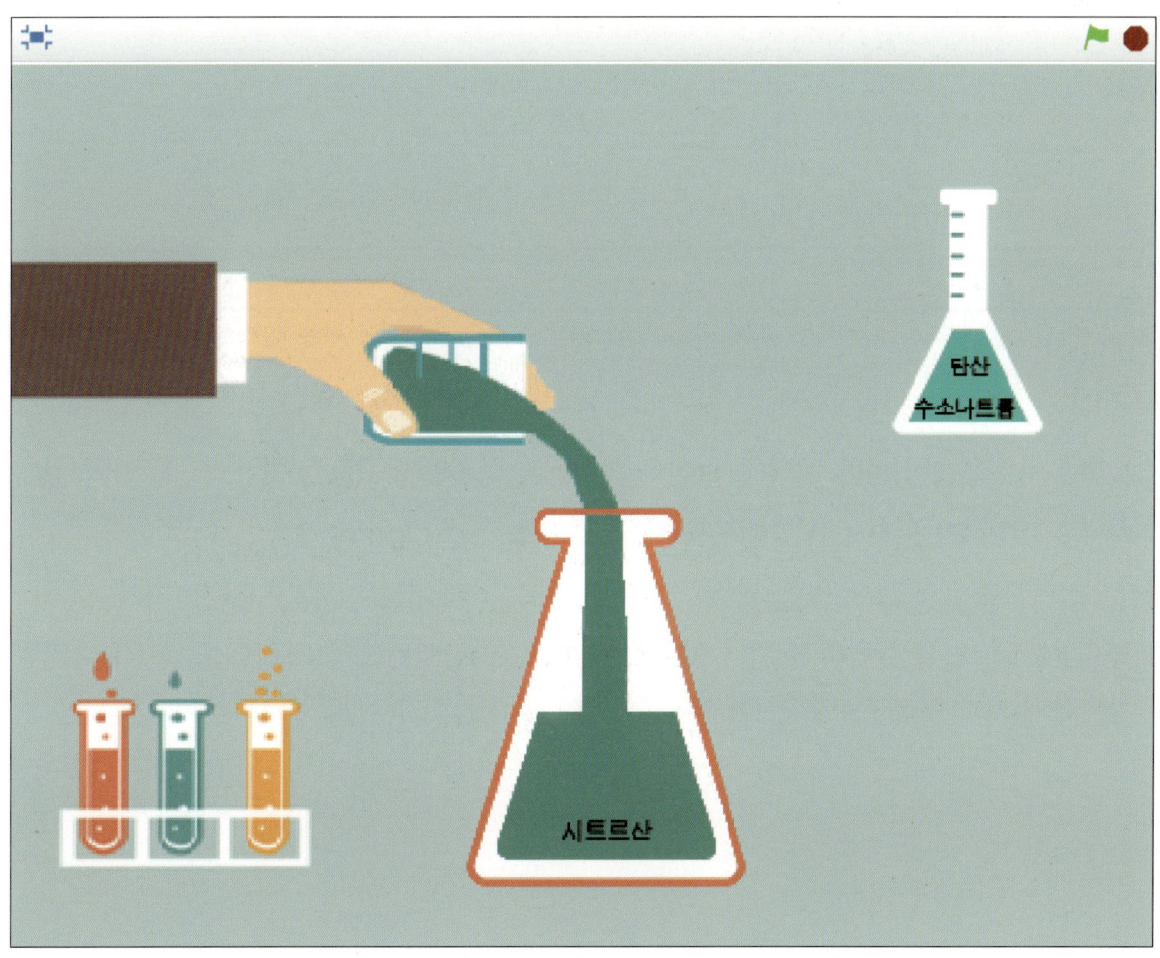

 **Point 01 교과 내용 파악하기**

1 | 교과 연계 : 6학년 과학 [여러 가지 기체]

2 | 교과 핵심 내용

(1) 시트르산 : 신맛이 나는 과일에 많이 들어 있는 산입니다.

(2) 탄산수소나트륨 : 베이킹파우더로 알려져 있습니다.

(3) 이산화탄소 : 시트르산과 탄산수소나트륨이 반응하여 나타나는 기포입니다.

(4) 탄산수 만들기

❶ 비커에 물을 담아 시트르산을 넣습니다.

❷ 비커에 탄산수소나트륨을 넣습니다.

❸ 이산화탄소를 관찰합니다.

3 | 교과 핵심 확인 문제

시트르산과 탄산수소나트륨이 반응하여 나타나는 기포는?

(   )

 **Point 02 생각하기**

1 | 알고리즘

(1) [실행(🚩)] 버튼을 클릭하면 배경에 '탄산수소나트륨' 스프라이트(🧪), '비커' 스프라이트(🧪), '이산화탄소' 스프라이트(꙰)가 보여집니다.

(2) '탄산수소나트륨' 스프라이트(🧪)를 클릭하면 마우스 포인터를 따라다니다가 '비커' 스프라이트(🧪)에 닿으면서 클릭하면 비커 모양이 바뀌고, '이산화탄소' 스프라이트(꙰)가 나타난 후 정해진 위치로 이동 후 멈춥니다.

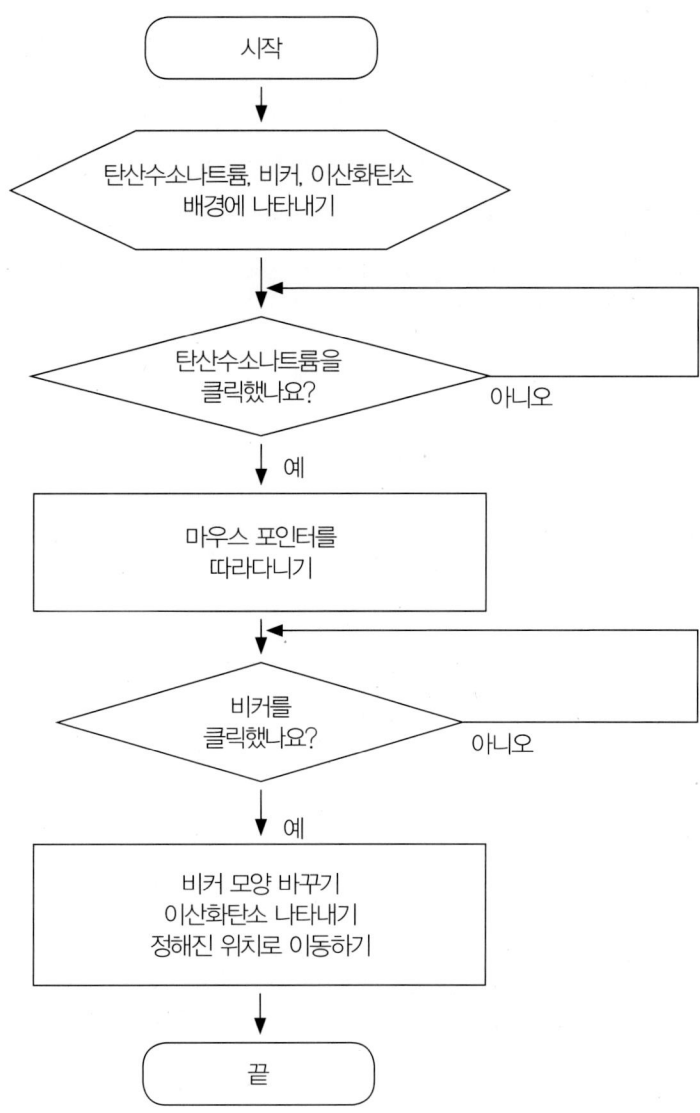

1 | 반복하고 기다리기

(1) '5강–탄산수 만들기_예제.sb2' 파일을 엽니다. '탄산수소나트륨' 스프라이트(🧪)를 선택한 후 이벤트 팔레트의 🏁 클릭했을 때 블록을 드래그하고, 동작 팔레트의 x: 0 y: 0 로 이동하기 블록을 연결하여 'x: 160', 'y: 79'를 입력합니다. 형태 팔레트의 배경을 배경1 ▼ (으)로 바꾸기 블록을 연결하고, 모양을 탄산수소나트륨1 ▼ (으)로 바꾸기 블록을 연결한 후 맨 앞으로 순서 바꾸기 블록과 보이기 블록을 연결합니다. 이벤트 팔레트의 이 스프라이트를 클릭했을 때 블록을 드래그하고, 메시지1 ▼ 방송하기 블록의 ▼를 클릭하여 [바꾸기] 메시지를 만들고, 선택합니다.

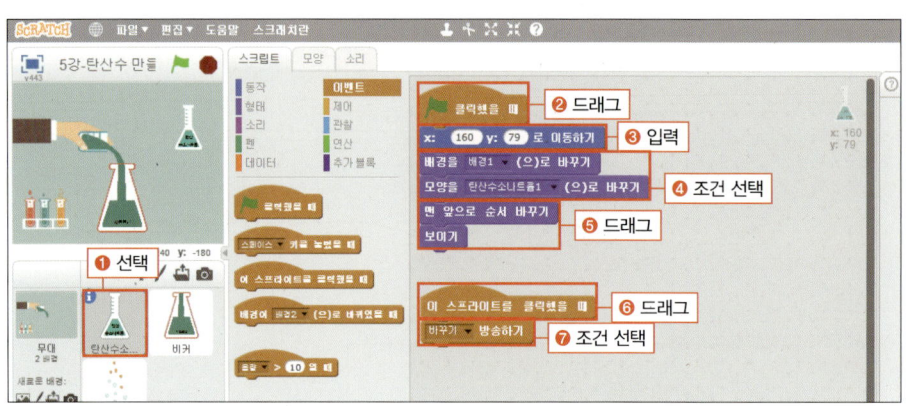

(2) 탄산수소나트륨을 클릭하면 마우스 포인터를 따라다니게 하기 위해 제어 팔레트의 까지 반복하기 블록을 연결한 후 연산 팔레트의 그리고 블록을 연결하고, 첫 번째 칸에는 관찰 팔레트의 마우스를 클릭했는가? 블록을 연결하고, 두 번째 칸에는 ▼ 에 닿았는가? 블록을 연결한 후 ▼를 클릭하여 [비커]를 선택합니다. 동작 팔레트의 마우스 포인터 ▼ 위치로 이동하기 블록과 10 만큼 움직이기 블록을 연결합니다.

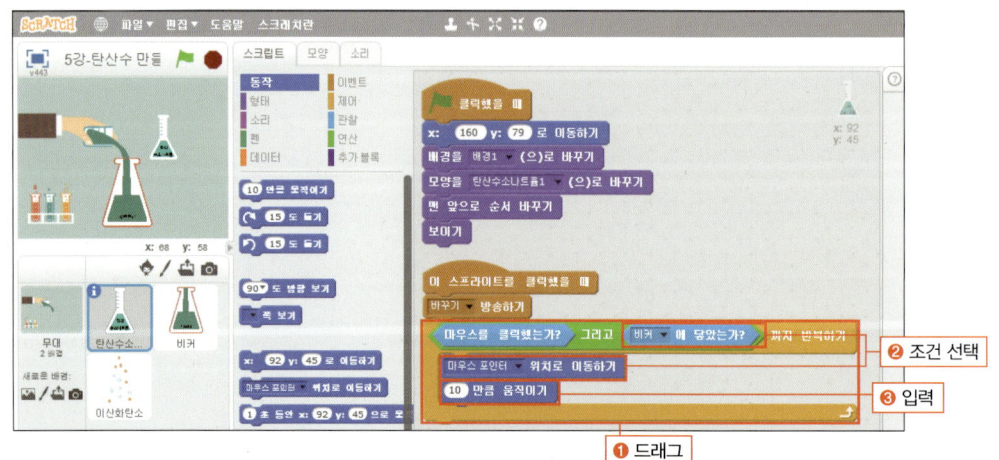

(3) 제어 팔레트의 ▢ 까지 기다리기 블록을 연결한 후 연산 팔레트의 ◀ 그리고 ▶ 블록을 연결하고, 첫 번째 칸에는 관찰 팔레트의 ◀ 마우스를 클릭했는가? 블록을 연결하고, 두 번째 칸에는 ◀ ▼ 에 닿았는가? 블록을 연결한 후 ▼를 클릭하여 [비커]를 선택합니다.

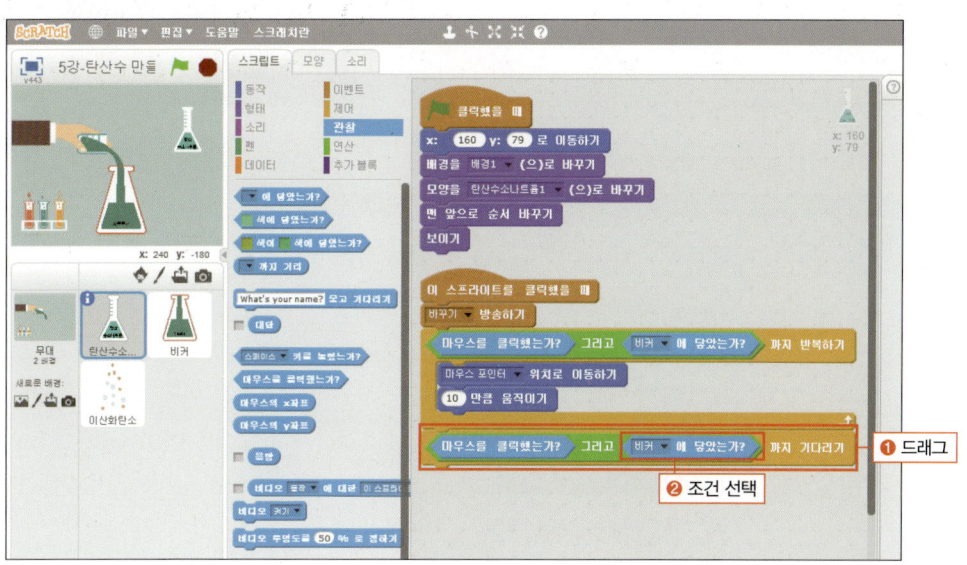

(4) 비커에 닿으면서 클릭하면 모양을 바꾸기 위해 형태 팔레트의 모양을 탄산수소나트륨1 ▼ (으)로 바꾸기 블록을 연결한 후 ▼를 클릭하여 [탄산수소나트륨2]를 선택합니다. 제어 팔레트의 1 초 기다리기 블록을 연결한 후 형태 팔레트의 모양을 탄산수소나트륨1 ▼ (으)로 바꾸기 블록을 연결합니다. 이벤트 팔레트의 메시지1 ▼ 방송하기 블록의 ▼를 클릭하여 [이산화탄소] 메시지를 만들고, 선택합니다.

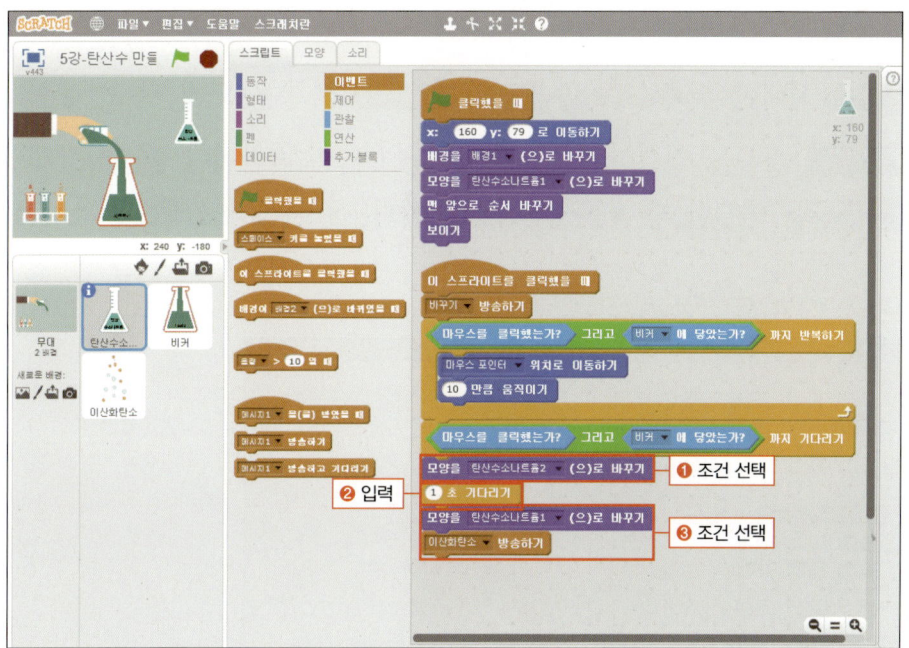

(5) 비커에 닿으면서 클릭하면 이산화탄소를 방송하기 위해 이벤트 팔레트의 메시지1 을(를) 받았을 때 블록을 연결하고, ▼를 클릭하여 [이산화탄소]를 선택합니다. 동작 팔레트의 1 초 동안 x: 160 y: -100 으로 움직이기 블록을 연결하여 '4'초, 'x: 160', 'y: -100'을 입력합니다. 메시지1 ▼ 방송하기 블록의 ▼를 클릭하여 [멈추기] 메시지를 만들고, 선택합니다. 이벤트 팔레트의 메시지1 ▼ 을(를) 받았을 때 블록을 연결하고, ▼를 클릭하여 [멈추기]를 선택하고, 제어 팔레트의 모두 ▼ 멈추기 블록을 연결합니다.

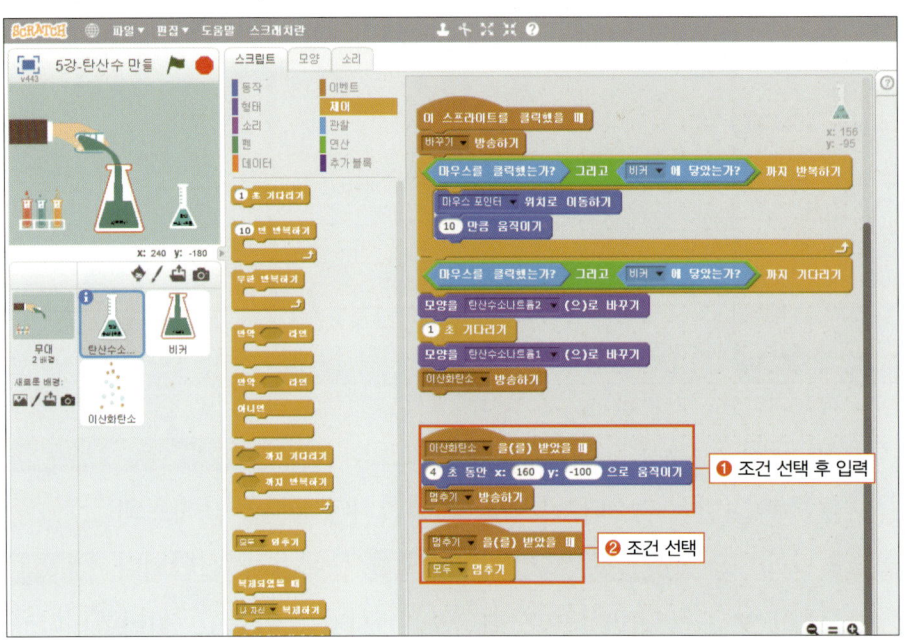

2 | 비커 모양 바꾸기

(1) '비커' 스프라이트(🧪)를 선택한 후 이벤트 팔레트의 🏳 클릭했을 때 블록을 드래그하고, 동작 팔레트의 x: 0 y: 0 로 이동하기 블록을 연결하여 'x: 10', 'y: -80'을 입력합니다. 형태 팔레트의 모양을 비커2 ▼ (으)로 바꾸기 블록을 연결한 후 ▼를 클릭하여 [비커1]을 선택하고, 보이기 블록을 연결합니다.

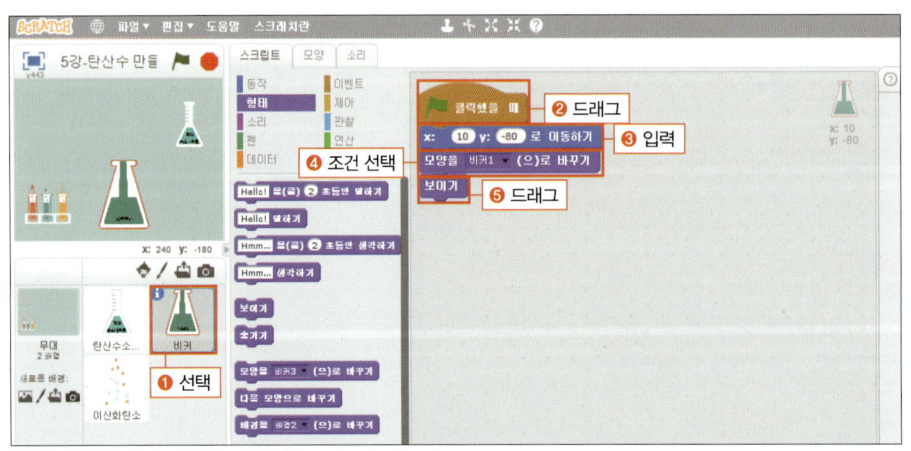

(2) [제어] 팔레트의 [~까지 기다리기] 블록을 연결한 후 [연산] 팔레트의 [그리고] 블록을 연결하고, 첫 번째 칸에는 [관찰] 팔레트의 [마우스를 클릭했는가?] 블록을 연결합니다. 두 번째 칸에는 [▼에 닿았는가?] 블록을 연결한 후 ▼를 클릭하여 [탄산수소나트륨]을 선택하고, [형태] 팔레트의 [모양을 비커2 ▼ (으)로 바꾸기] 블록을 연결한 후 ▼를 클릭하여 [비커3]을 선택합니다.

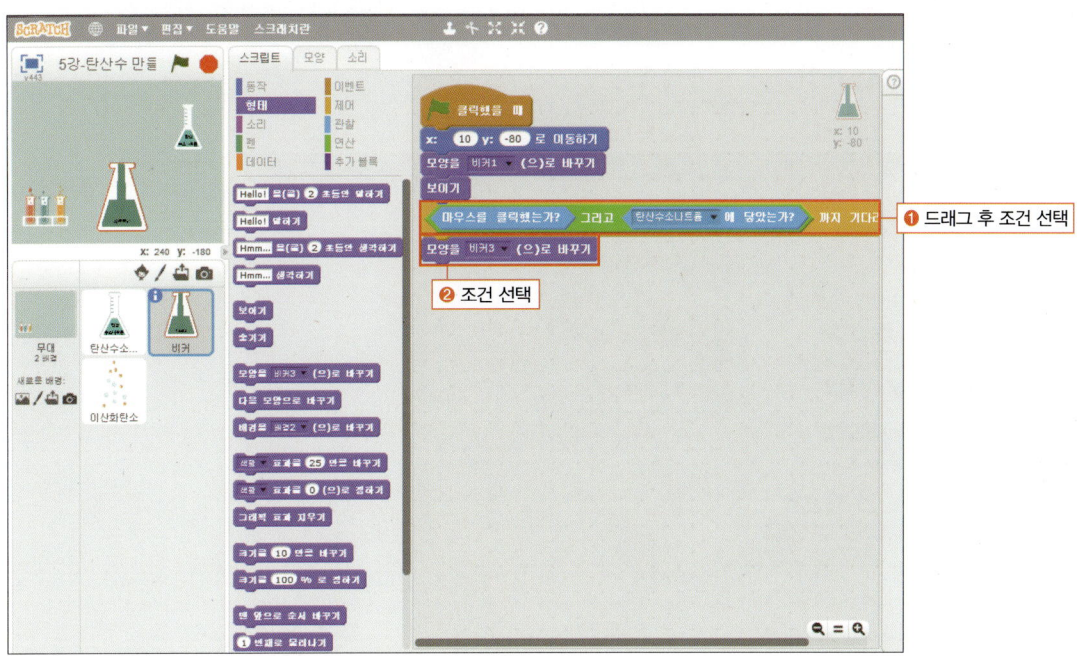

(3) [이벤트] 팔레트의 [메시지1 ▼ 을(를) 받았을 때] 블록을 드래그하고, ▼를 클릭하여 [바꾸기]를 선택합니다. [형태] 팔레트의 [배경을 배경1 ▼ (으)로 바꾸기] 블록을 연결하고, ▼를 클릭하여 [배경2]를 선택하고, [모양을 비커2 ▼ (으)로 바꾸기] 블록을 연결합니다.

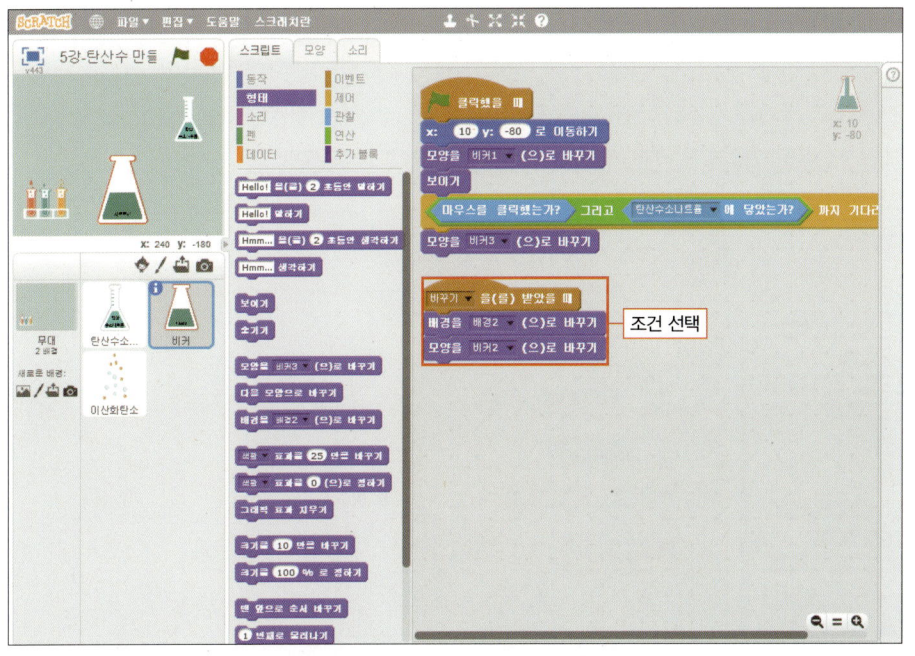

3 | 이산화탄소 발생하기

(1) '이산화탄소' 스프라이트( )를 선택한 후 이벤트 팔레트의 클릭했을 때 블록을 드래그하고, 형태 팔레트의 숨기기 블록을 연결합니다. 이벤트 팔레트의 메시지1 ▼ 을(를) 받았을 때 블록을 드래그하고, ▼를 클릭하여 [이산화탄소]를 선택하고, 형태 팔레트의 보이기 블록과 맨 앞으로 순서 바꾸기 블록을 연결한 후 동작 팔레트의 x: 0 y: 0 로 이동하기 블록을 연결하여 'x: 10', 'y: -80'을 입력합니다.

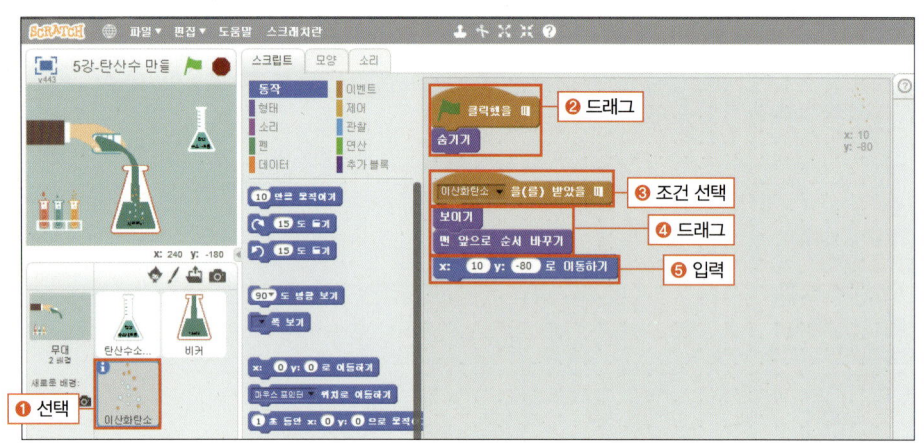

(2) 제어 팔레트의 무한 반복하기 블록을 연결하고, 동작 팔레트의 y좌표를 10 만큼 바꾸기 블록을 연결합니다. 제어 팔레트의 1 초 기다리기 블록을 연결하여 '0.5'초를 입력하고, 형태 팔레트의 색깔 ▼ 효과를 25 만큼 바꾸기 블록을 연결하고, ▼를 클릭하여 [반투명]을 선택하고, '10'으로 입력합니다. 이벤트 팔레트의 메시지1 ▼ 을(를) 받았을 때 블록을 드래그하고, ▼를 클릭하여 [멈추기]를 선택하고, 형태 팔레트의 숨기기 블록을 연결합니다. [실행( )] 버튼을 클릭하여 결과 화면을 확인합니다.

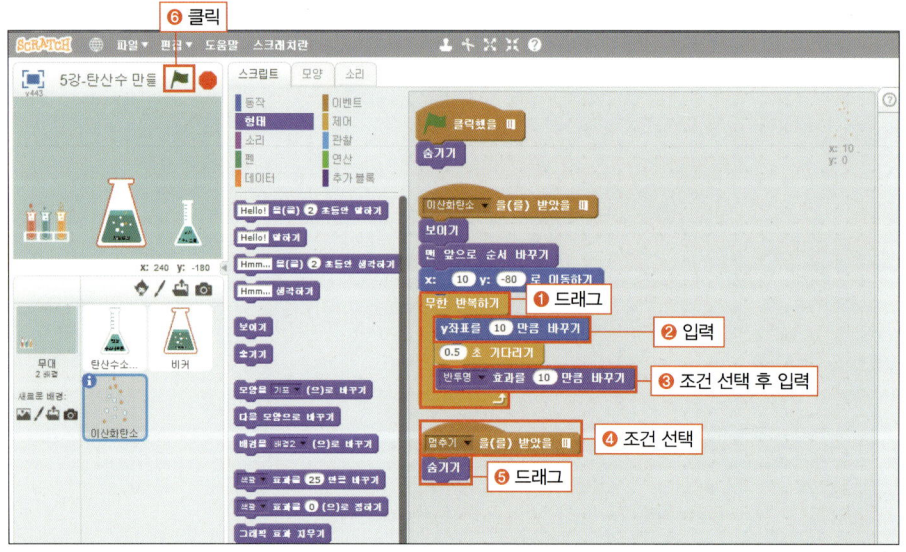

사고력 향상 문제

○ 예제 파일 | 5강–탄산수 만들기_완성.sb2
○ 완성 파일 | 5강–탄산수 만들기_사고력향상_완성.sb2

1 '탄산수소나트륨' 스프라이트가 '비커' 스프라이트에 클릭하면 소리를 재생시켜봅니다.

2 '이산화탄소' 스프라이트가 나타날 때 소리를 재생시켜봅니다.

HINT

1 소리 팔레트의 ▼재생하기 블록을 연결하고, 옆에 ▼를 클릭하여 'pop'를 선택합니다.

2 소리 팔레트의 ▼재생하기 블록을 연결하고, 옆에 ▼를 클릭하여 'bubbles'를 선택합니다.

06 가정용 저울로 무게 재기

가정용 저울에 바나나 한 개를 올렸을 때와 바나나 여러 개를 올렸을 때 저울의 바늘과 용수철의 길이가 어떻게 변화하는지를 알아보고 가정용 저울의 작동 원리를 알 수 있습니다.

- **예제 파일** | 6강–가정용 저울로 무게 재기_예제.sb2
- **완성 파일** | 6강–가정용 저울로 무게 재기_완성.sb2
- **사용 방법** | 바나나와 추를 클릭하면 저울로 무게를 잴 수 있습니다.

1 | 교과 연계 : 4학년 과학 [무게 재기]

2 | 교과 핵심 내용

(1) 무게란 지구가 물체를 끌어당기는 힘의 크기입니다.

(2) 물체의 무게를 정확하게 재기 위하여 저울이 필요합니다.

(3) 물체가 무거울수록 저울 속의 용수철이 많이 늘어나고 눈금을 가리키는 바늘도 많이 돌아갑니다.

3 | 교과 핵심 확인 문제

(   ) 안에 알맞은 낱말에 O표를 하세요.

> 추의 무게와 용수철의 길이의 관계를 살펴보면 매단 추의 무게가 무거워질수록 용수철의 길이는 더 (짧아, 길어)
> 진다는 것을 알 수 있습니다.

생각하기

1 | 알고리즘

(1) [실행(🚩)] 버튼을 클릭하고 각 스프라이트(🍌), (🍌), (🍌), (1kg)를 클릭하면 스프라이트가 '저울' 스프라이트(⚖️) 위로 이동합니다.

(2) '저울' 스프라이트(⚖️) 위로 물체가 올라오면 '저울바늘' 스프라이트(│)가 물체의 무게만큼 돌아갑니다.

(3) '저울에서 내리기' 스프라이트(저울에서내리기)를 클릭하면 물체들이 제자리로 돌아가고 '저울바늘' 스프라이트(│)도 처음 위치로 돌아갑니다.

2 | 순서도

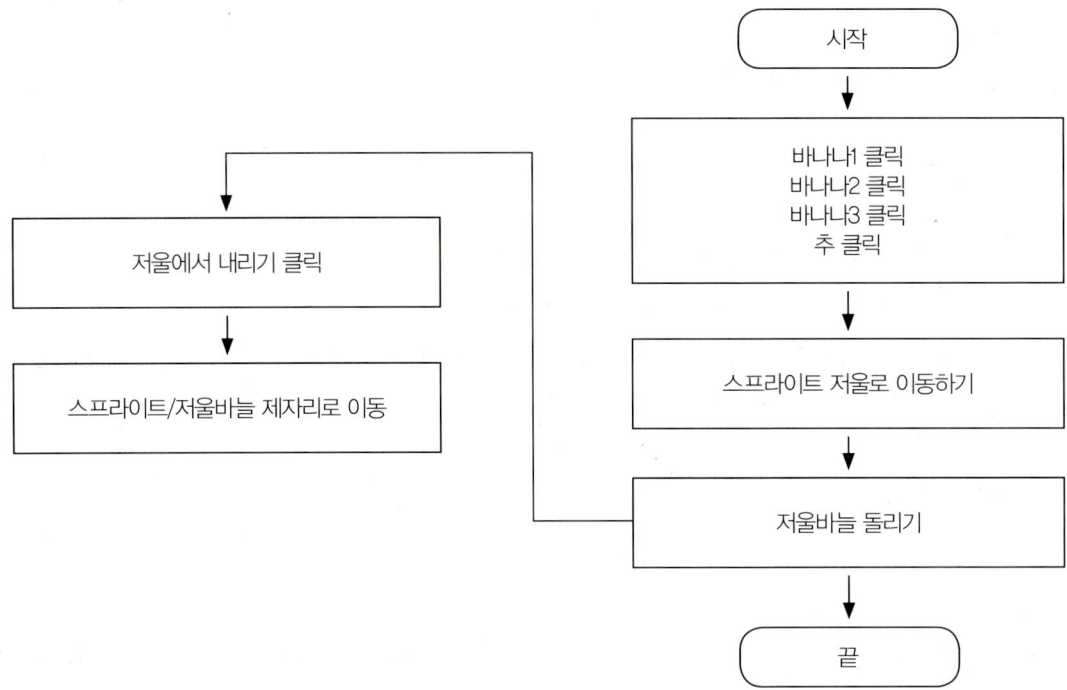

 **프로젝트 시작하기**

1 | 저울/바나나/추 준비하기

(1) '6강−가정용 저울로 무게 재기_예제.sb2' 파일을 엽니다. '바나나1' 스프라이트( )를 선택한 후 이벤트 팔레트의 클릭했을 때 블록을 드래그하고, 위치를 지정하기 위해 동작 팔레트의 x: -178 y: 110 로 이동하기 블록을 연결합니다. 동일한 방법으로 '바나나2', '바나나3', '추' 스프라이트의 위치를 지정합니다.

- 바나나2 : 'x: −54', 'y: 110'
- 바나나3 : 'x: 67', 'y: 110'
- 추 : 'x: 180', 'y: 110'

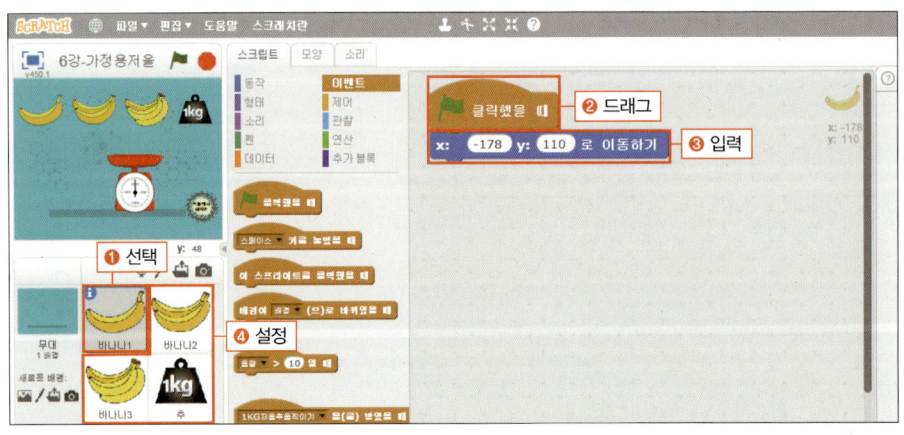

(2) '저울' 스프라이트(⊙)를 클릭합니다. 이벤트 팔레트의 클릭했을 때 블록을 드래그하고,
동작 팔레트의 x: 40 y: -55 로 이동하기 블록으로 처음 위치를 지정하고 형태 팔레트의
각 물체를 클릭하여 저울로 무게를 재어보세요. 을(를) 3 초동안 말하기 블록과 4 번째로 물러나기 블록을 연결합니다.

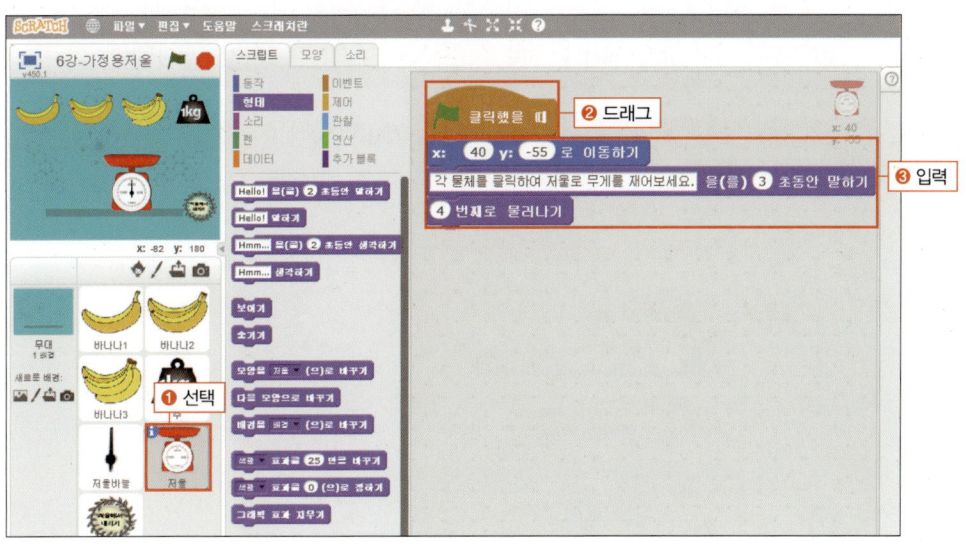

2 | 바나나/추 무게 재기

(1) '바나나1' 스프라이트(🍌)를 클릭합니다. 형태 팔레트의 167g 을(를) 2 초동안 말하기 블록을
이벤트 팔레트의 이 스프라이트를 클릭했을 때 블록 아래에 연결하여 '167g'을 '1'초 동안 말하고 동작
팔레트의 1 초 동안 x: 39 y: 33 으로 움직이기 블록을 연결하여 저울 위로 이동하게 합니다.

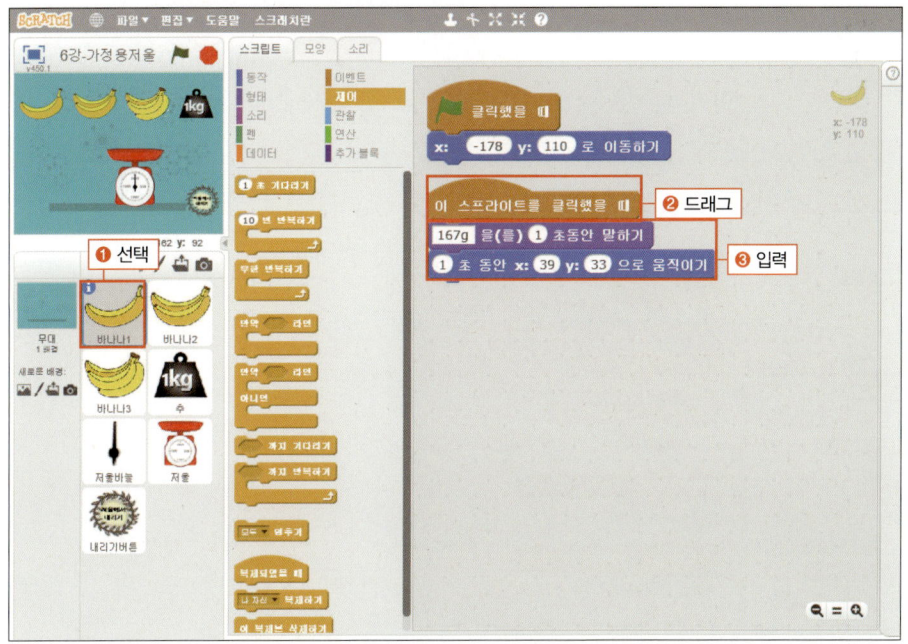

(2) '바나나1' 스프라이트(🍌)가 '저울' 스프라이트(⚖️)에 닿으면 '저울바늘' 스프라이트(│)를 움직이기 위해 제어 팔레트의 만약 라면 블록을 연결하고 조건으로 관찰 팔레트의 저울▼ 에 닿았는가? 블록을 삽입하고 이벤트 팔레트의 저울추움직이기1 ▼ 방송하고 기다리기 블록을 연결합니다. 동일한 방법으로 '바나나2', '바나나3', '추' 스프라이트의 무게를 잽니다.

- 바나나2 : 334g 말하기, 저울추움직이기2 ▼ 방송하고 기다리기 · 바나나3 : 500g 말하기, 저울추움직이기3 ▼ 방송하고 기다리기
- 추 : 1kg 말하기, 1KG저울추움직이기 ▼ 방송하고 기다리기

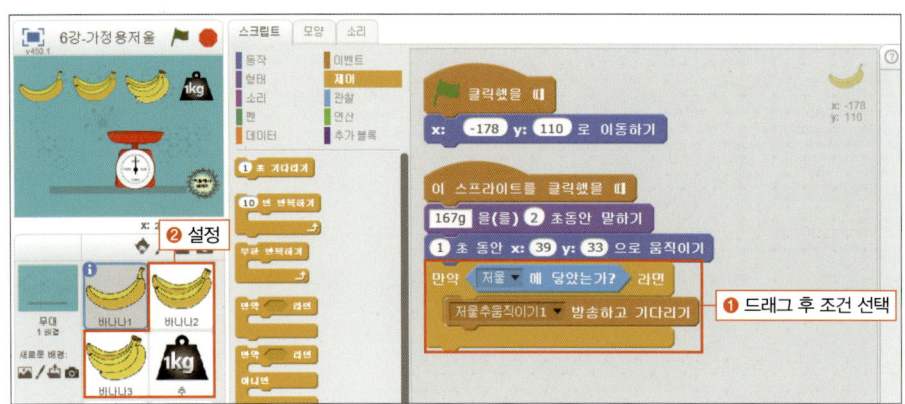

(3) '저울바늘' 스프라이트(│)를 선택한 후 이벤트 팔레트의 🏳클릭했을 때 블록을 드래그하고, 처음 위치를 'x: 40', 'y: -77'로 입력하고 형태 팔레트의 맨 앞으로 순서 바꾸기 블록을 연결한 후 이벤트 팔레트의 물체 제자리 ▼ 방송하기 블록을 연결합니다. 각 스프라이트가 저울에 닿았을 때 무게만큼 회전시킵니다.

- 바나나1 : 30도   · 바나나2 : 60도   · 바나나3 : 90도
- 추 : 180도   · 평상시 : 90도 방향보기

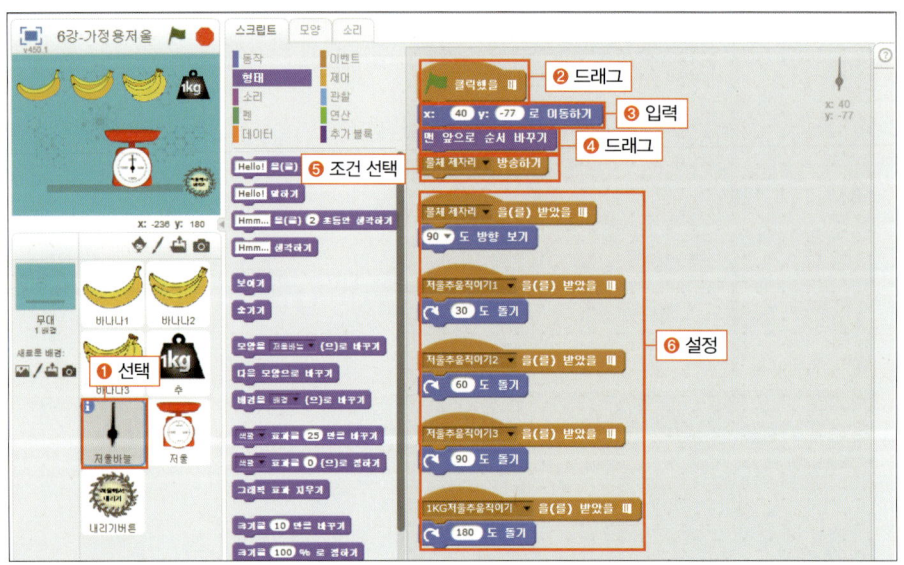

3 | 물체 저울에서 내리기

(1) '내리기버튼' 스프라이트(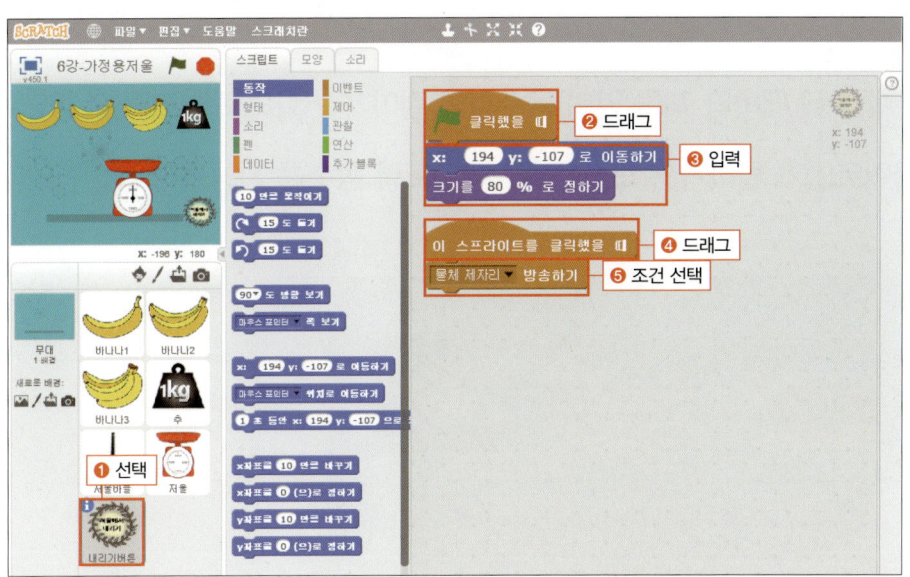)를 선택한 후 이벤트 팔레트의 클릭했을 때 블록을 드래그하고, 처음 위치를 'x: 194', 'y: –107'로 입력하고 형태 팔레트의 크기를 80 % 로 정하기 블록을 연결하여 크기를 입력합니다. 각 물체를 제자리로 이동하기 위해서 이벤트 팔레트의 이 스프라이트를 클릭했을 때 블록에 물체 제자리 방송하기 블록을 연결합니다.

(2) 각 스프라이트가 제자리로 이동하기 위해서 이벤트 팔레트의 물체 제자리 을(를) 받았을 때 블록을 드래그하고 처음 정한 위치로 '2'초 동안 이동하도록 입력합니다. [실행(🚩)] 버튼을 클릭하여 결과 화면을 확인합니다.

- 바나나1 : 'x: –178', 'y: 110'
- 바나나2 : 'x: –54', 'y: 110'
- 바나나3 : 'x: 67', 'y: 110'
- 추 : 'x: 180', 'y: 110'

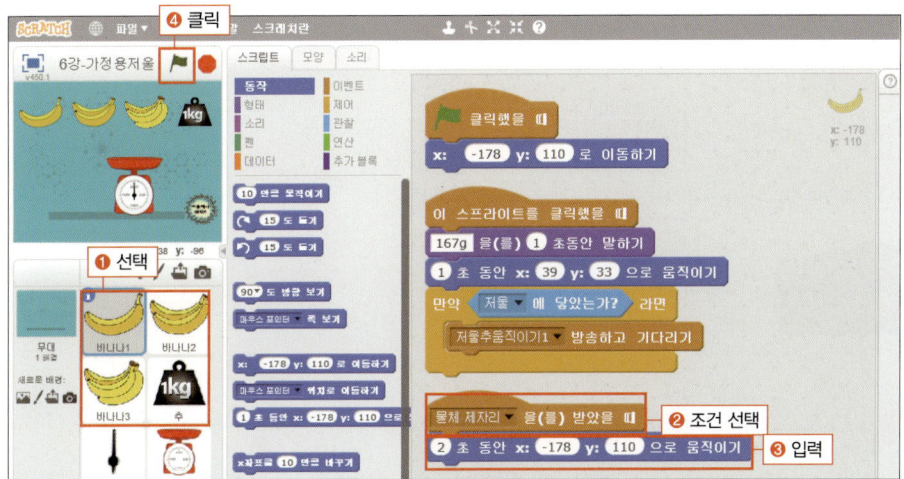

사고력 향상 문제

○ 예제 파일 | 6강-가정용 저울로 무게 재기_완성.sb2
○ 완성 파일 | 6강-가정용 저울로 무게 재기_사고력향상_완성.sb2

1 저울로 물체의 무게를 잴 때마다 저울 안의 용수철의 길이가 변화되도록 코딩합니다.

2 '저울바늘' 스프라이트(　)가 돌아가는 모습을 볼 수 있도록 함수를 사용하여 코딩합니다.

HINT

1 ① 변수 만들기 : 저울위물건

② 모양이 11개인 용수철 스프라이트 사용하기

2 추가블록 에서 '숫자 매개변수(각도) 추가하기'를 이용한 블록 만들기

```
정의하기  각도  저울바늘 돌리기

각도  번 반복하기
    ↻  1  도 돌기
    0.001  초 기다리기
```

07 계절의 변화

우리나라는 봄, 여름, 가을, 겨울 사계절이 있습니다. 계절에 따라 나무의 모습이 어떻게 변화되는지 표현해봅니다.

- **예제 파일 l** 7강-계절의 변화_예제.sb2
- **완성 파일 l** 7강-계절의 변화_완성.sb2
- **사용 방법 l** 계절버튼을 클릭하면 그래픽 효과로 배경이 바뀌고, 사계절 모양의 이미지가 복제되어 아래로 이동합니다.

 **Point 01** 교과 내용 파악하기

1 | 교과 연계 : 6학년 과학 [계절의 변화]

2 | 교과 핵심 내용

(1) 우리나라의 계절에는 봄, 여름, 가을, 겨울이 있습니다.

(2) 계절에 따라 나무의 모습, 태양의 높이, 기온, 그림자 길이 등이 달라집니다.

3 | 교과 핵심 확인 문제

계절에 따라 달라지는 것이 아닌 것은? (   )

① 기온   ② 그림자 길이   ③ 나무의 모습   ④ 집의 모양

 **Point 02** 생각하기

1 | 알고리즘

(1) [실행(🏳)] 버튼을 클릭하면 '계절버튼' 스프라이트(🌱), (☀), (🍂), (❄)가 보여집니다.

(2) 각 스프라이트를 클릭하면 그래픽 효과로 배경이 바뀝니다.

(3) '사계절' 스프라이트(🌸)가 복제되어 아래로 이동하면서 사라집니다.

2 | 순서도

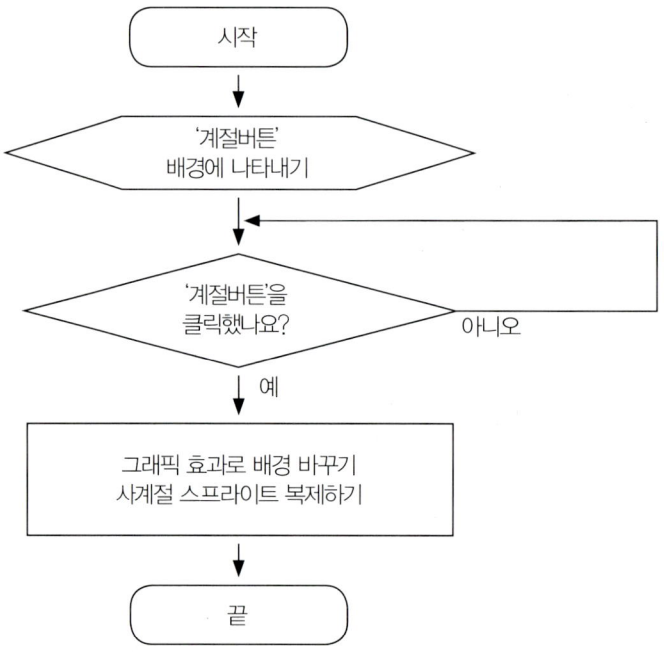

1 ㅣ 버튼으로 배경 바꾸기

(1) '7강-계절의 변화_예제.sb2' 파일을 엽니다. '봄버튼' 스프라이트(🌸)를 선택한 후 이벤트 팔레트의 이 스프라이트를 클릭했을 때 블록을 드래그하고, 형태 팔레트의 크기를 100 % 로 정하기 블록을 연결하여 '30%'를 입력하고, 배경을 봄배경 ▼ (으)로 바꾸기 블록을 연결합니다.

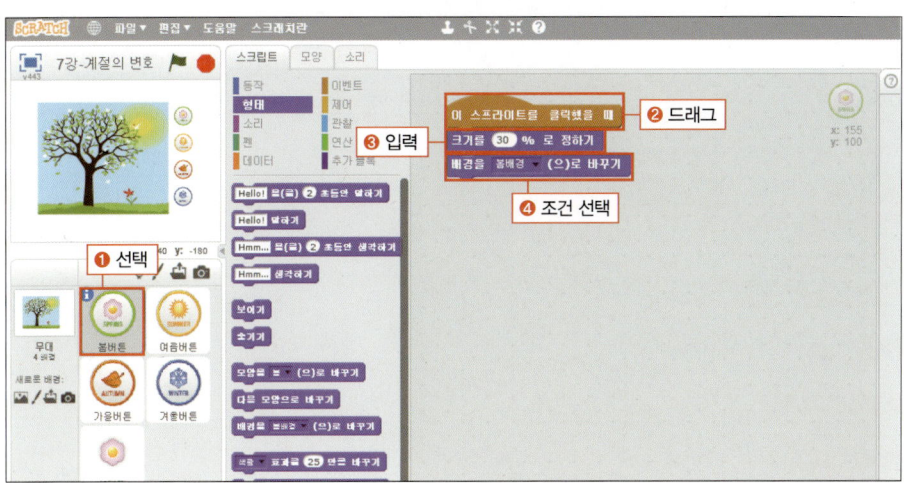

(2) 그래픽 효과와 사계절을 방송하기 위해서 이벤트 팔레트의 메시지1 ▼ 방송하기 블록의 ▼를 클릭하여 [효과] 메시지를 만들고, 선택합니다. 같은 방법으로 [봄] 메시지도 만들고, 선택합니다.

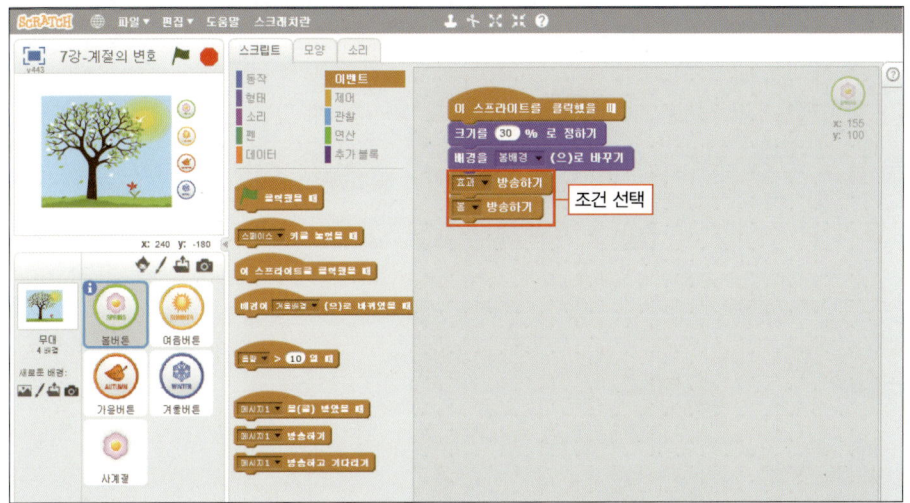

(3) 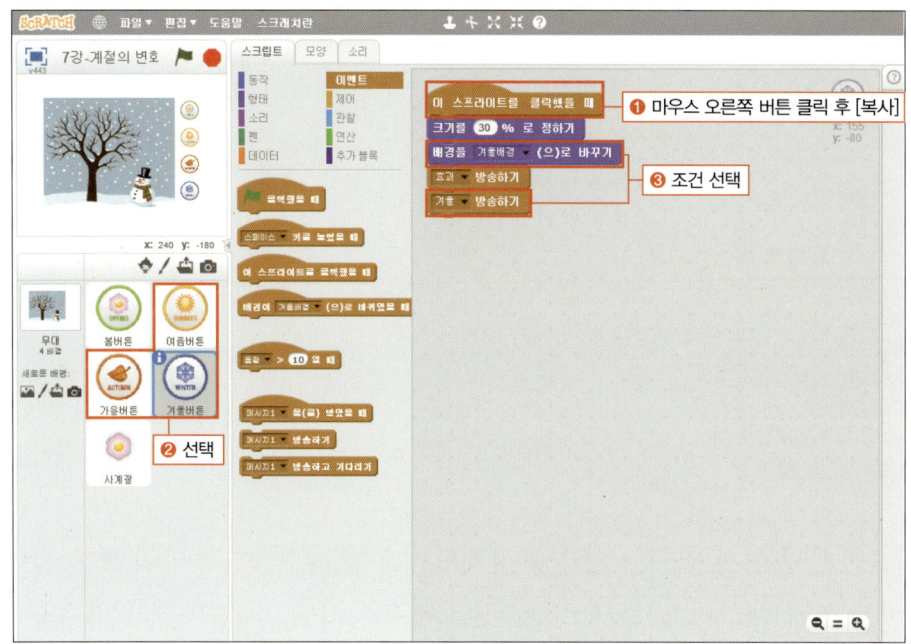 블록 위에 마우스 오른쪽 버튼을 클릭하여 [복사]를 선택한 후 [여름버튼] 스프라이트를 클릭합니다. 배경을 봄배경 (으)로 바꾸기 블록의 ▼를 클릭하여 [여름배경]을 선택하고, 봄 방송하기 블록의 ▼를 클릭하여 [여름] 메시지를 만들고, 선택합니다. '가을버튼', '겨울버튼' 스프라이트도 복사한 후 다음과 같이 코딩합니다.

- '가을버튼' 배경 : [가을배경], 새 메시지 : '가을'
- '겨울버튼' 배경 : [겨울배경], 새 메시지 : '겨울'

2 | 그래픽 효과 지정하기

(1) 무대를 선택한 후 이벤트 팔레트의 클릭했을 때 블록을 드래그하고, 형태 팔레트의 배경을 봄배경 (으)로 바꾸기 블록을 연결합니다. 이벤트 팔레트의 메시지1 을(를) 받았을 때 블록을 드래그하고, ▼를 클릭하여 [효과]를 선택하고, 형태 팔레트의 그래픽 효과 지우기 블록을 연결합니다.

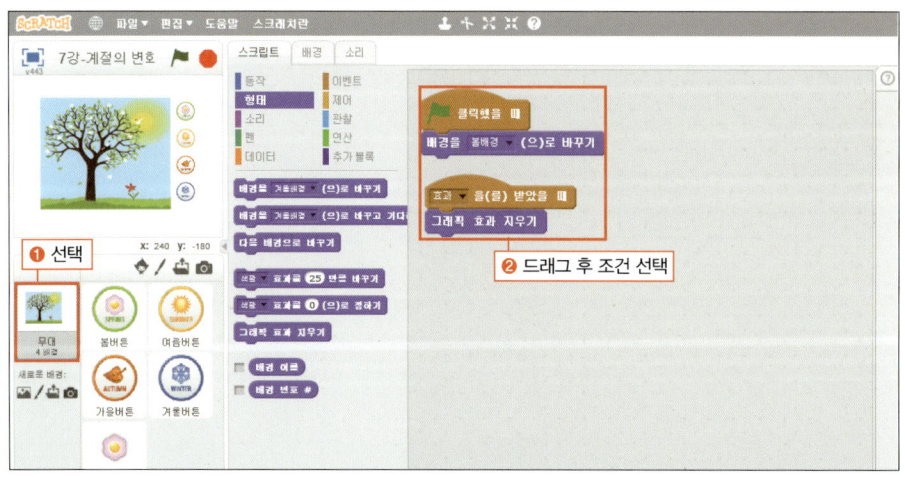

(2) 그래픽 효과를 넣기 위해 제어 팔레트의 [10 번 반복하기] 블록을 연결하여 '30'번으로 입력하고, 형태 팔레트의 [색깔 ▼ 효과를 25 만큼 바꾸기] 블록을 연결하고, ▼를 클릭하여 [픽셀화]를 선택한 후 '30'으로 입력합니다. [색깔 ▼ 효과를 25 만큼 바꾸기] 블록을 연결하고, ▼를 클릭하여 [반투명]을 선택하고, '10'으로 입력합니다. [배경을 봄배경 ▼ (으)로 바꾸기] 블록을 연결하고, [배경 번호 #] 블록을 드래그합니다.

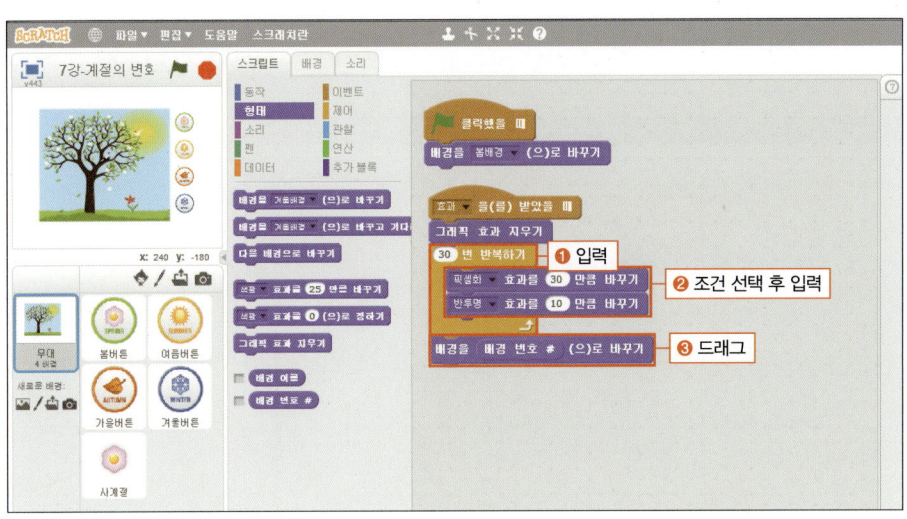

(3) 그래픽 효과를 되돌리기 위해 제어 팔레트의 [10 번 반복하기] 블록을 연결하여 '30'번으로 입력합니다. [색깔 ▼ 효과를 25 만큼 바꾸기] 블록을 연결하고, ▼를 클릭하여 [픽셀화]를 선택하고, '-30'으로 입력합니다. [색깔 ▼ 효과를 25 만큼 바꾸기] 블록을 연결하고, ▼를 클릭하여 [반투명]을 선택하고, '-10'으로 입력합니다.

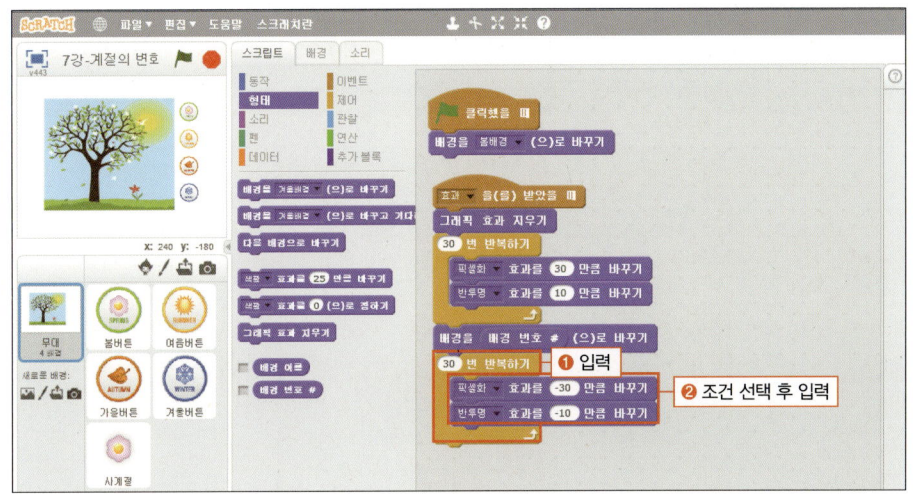

3 | 복제하여 나타내기

(1) '사계절' 스프라이트(🌸)를 선택한 후 **이벤트** 팔레트의 `메시지1 ▼ 을(를) 받았을 때` 블록을 드래그하고, ▼를 클릭하여 [봄]을 선택합니다. **형태** 팔레트의 `크기를 100 % 로 정하기` 블록을 연결하여 '30'%를 입력하고, `모양을 겨울 ▼ (으)로 바꾸기` 블록을 연결한 후 ▼를 클릭하여 [봄]을 선택하고, `숨기기` 블록을 연결합니다. 봄을 복제하기 위해 **제어** 팔레트의 `무한 반복하기` 블록을 연결하고, `1 초 기다리기` 블록을 연결하여 '3'초를 입력한 후 `나 자신 ▼ 복제하기` 블록을 연결합니다.

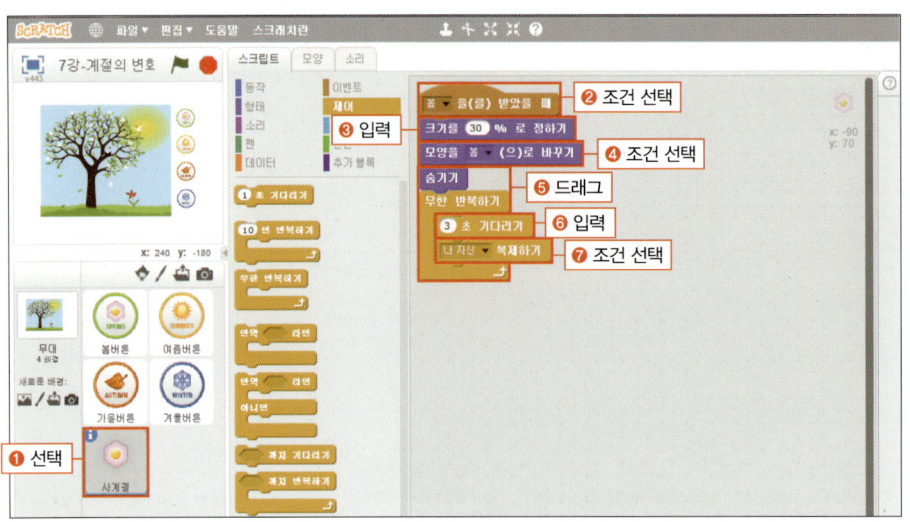

(2) `봄 ▼ 을(를) 받았을 때` 블록 위에 마우스 오른쪽 버튼을 클릭하여 [복사]를 선택하고, 옆을 클릭한 후 `봄 ▼ 을(를) 받았을 때` 블록의 ▼를 클릭하여 [여름]을 선택하고, `모양을 봄 ▼ (으)로 바꾸기` 블록의 ▼를 클릭하여 [여름]을 선택합니다. '가을', '겨울'도 복사한 후 다음과 같이 코딩합니다.

- 방송하기 : '가을', 모양 : '가을'   · 방송하기 : '겨울', 모양 : '겨울'

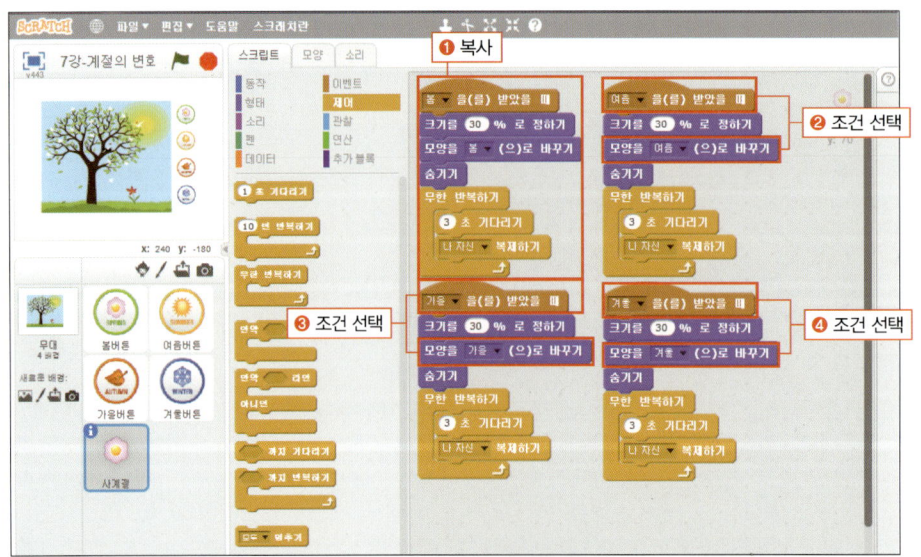

(3) 복제되었을 때 정해진 좌표로 자유롭게 이동하기 위해 제어 팔레트의 복제되었을 때 블록을 드래그하고, 동작 팔레트의 x: -8 y: -117 로 이동하기 블록을 연결합니다. x에는 연산 팔레트의 1 부터 10 사이의 난수 블록을 드래그하여 첫 번째 칸에는 '-160', 두 번째 칸에는 '90'을 입력하고, y에는 '120'을 입력한 후 형태 팔레트의 보이기 블록을 연결합니다.

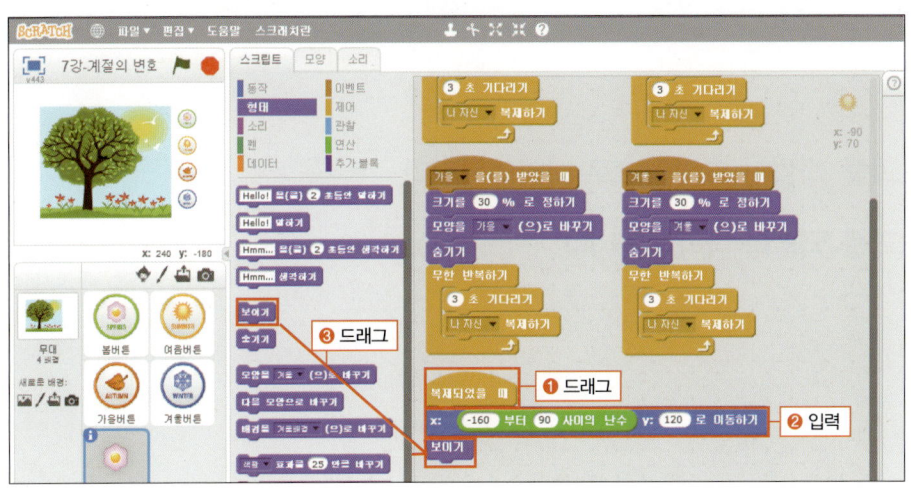

(4) 제어 팔레트의 무한 반복하기 블록을 연결하고, 동작 팔레트의 y좌표를 10 만큼 바꾸기 블록을 연결하고 '-10'만큼을 입력한 후 제어 팔레트의 만약 라면 블록을 연결하고, 연산 팔레트의 ▷ 블록을 연결합니다. 첫 번째 칸에는 '-100', 두 번째 칸에는 y좌표 블록을 연결하고, 이 복제본 삭제하기 블록을 연결합니다. [실행(▶)] 버튼을 클릭하여 결과 화면을 확인합니다.

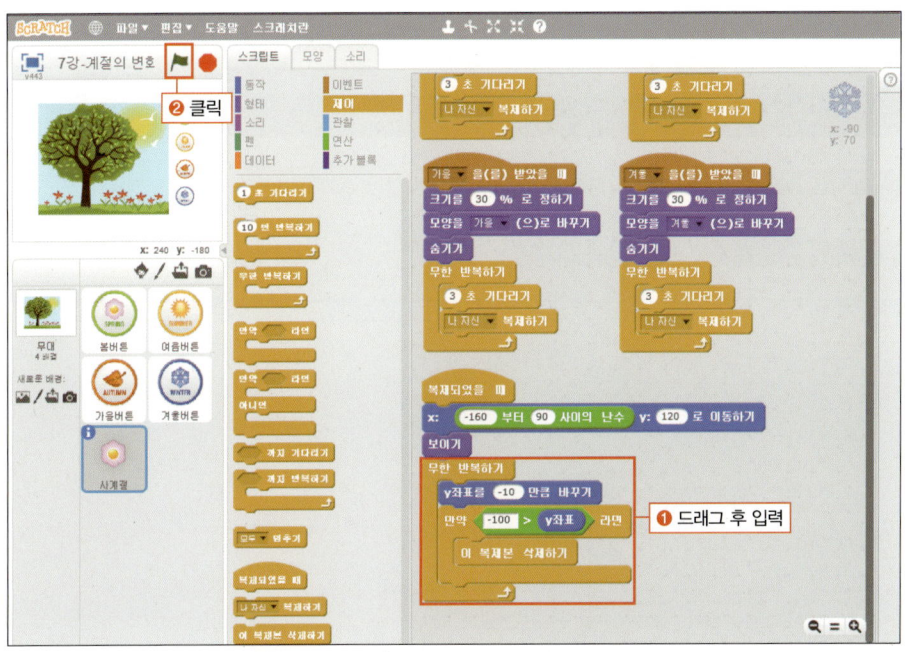

사고력 향상 문제

○ 예제 파일 | 7강-계절의 변화_완성.sb2
○ 완성 파일 | 7강-계절의 변화_사고력향상_완성.sb2

1 배경의 그래픽 효과를 색깔과 모자이크로 나타내봅니다.

2 배경의 그래픽 효과를 되돌려 나타내봅니다.

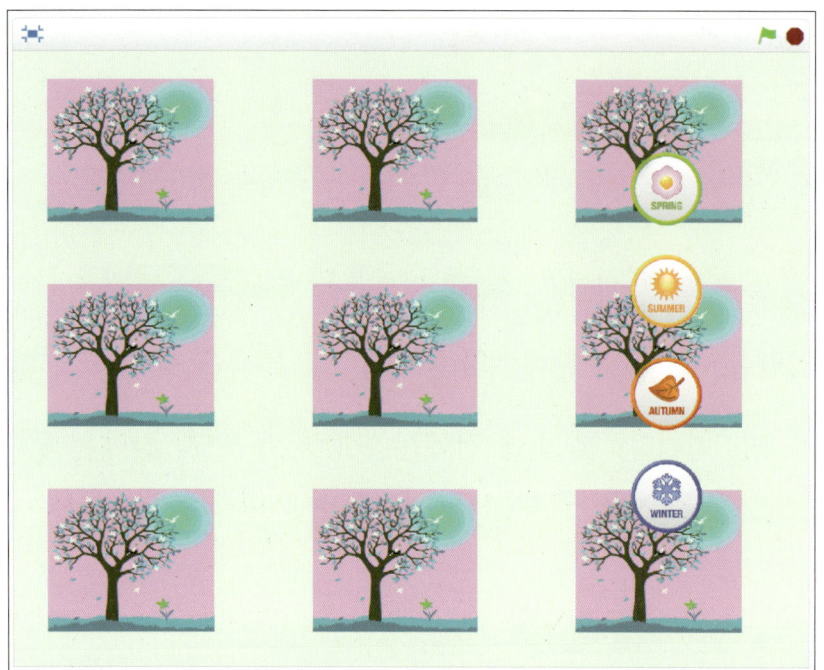

HINT

1 형태 팔레트의 색깔▼ 효과를 25 만큼 바꾸기 블록을 사용합니다.

2 형태 팔레트의 색깔▼ 효과를 -25 만큼 바꾸기 블록을 사용합니다.

08 날씨와 속담

동물과 자연 현상의 변화를 관찰하면 날씨를 예측할 수 있습니다.
날씨와 관련된 속담에는 어떤 것들이 있는지 알아보고, 과학적 설명
을 표현합니다.

- **예제 파일 |** 8강-날씨와 속담_예제.sb2
- **완성 파일 |** 8강-날씨와 속담_완성.sb2
- **사용 방법 |** 날씨와 관련된 속담 주인공들을 클릭하면서 다양한 날씨 속담을 알아봅니다.

Point 01 교과 내용 파악하기

1) 교과 연계 : 5학년 과학 [날씨와 우리 생활]

2) 교과 핵심 내용

(1) '무지개가 서쪽에서 서면 강 건너에 소를 매면 안 된다.'

: 무지개는 태양 빛이 물방울(비)을 통과하며 굴절된 현상인데, 저기압은 서쪽에서 동쪽으로 이동하므로 서쪽에서 저기압이 다가오고 있음을 예상합니다.

(2) '거미가 줄을 치면 날씨가 좋다.'

: 거미의 먹잇감인 곤충들이 활동을 많이 하는 맑은 날씨에 거미가 줄을 치기 때문입니다.

(3) '개구리가 울면 비가 온다.'

: 습기가 증가하면 피부로 호흡하는 개구리들은 호흡량을 늘리려고 더 많이 웁니다.

(4) '꿀벌의 활동이 빠르면 그 계절도 빠르다.'

: 온도에 민감한 꿀벌이 활동하는 시기가 빠르면 곧 그 계절도 빨리 온다는 뜻입니다.

(5) '올빼미가 울면 맑다.'

: 밤에 먹이를 잡는 올빼미는 날씨가 좋은 날 밤에는 더욱 활발히 활동하기 때문입니다.

3 | 교과 핵심 확인 문제

(　　　) 안에 알맞은 낱말에 O표를 하세요.

(1) 올빼미가 울면 (비가 온다, 맑다).

(2) 개구리가 울면 (비가 온다, 맑다).

Point 02 생각하기

1 | 알고리즘

(1) [실행(▶)] 버튼을 클릭하면 속담 스프라이트(🌈), (🕷), (🐸), (🐝), (🦉)를 차례로 보여줍니다.

(2) 선택한 스프라이트에 해당하는 날씨 관련 속담을 말합니다.

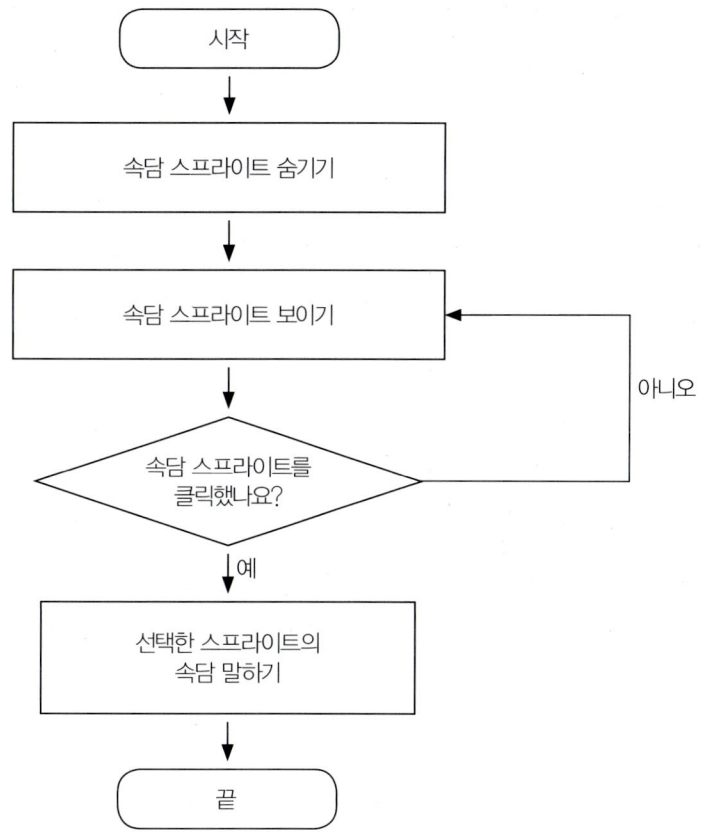

 **프로젝트 시작하기**

1 | '날씨와 속담' 리스트 만들기와 리스트 값(속담) 입력하기

(1) '8강-날씨와 속담_예제.sb2' 파일을 엽니다. 무대를 선택한 후, [이벤트] 팔레트의 [클릭했을 때] 블록을 드래그하고, [데이터] 팔레트의 리스트 만들기(리스트 만들기)를 클릭하여 [새로운 리스트] 대화상자가 나타나면 '날씨와 속담'을 입력하고 [확인] 버튼을 클릭합니다.

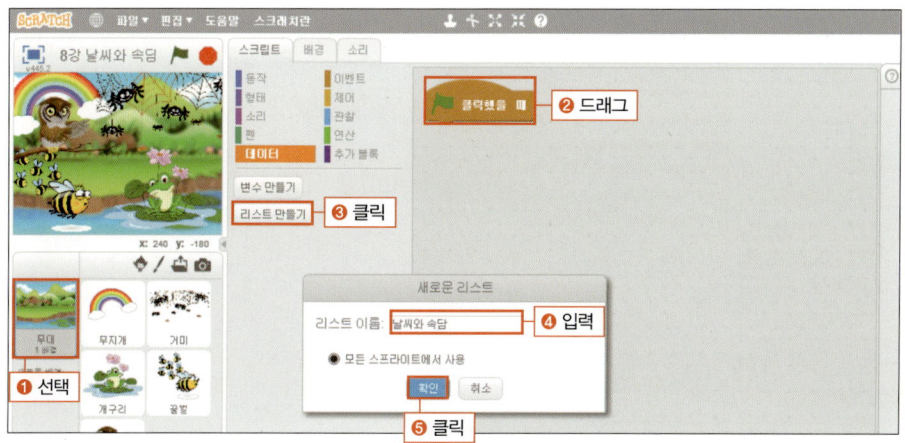

(2) 무대에서 리스트를 숨기기 위해 [데이터] 팔레트의 [날씨와 속담 ▼ 리스트 숨기기] 블록을 드래그합니다. [실행(▶)] 버튼을 클릭했을 때 기존의 리스트 값을 삭제하고 새로운 리스트 값으로 저장하기 위해 [모두▼ 번째 항목을 날씨와 속담 ▼ 에서 삭제하기] 블록의 ▼를 클릭하여 [모두]와 [날씨와 속담]을 선택하고 연결합니다.

(3) [데이터] 팔레트의 [thing 항목을 날씨와 속담 ▼ 에 추가하기] 블록을 연결하고 '무지개가 서쪽에 서면 강 건너에 소를 매지 말랬다.'를 입력합니다. 거미, 개구리, 꿀벌, 올빼미의 속담도 다음과 같이 코딩합니다.

- 2번째 항목 : 거미가 줄을 치면 날씨가 좋다.
- 3번째 항목 : 개구리가 울면 비가 온다
- 4번째 항목 : 꿀벌의 행동이 빠르면 그 계절도 빠르다.
- 5번째 항목 : 올빼미가 울면 맑다.

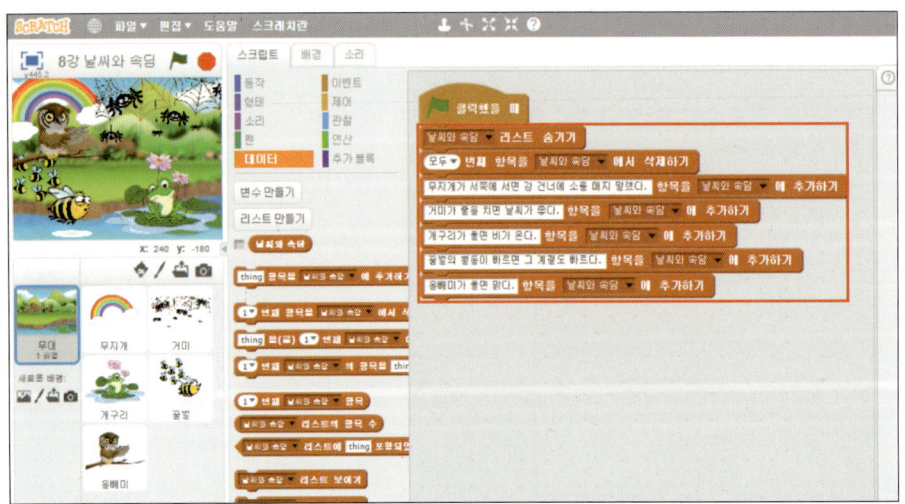

2 | 스크립트 작성하기

(1) '무지개' 스프라이트(🌈)를 선택한 후, 이벤트 팔레트의 [🚩 클릭했을 때] 블록을 드래그하고, 동작 팔레트의 [x: ⬭ y: ⬭ 로 이동하기] 블록을 연결한 후, 'x: -170'과 'y: 137'으로 입력합니다. 스프라이트를 차례대로 보이기 위해 형태 팔레트의 [숨기기] 블록과 제어 팔레트의 [1 초 기다리기] 블록을 연결한 후 '0.1'초로 입력하고, 형태 팔레트의 [보이기] 블록을 연결합니다. 동일한 방법으로 '거미', '개구리', '꿀벌', '올빼미' 스프라이트를 다음과 같이 코딩합니다.

- 거미 : 'x: 114', 'y: 91', '0.5'초
- 개구리 : 'x: 124', 'y: -100', '1'초
- 꿀벌 : 'x: -67', 'y: -160', '1.5'초
- 올빼미 : 'x: 0', 'y: -20', '2'초

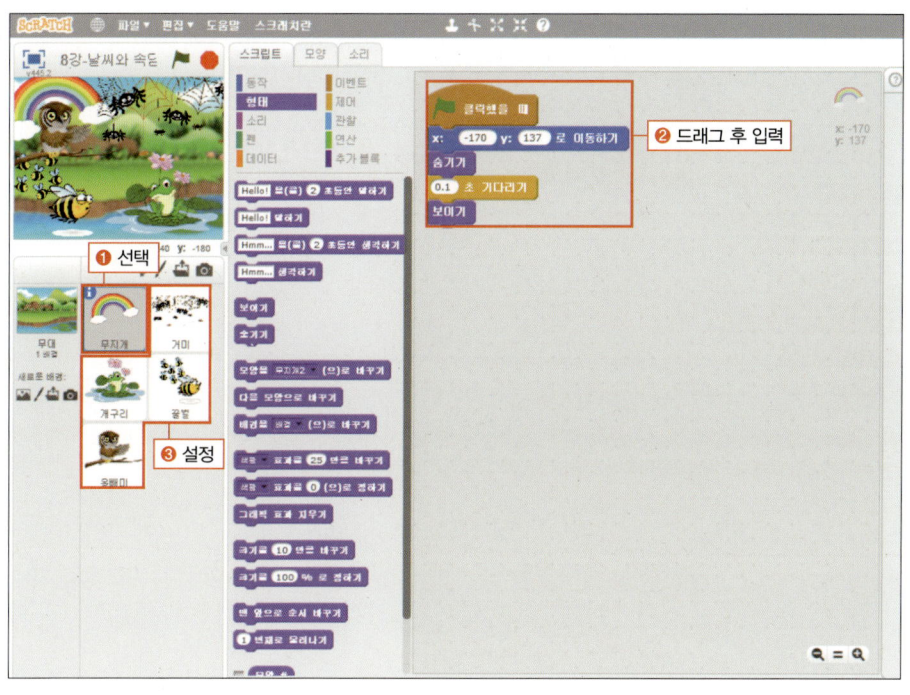

(2) '무지개' 스프라이트(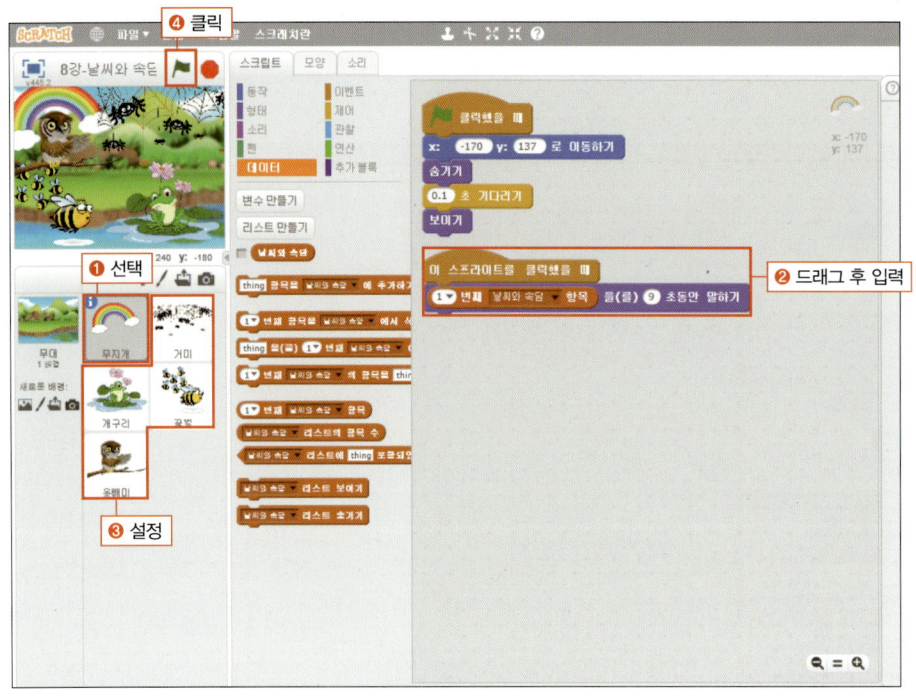)를 선택한 후, 이벤트 팔레트의 이 스프라이트를 클릭했을 때 블록을 드래그하고, 형태 팔레트의 Hello! 을(를) 2 초동안 말하기 블록을 연결한 후, '9'초로 변경하고, 데이터 팔레트의 1▼번째 날씨와 속담▼ 항목 블록을 결합한 후 연결합니다. '거미', '개구리', '꿀벌', '올빼미' 스프라이트를 같은 방법으로 작성합니다. [실행(🏳)] 버튼을 클릭하여 결과 화면을 확인합니다.

- 거미 : 2번째, '8'초
- 개구리 : 3번째, '9'초
- 꿀벌 : 4번째, '9'초
- 올빼미 : 5번째, '15'초

사고력 향상 문제

○ 예제 파일 | 8강-날씨와 속담_완성.sb2
○ 완성 파일 | 8강-날씨와 속담_사고력향상_완성.sb2

1 '무지개' 스프라이트( )를 선택한 후, [소리] 탭의 새로운 소리( )를 클릭하여 속담의 과학적 설명을 녹음해봅니다.

2 각각의 스프라이트를 클릭했을 때, 위에서 녹음한 파일을 이용하여 앞에서 배운 `1▼ 변지 날씨와 속담 ▼ 항목 을(를) 9 초동안 말하기` 블록과 함께 녹음 파일을 재생시켜봅니다.

HINT

1 ❶ 입력 정보

스프라이트	속담의 과학적 설명(녹음할 내용)
	무지개는 태양 빛이 물방울(비)을 통과하며 굴절된 현상인데, 저기압은 서쪽에서 동쪽으로 이동하므로 서쪽에 무지개가 뜨면 저기압이 다가오고 있어 곧 비가 올 것이므로 조심하라는 것입니다.
	맑은 날씨에 거미의 먹잇감인 곤충들이 활동을 많이 하기 때문에 거미는 저기압일 때는 줄을 치지 않다가 맑은 날씨인 고기압일 때 줄을 칩니다.
	습기가 증가하면 피부로 호흡하는 개구리들은 호흡에 지장을 받기 때문에 호흡량을 늘리려고 더 많이 웁니다. 따라서 그 울음소리로 곧 비가 올 것을 알 수 있습니다.
	꿀벌은 온도에 민감하기 때문에 온도에 따라 활동을 하므로, 꿀벌이 활동하는 시기가 빠르면 곧 그 계절도 빨리 온다는 뜻입니다.
	밤에 먹이를 잡는 올빼미는 날씨가 좋은 날 밤에는 더욱 활발히 활동하기 때문에 우리 귀에까지 잘 들리기 때문입니다.

❷ 녹음하기

: [소리] 탭 클릭 – 새로운 소리( ) 클릭 – 녹음 버튼( ) 클릭 후 말하기 – 정지 버튼( ) 클릭으로 멈추기 – 재생 버튼( ) 클릭으로 들어보기

2 `이벤트` 팔레트의 `이 스프라이트를 클릭했을 때` 블록과 `소리` 팔레트의 `무지개 ▼ 끝까지 재생하기` 블록을 이용하여 각 스프라이트의 [스크립트] 탭에서 추가 작성합니다.

09 재활용품 분리하기

쓰레기를 재질에 따라 분리하여 버리면 그 자원을 재활용할 수 있기 때문에 자원과 에너지를 절약할 수 있습니다. 생활 속의 재활용품이나 폐품을 정확하게 분리해봅니다.

- **예제 파일 |** 9강–재활용품 분리하기_예제.sb2
- **완성 파일 |** 9강–재활용품 분리하기_완성.sb2
- **사용 파일 |** 다양한 종류의 재활용품을 분리배출함에 드래그하여 정확하게 분리합니다.

Point 01 교과 내용 파악하기

1 | 교과 연계 : 4학년 과학 [혼합물의 분리]

2 | 교과 핵심 내용

(1) 쓰레기를 분리 배출하면 분리 배출한 물품을 재활용할 수 있어 자원을 절약할 수 있습니다.

(2) 플라스틱처럼 잘 썩지 않는 쓰레기를 분리하여 환경오염을 줄일 수 있습니다.

3 | 교과 핵심 확인 문제

재활용품이나 쓰레기를 분리 배출하였을 때 좋은 점이 무엇인가요?

(   )

Point 02 생각하기

1 | 알고리즘

(1) [실행( )] 버튼을 클릭한 후 각 재활용품을 '분리배출함' 스프라이트(, , , , ,)에 드래그합니다.

(2) 재활용품을 분리배출함에 맞게 드래그하면 '참! 잘 했어요.'라는 메시지를 보여준 후 재활용품이 사라지고, 맞지 않으면 재활용품이 원래 위치로 돌아갑니다.

2 | 순서도

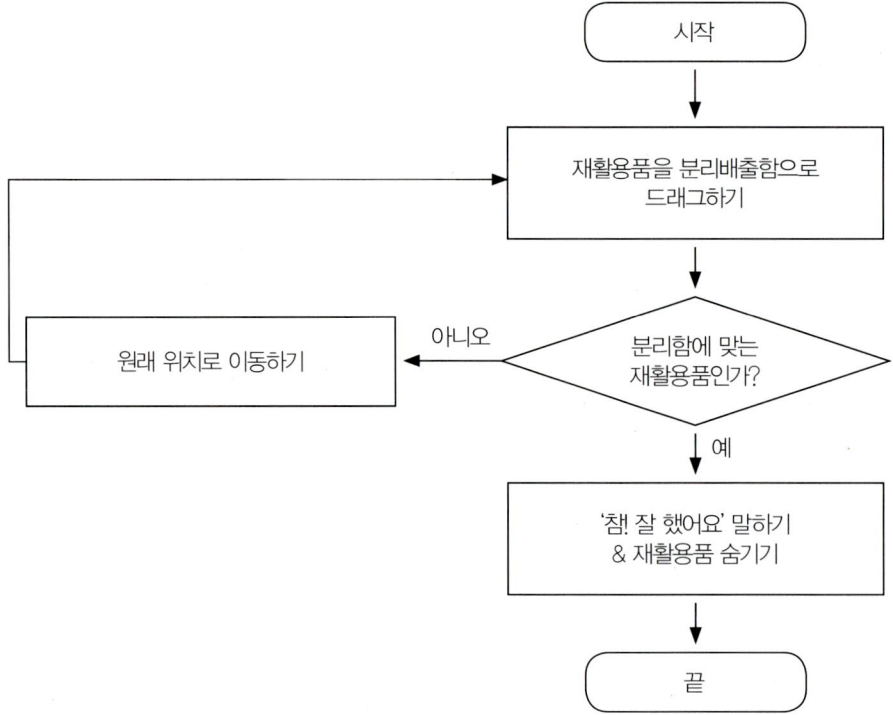

 **프로젝트 시작하기**

1 | 재활용품과 분리배출함 만들기

(1) '9강-재활용품 분리하기_예제.sb2' 파일을 엽니다. '분리배출함1' 스프라이트(📮)를 선택한 후 이벤트 팔레트의 🏳클릭했을 때 블록을 드래그하고, 위치를 지정하기 위해 동작 팔레트의 x: -196 y: -100 로 이동하기 블록을 연결합니다. 크기를 '65%'로 줄이기 위해 형태 팔레트의 크기를 65 % 로 정하기 블록을 연결합니다.

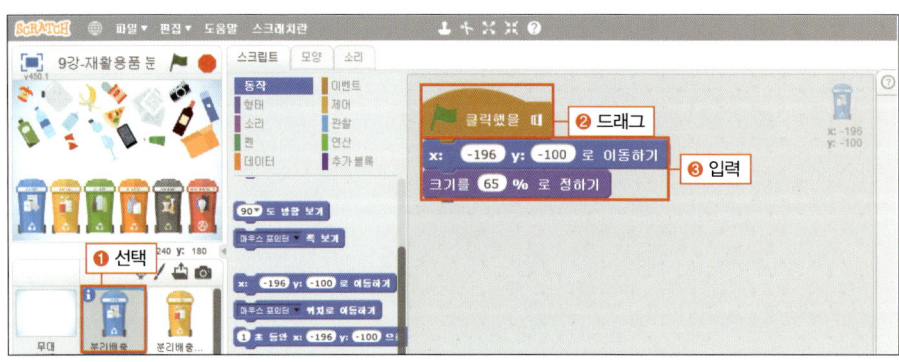

: TIP :

- 나머지 분리배출함 스프라이트에도 다음과 같이 코딩합니다. 단, '분리 배출함3' 스프라이트(🗑)에만 이 프로 젝트의 사용 방법을 설명하기 위해서 형태 팔레트의 재활용품을 분리 배출함에 정확하게 분리하세요. 을(를) 5 초동안 말하기 블록을 추가로 연결합니다.

스프라이트	x: ⬤ y: ⬤ 로 이동하기	크기를 65 % 로 정하기
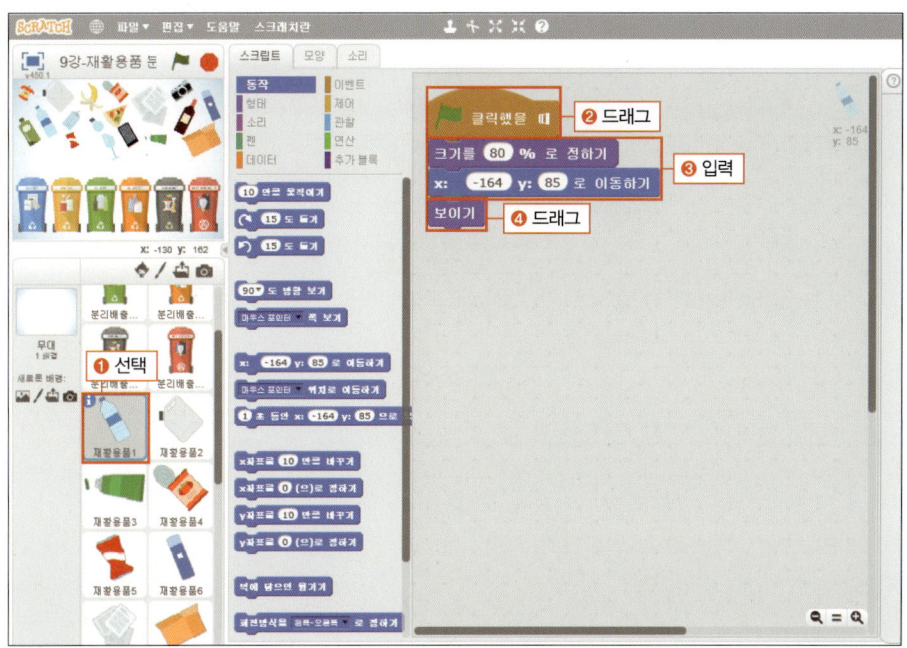	'x: –118', 'y: –100'	'65%'
	'x: –40', 'y: –100'	'65%'
	'x: 38', 'y: –100'	'65%'
	'x: 117', 'y: –100'	'65%'
	'x: 196', 'y: –100'	'65%'

(2) '재활용품1' 스프라이트(🍼)를 선택한 후 이벤트 팔레트의 🏁 클릭했을 때 블록을 드래그하고, 크 기를 '80'%로 줄이기 위해 형태 팔레트의 크기를 80 % 로 정하기 블록을 연결하고, 처음 위치를 지정하기 위해 동작 팔레트의 x: -164 y: 85 로 이동하기 블록을 연결하고 형태 팔레트의 보이기 블록을 연결합니다.

- '재활용품2~재활용품18' 스프라이트에도 다음과 같이 크기와 위치를 지정합니다.

스프라이트	크기를 80 % 로 정하기	x: ● y: ● 로 이동하기	분리배출함1 ▼ 에 닿았는가?
	'70'%	'x: −137', 'y: 144'	분리배출함4
	'90'%	'x: 85', 'y: 44'	분리배출함4
	'85'%	'x: −7', 'y: 152'	분리배출함2
	'85'%	'x: −106', 'y: 43'	분리배출함2
	'85'%	'x: 211', 'y: 121'	분리배출함2
	'80'%	'x: 121', 'y: 122'	분리배출함1
	'75'%	'x: 190', 'y: 44'	분리배출함1
	'75'%	'x: −108', 'y: 88'	분리배출함1
	'80'%	'x: 154', 'y: 95'	분리배출함3
	'100'%	'x: −17', 'y: 29'	분리배출함3
	'75'%	'x: −202', 'y: 63'	분리배출함3
	'85'%	'x: −9', 'y: 96'	분리배출함5
	'80'%	'x: −211', 'y: 149'	분리배출함5
	'80'%	'x: −62', 'y: 140'	분리배출함5
	'100'%	'x: 23', 'y: 55'	분리배출함6
	'85'%	'x: −50', 'y: 79'	분리배출함6
	'85'%	'x: 145', 'y: 153'	분리배출함6

2 | 재활용품 분리하기

(1) '재활용품1' 스프라이트(📄)를 클릭합니다. `제어` 팔레트의 `까지 반복하기` 블록을 `보이기` 블록

아래에 연결하고 조건에 `관찰` 팔레트의 `분리배출함4 ▼ 에 닿았는가?` 블록을 연결합니다. 조

건에 만족하지 않으면 '0.5'초 기다렸다가 처음 위치로 이동하게 하기 위해 `제어` 팔레트

의 `0.5 초 기다리기` 블록과 `동작` 팔레트의 `1 초 동안 x: -164 y: 85 으로 움직이기` 블록과 `형태` 블록의

`을(를) 2 초동안 말하기` 블록을 `까지 반복하기` 블록 안에 연결합니다.

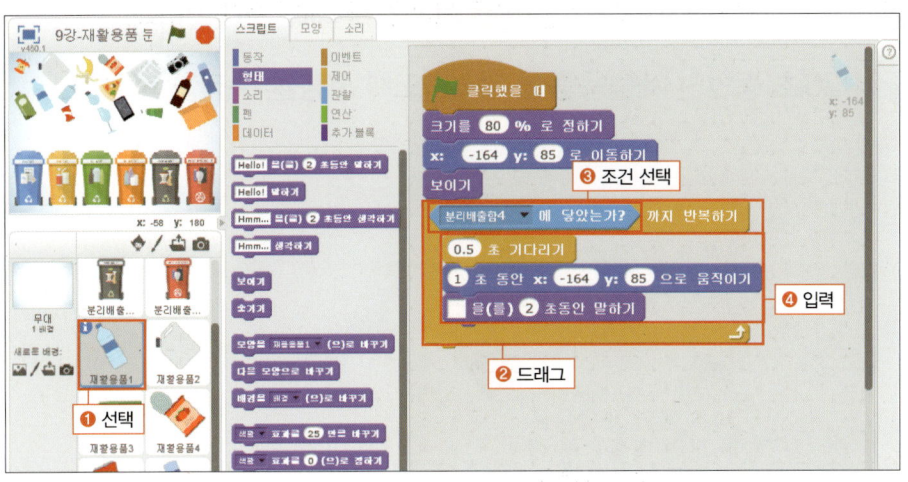

(2) 조건에 맞으면 '참! 잘했어요.'라고 말하게 하기 위해 `형태` 팔레트의 `참! 했어요. 을(를) 1 초동안 말하기`

블록을 연결하고, `반투명 ▼ 효과를 25 만큼 바꾸기` 블록과 `제어` 팔레트의 `10 번 반복하기` 블록을 사용하여

재활용품 스프라이트가 사라지게 한 후 `형태` 팔레트의 `숨기기` 블록을 연결하여 스프라이트를

완전히 숨깁니다. '재활용품2~재활용품18' 스프라이트에도 `분리배출함1 ▼ 에 닿았는가?` 값만 각각 다르

며 나머지는 동일하게 코딩합니다. [실행(🏳)] 버튼을 클릭하여 결과 화면을 확인합니다.

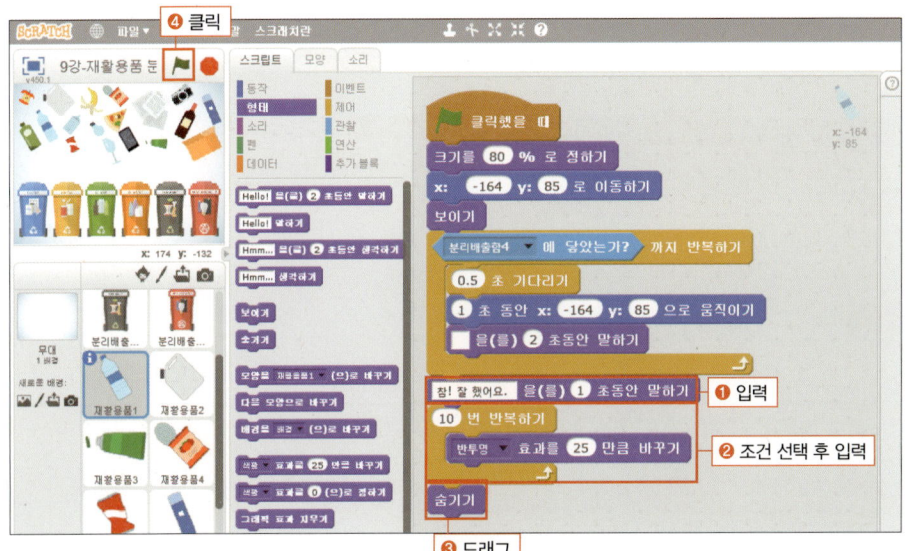

사고력 향상 문제

○ 예제 파일 l 9강-재활용품 분리하기_완성.sb2
○ 완성 파일 l 9강-재활용품 분리하기_사고력향상_완성.sb2

1 '개수' 변수를 만들어 재활용품을 정확하게 분리한 개수를 무대에 보여줍니다.

2 '시간' 변수를 만들어 '30'초 동안만 재활용품을 분리하도록 코딩을 수정합니다.

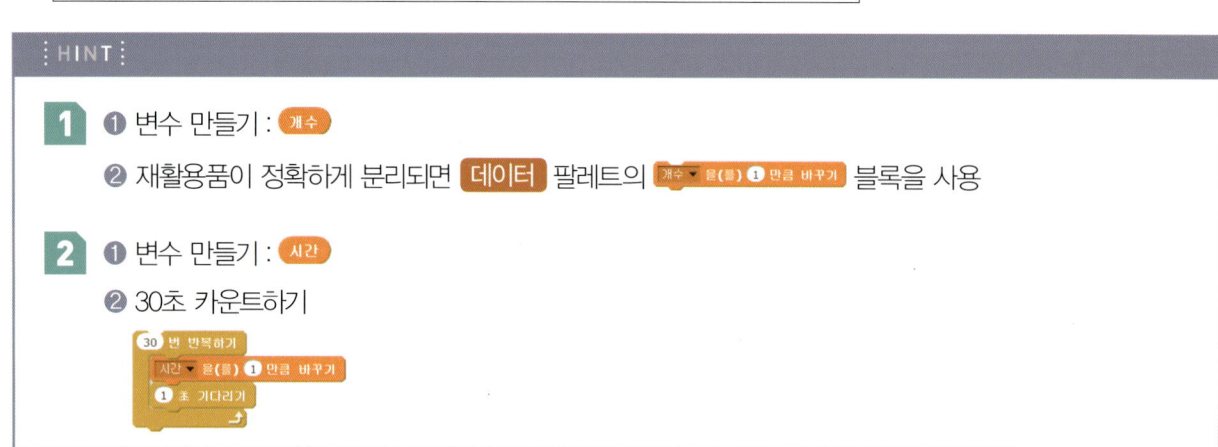

날씨 이야기

지구 상의 물은 상태가 변하면서 끊임없이 돌고 돌아옵니다. 물의 순환으로 구름, 비, 눈이 어떻게 만들어지는지 표현해봅니다.

- **예제 파일 I** 10강-날씨 이야기_예제.sb2
- **완성 파일 I** 10강-날씨 이야기_완성.sb2
- **사용 방법 I** 구름, 비, 눈을 클릭하면 만들어지는 과정이 나타나고 선생님이 설명합니다.

구름, 비, 눈이 어떻게 만들어지는지 클릭해 보세요.

교과 내용 파악하기

1 | 교과 연계 : 5학년 과학 [날씨와 우리 생활]

2 | 교과 핵심 내용

(1) 구름 : 작은 물방울이나 얼음 알갱이 상태로 떠 있는 것입니다.

(2) 눈 : 얼음 알갱이가 커져 지표면에 떨어진 것입니다.

(3) 비 : 얼음 알갱이가 높은 기온을 지나면서 물방울이 되어 떨어지는 것입니다.

3 | 교과 핵심 확인 문제

얼음 알갱이가 커져 지표면에 떨어진 것은? (   )

① 구름   ② 눈   ③ 안개   ④ 비

생각하기

1 | 알고리즘

(1) [실행(🏳)] 버튼을 클릭하면 배경에 '구름' 스프라이트(☁), '비' 스프라이트(💧), '눈' 스프라이트(❄)가 보여지면서 '선생님' 스프라이트(👧)가 설명합니다.

(2) '구름' 스프라이트(☁)를 클릭하면 이름을 말하고, 위치를 이동하며 '선생님' 스프라이트(👧)는 설명합니다.

(3) '비' 스프라이트(💧)를 클릭하면 이름을 말하고, 크기가 커진 후 '높은기온' 스프라이트(☁)에 닿으면 아래로 이동하면서 사라지고, '선생님' 스프라이트(👧)는 설명합니다.

(4) '눈' 스프라이트(❄)를 클릭하면 이름을 말하고, 크기가 커진 후 아래로 이동하면서 사라지고, '선생님' 스프라이트(👧)는 설명합니다.

2 | 순서도

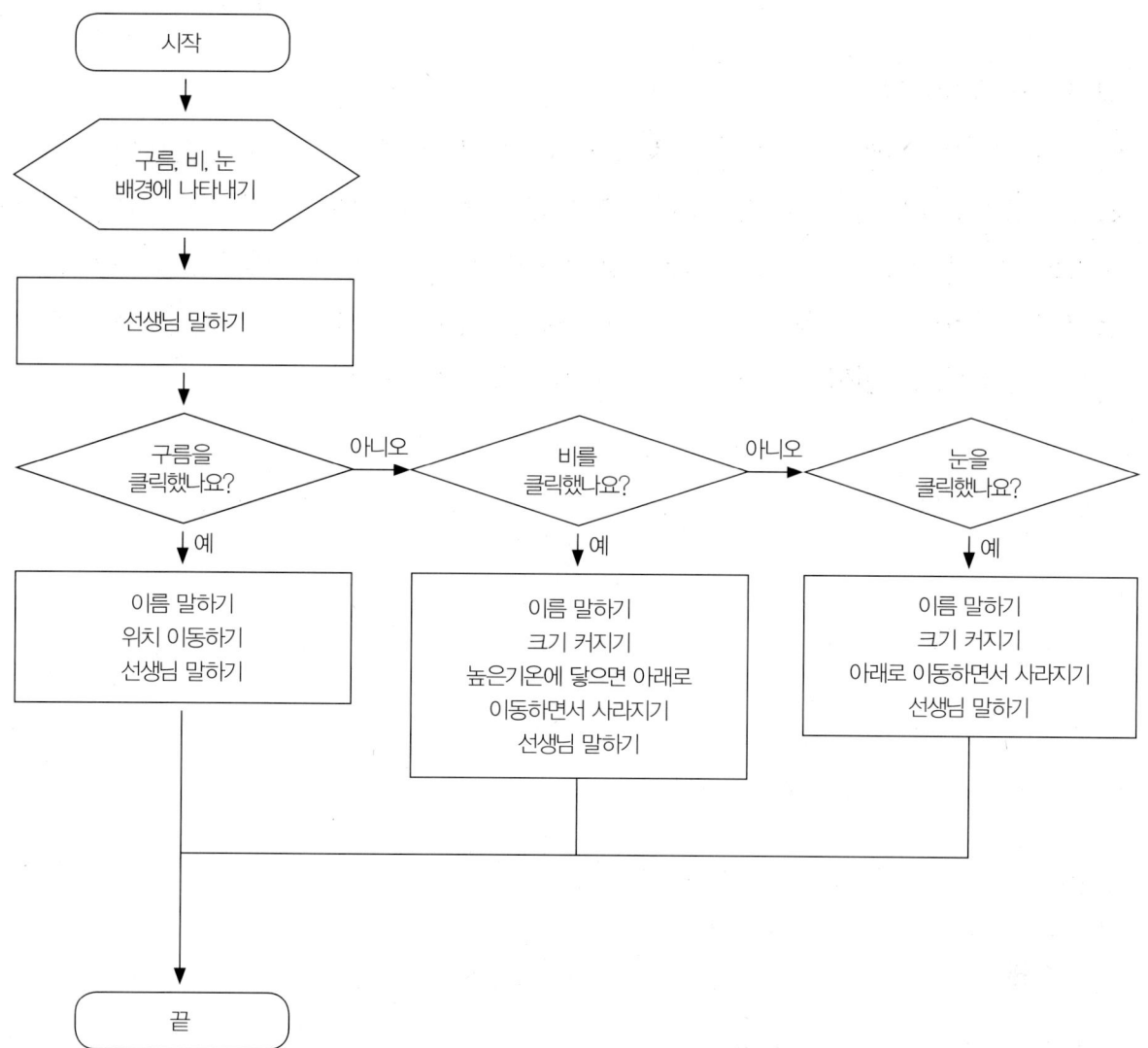

프로젝트 시작하기

1 | 날씨 항목 입력하기

(1) '10강-날씨 이야기_예제.sb2' 파일을 엽니다. 무대를 선택한 후 이벤트 팔레트의 ▶ 클릭했을때 블록을 드래그하고, 데이터 팔레트의 리스트 만들기(리스트 만들기)를 클릭합니다. '날씨'를 입력하고, [확인] 버튼을 클릭한 후 체크 박스(✔)에 선택을 해제하여 리스트의 값을 숨깁니다. 처음 시작 시 리스트 항목을 모두 삭제하기 위해 데이터 팔레트의 1▼ 번째 항목을 날씨 ▼ 에서 삭제하기 블록을 연결하고, '1'번째 옆에 ▼를 클릭하여 [모두]로 선택합니다.

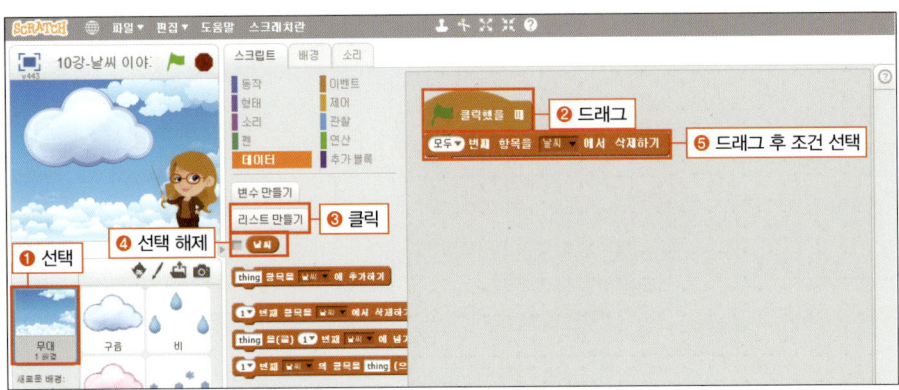

(2) 1번째 항목의 내용을 입력하기 위해서 데이터 팔레트의 thing 항목을 날씨 ▼ 에 추가하기 블록을 연결하여 '구름'을 입력하고, 다음과 같이 코딩합니다.

- 2번째 : 눈
- 3번째 : 비
- 4번째 : 작은 물방울이나 얼음 알갱이 상태로 떠 있는 것.
- 5번째 : 얼음 알갱이가 커져 지표면에 떨어진 것.
- 6번째 : 얼음 알갱이가 높은 기온을 지나면서 물방울이 되어 떨어지는 것.

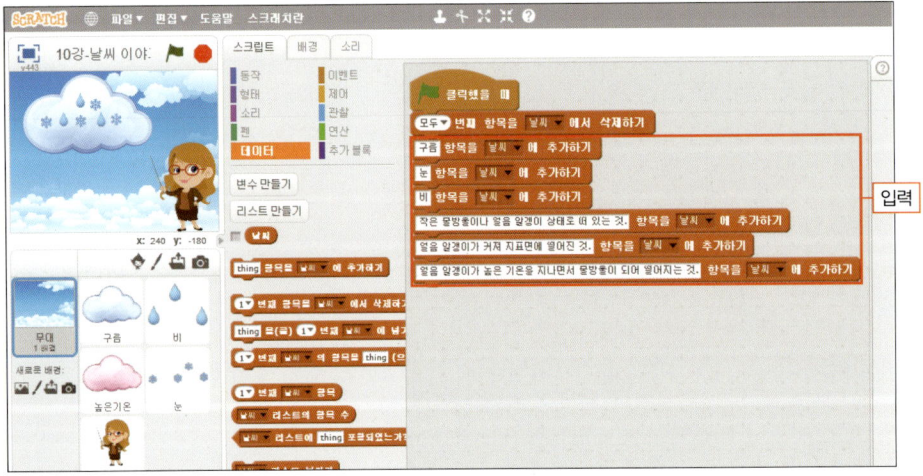

2 | 구름 위치 이동하기

(1) '구름' 스프라이트( )를 선택한 후 이벤트 팔레트의 클릭했을 때 블록을 드래그하고, 형태 팔레트의 보이기 블록을 연결하고, 동작 팔레트의 x: 0 y: 0 로 이동하기 블록을 연결하여 'x: −60', 'y: 90'을 입력합니다. 이벤트 팔레트의 이 스프라이트를 클릭했을 때 블록을 드래그하고, 형태 팔레트의 Hello! 을(를) 2 초동안 말하기 블록을 연결하여 데이터 팔레트의 1▼ 번째 날씨▼ 항목 블록을 연결합니다.

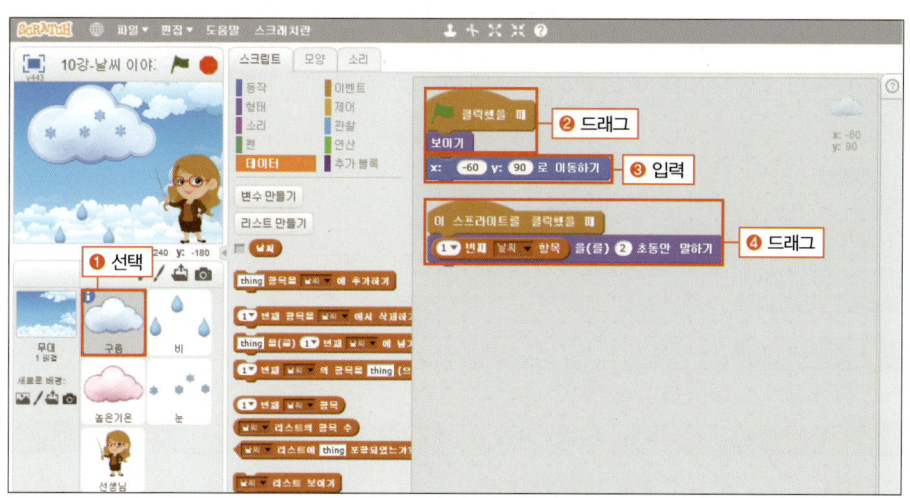

(2) 이벤트 팔레트의 메시지1▼ 방송하기 블록의 ▼를 클릭하여 [구름] 메시지를 만들고, 선택한 후 제어 팔레트의 10 번 반복하기 블록을 연결하여 '3'번으로 입력합니다. 동작 팔레트의 x: 0 y: 0 로 이동하기 블록을 연결하여 'x: −60', 'y: 90'을 입력하고, 1 초 동안 x: 0 y: 0 으로 움직이기 블록을 연결하여 '2'초, 'x: −60', 'y: 80'을 입력합니다.

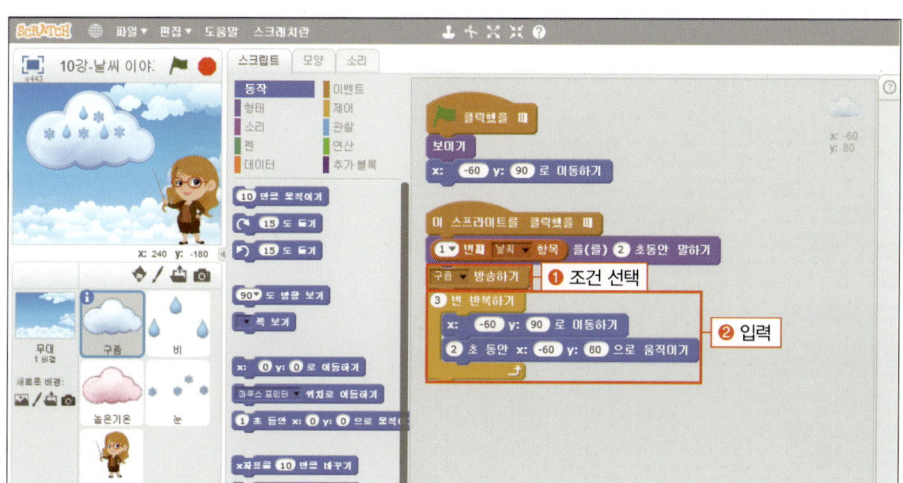

3 | 눈 크기 커진 후 사라지기

(1) '눈' 스프라이트(❄)를 선택한 후 이벤트 팔레트의 클릭했을 때 블록을 드래그합니다. 형태 팔레트의 보이기 블록과 맨 앞으로 순서 바꾸기 블록을 연결한 후 크기를 100 % 로 정하기 블록을 연결하고, 동작 팔레트의 x: 0 y: 0 로 이동하기 블록을 연결하여 'x: −60', 'y: 90'을 입력합니다.

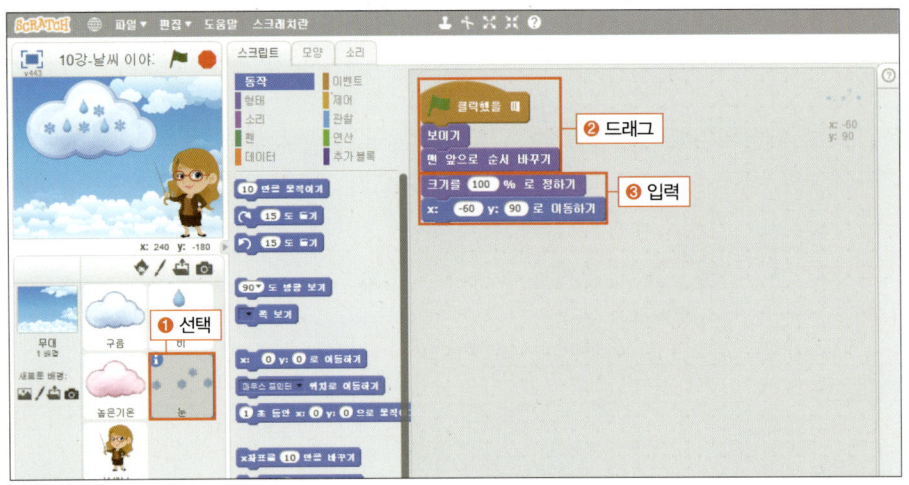

(2) 이벤트 팔레트의 이 스프라이트를 클릭했을 때 블록을 드래그하고, 형태 팔레트의 Hello! 을(를) 2 초동안 말하기 블록을 연결하고, 데이터 팔레트의 1 ▼ 번째 날씨 ▼ 항목 블록을 연결하여 '2'번째로 입력합니다. 이벤트 팔레트의 메시지1 ▼ 방송하기 블록의 ▼를 클릭하여 [눈] 메시지를 만들고, 선택한 후 제어 팔레트의 1 초 기다리기 블록을 연결한 후 '3'초로 입력합니다. 10 번 반복하기 블록을 연결한 후 형태 팔레트의 크기를 10 만큼 바꾸기 블록을 연결하고, '3'을 입력합니다.

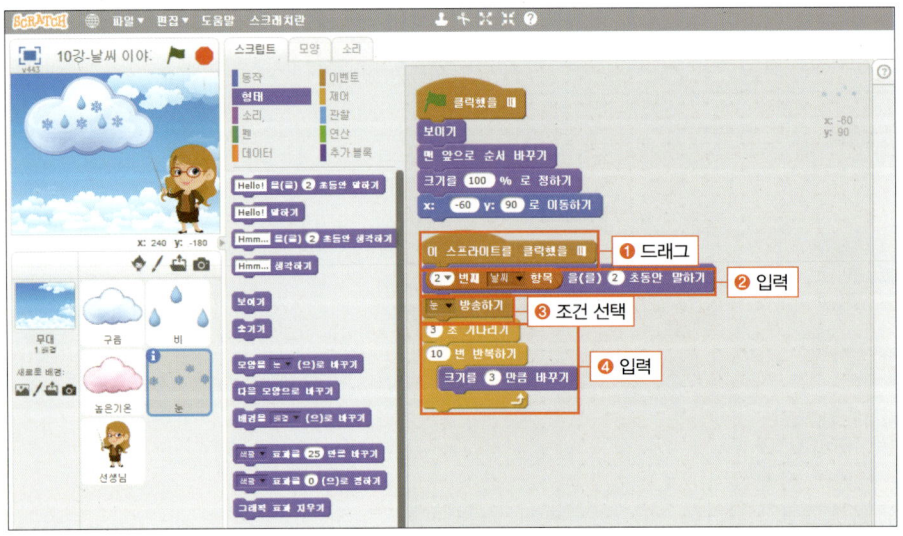

(3) 제어 팔레트의 무한 반복하기 블록을 연결하고, 동작 팔레트의 y좌표를 10 만큼 바꾸기 블록을 연결합니다. 형태 팔레트의 색깔▼ 효과를 25 만큼 바꾸기 블록을 연결하고, ▼를 클릭하여 [반투명]을 선택하고, '5'를 입력합니다. 제어 팔레트의 만약 라면 블록을 연결하고, 관찰 팔레트의 ▼에 닿았는가? 블록을 드래그한 후 ▼를 클릭하여 [벽]을 선택하고, 형태 팔레트의 숨기기 블록을 연결합니다.

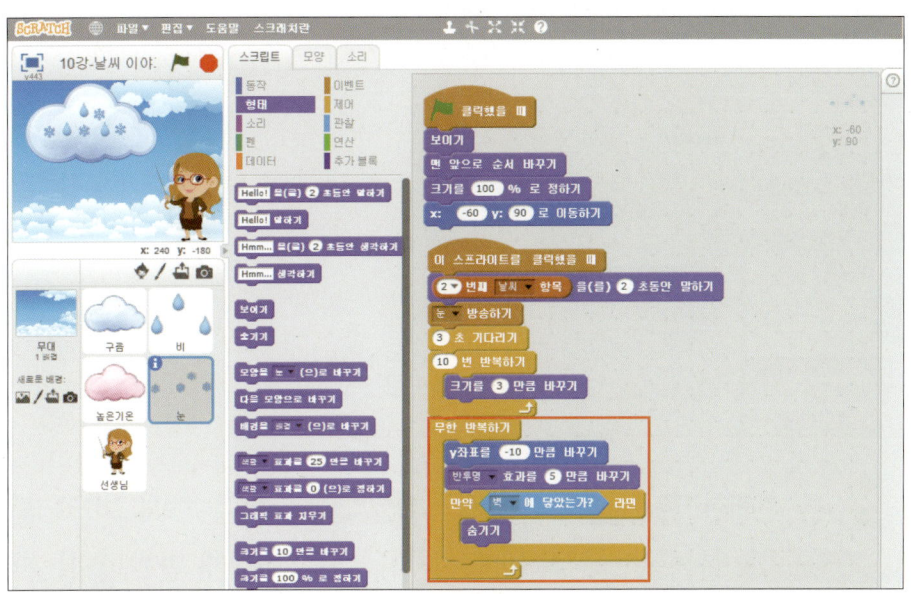

4 | 비와 높은 기온, 선생님 나타내기

(1) '눈' 스프라이트(❄)의 스크립트에서 클릭했을 때 블록과 이 스프라이트를 클릭했을 때 블록 위에 마우스 오른쪽 버튼을 클릭하여 [복사]를 선택하고, '비' 스프라이트(💧)를 클릭하여 '2'번째는 '3'번째로, 새 메시지는 [비]를 선택합니다. 무한 반복하기 블록을 삭제한 후 다음과 같이 코딩합니다.

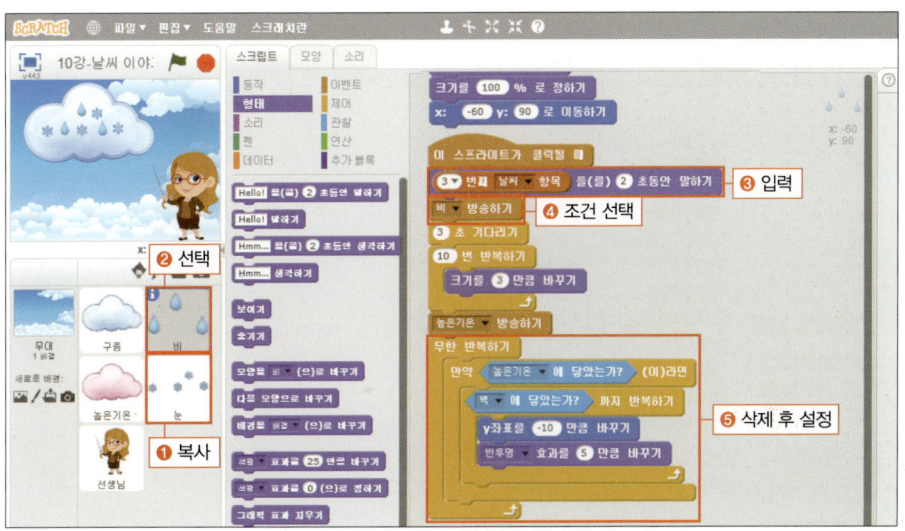

(2) '높은기온' 스프라이트( )를 선택한 후 `이벤트` 팔레트의 `클릭했을 때` 블록을 드래그하고, `형태` 팔레트의 `숨기기` 블록을 연결합니다. `이벤트` 팔레트의 `메시지1 을(를) 받았을 때` 블록을 드래그하고, ▼를 클릭하여 [높은기온]을 선택하고, `형태` 팔레트의 `맨 앞으로 순서 바꾸기` 블록과 `보이기` 블록을 연결합니다. `동작` 팔레트의 `x: 0 y: 0 로 이동하기` 블록을 연결하여 'x: 240', 'y: 100'을 입력하고, `1 초 동안 x: 0 y: 0 으로 움직이기` 블록을 연결하여 '5초', 'x: −240', 'y: 100'을 입력한 후 `형태` 팔레트의 `숨기기` 블록을 연결합니다.

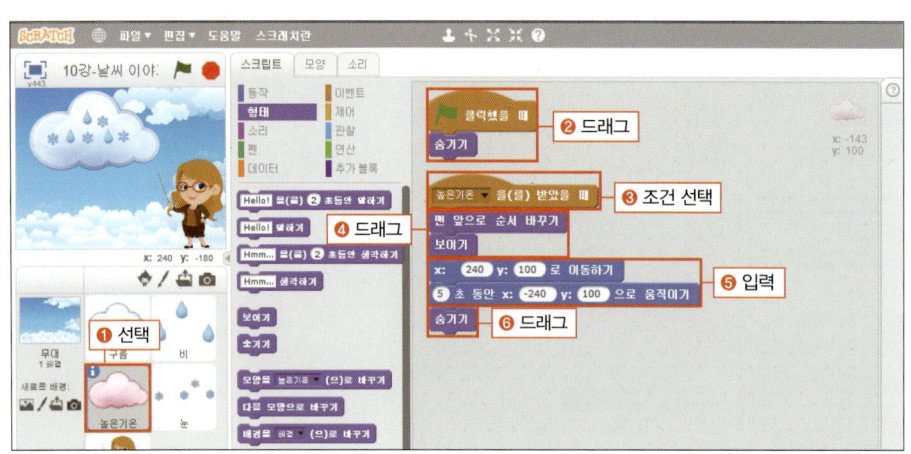

(3) '선생님' 스프라이트( )를 선택한 후 `이벤트` 팔레트의 `클릭했을 때` 블록을 드래그하고, `형태` 팔레트의 `Hello! 을(를) 2 초동안 말하기` 블록을 연결하여 '구름, 비, 눈이 어떻게 만들어지는지 클릭해 보세요.', '3초'를 입력합니다. `이벤트` 팔레트의 `메시지1 을(를) 받았을 때` 블록을 드래그하고, ▼를 클릭하여 [구름]을 선택하고, `형태` 팔레트의 `Hello! 을(를) 2 초동안 말하기` 블록을 연결합니다. `데이터` 팔레트의 `1 번째 날씨 항목` 블록을 연결하여 '4'번째, '3'초를 입력하고, '눈', '비'도 다음과 같이 코딩합니다. [실행( )] 버튼을 클릭하여 결과 화면을 확인합니다.

- 방송하기 : '눈' 선택, 번째 : '5'번째, 초 : '3'초
- 방송하기 : '비' 선택, 번째 : '6'번째, 초 : '3'초

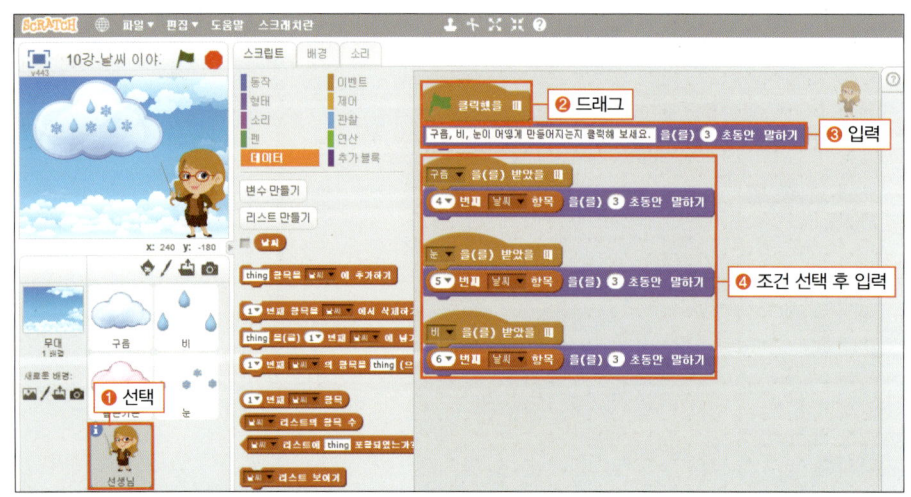

사고력 향상 문제

○ 예제 파일 | 10강-날씨 이야기_완성.sb2
○ 완성 파일 | 10강-날씨 이야기_사고력향상_완성.sb2

1 배경에 중심축이 앞인 화살표를 나타내봅니다.

2 화살표를 마우스 포인터 위치로 이동하여 움직여봅니다.

HINT

1 [저장소에서 스프라이트 선택]에서 'Arrow'를 불러온 후 모양 중심 설정하기(+)로 앞부분에 중심을 잡습니다.

2 동작 팔레트의 마우스 포인터▾ 위치로 이동하기 블록과 10 만큼 움직이기 블록을 사용합니다.

11 호흡 운동

우리 몸의 호흡 기관을 배우고, 우리가 숨을 들이마실 때와 내쉴 때
호흡 기관에는 어떤 변화가 일어나는지 실험해봅니다.

- **예제 파일 |** 11강–호흡 운동_예제.sb2
- **완성 파일 |** 11강–호흡 운동_완성.sb2
- **사용 방법 |** 실행 버튼을 클릭해서 우리 몸에 있는 호흡 기관의 호흡 운동과 실험 도구로 표현한 호흡 운동을
  비교해봅니다.

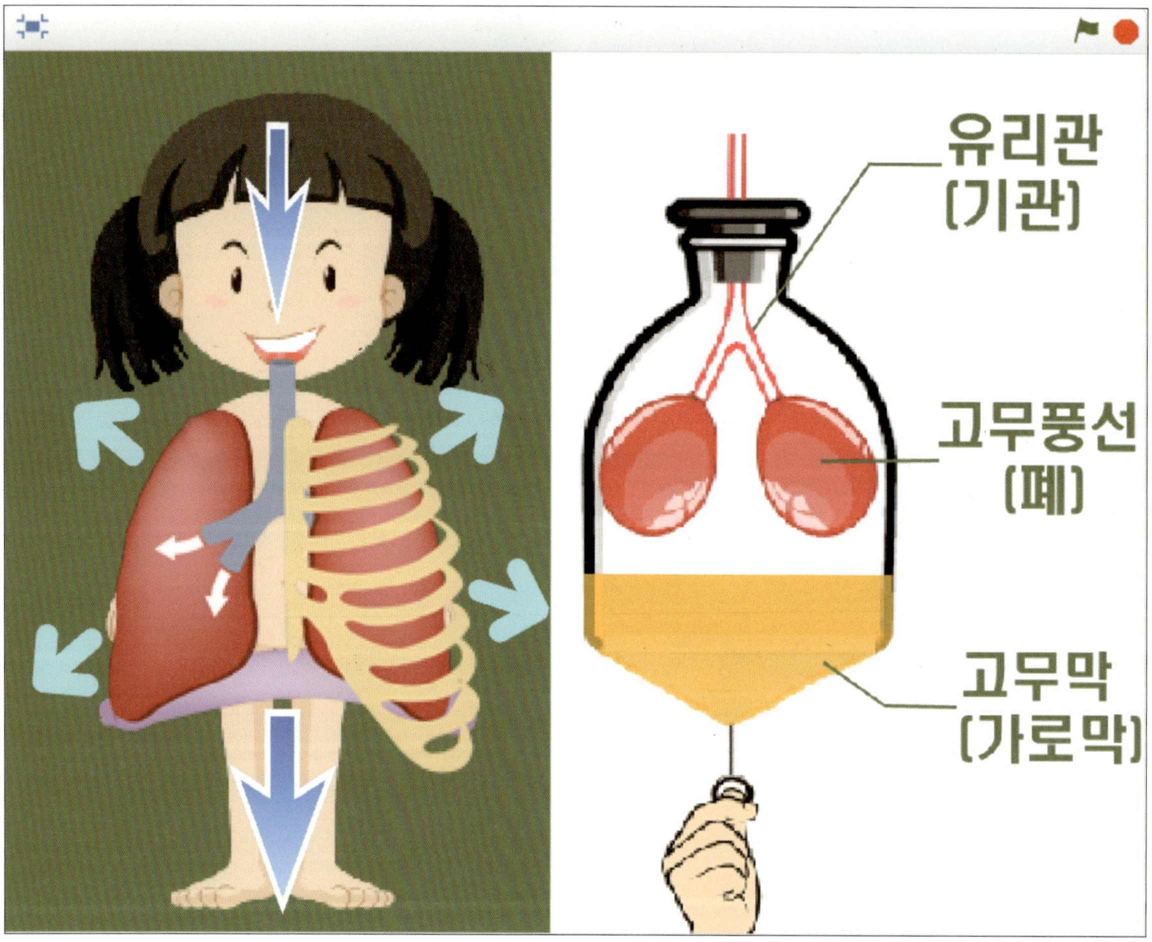

유리관
(기관)

고무풍선
(폐)

고무막
(가로막)

Point 01 교과 내용 파악하기

1 | 교과 연계 : 5학년 과학 [우리 몸의 구조와 기능]

2 | 교과 핵심 내용

(1) 호흡 : 우리 몸에서 숨을 들이마시고 내쉬는 활동을 말합니다.

(2) 호흡 기관 : 코, 기관, 기관지, 폐 등의 기관이 있습니다.

(3) 호흡할 때 공기의 이동

　❶ 숨을 들이마실 때(들숨) : 코 → 기관 → 기관지 → 폐

　❷ 숨을 내쉴 때(날숨) : 폐 → 기관지 → 기관 → 폐

(4) 호흡 운동의 원리 실험하기

　❶ 고무막을 아래로 당긴다 : 풍선이 커진다 = 들숨일 때 폐가 커지는 것

　❷ 고무막을 놓는다 : 풍선이 작아진다 = 날숨일 때 폐가 작아지는 것

3 | 교과 핵심 확인 문제

우리가 숨을 들이마실 때 공기의 이동 경로를 차례대로 쓰세요.

(　　　　　→　　　　　→　　　　　→　　　　　)

Point 02 생각하기

1 | 알고리즘

(1) [실행(▶)] 버튼을 클릭하면 우리 몸의 호흡 기관과 실험 도구의 호흡 기관을 보여줍니다.

(2) 고무막(가로막)을 아래로 당길 때 우리 몸의 호흡 기관에서는 공기가 몸 안으로 들어오면서 폐가 커지고 실험 도구의 호흡 기관에서는 풍선이 커집니다.

(3) 고무막(가로막)을 놓으면 우리 몸의 호흡 기관에서는 들어왔던 공기가 밖으로 빠져나가면서 폐가 작아지고 실험 도구의 호흡 기관에서는 풍선이 작아집니다.

2 | 순서도

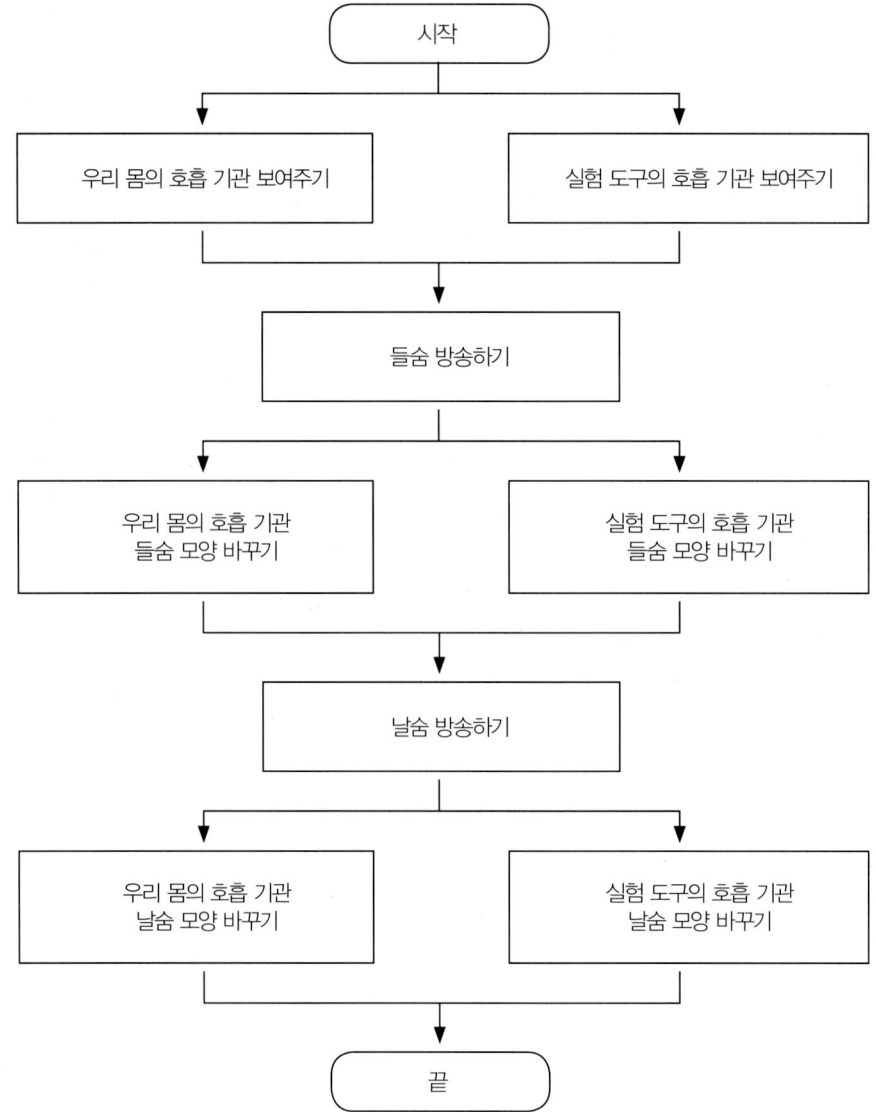

1 | 방송하기

(1) '11강–호흡 운동_예제.sb2' 파일을 엽니다. 무대를 선택한 후, 이벤트 팔레트의 클릭했을 때 블록을 드래그하고, 제어 팔레트의 1 초 기다리기 블록을 연결하고 '2'초를 입력합니다.

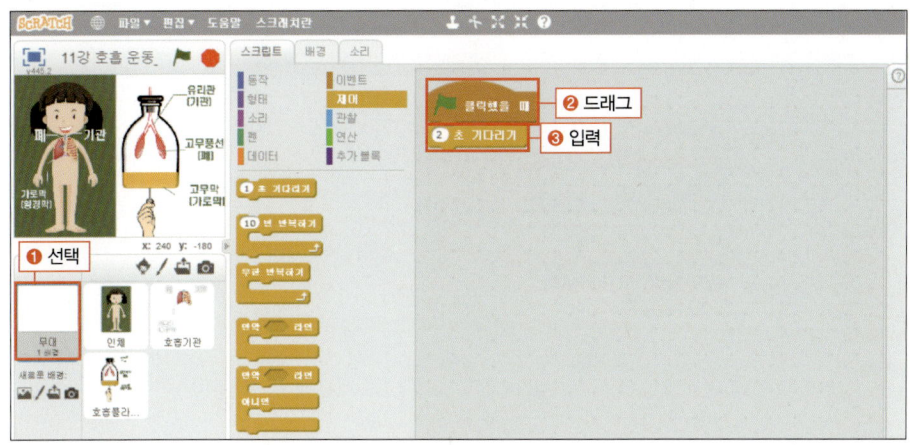

(2) 이벤트 팔레트의 메시지1 ▼ 방송하고 기다리기 블록의 ▼를 클릭하여 [들숨] 메시지를 만들고, 연결합니다. 같은 방법으로 메시지1 ▼ 방송하기 블록의 ▼를 클릭하여 [날숨] 메시지를 만들고 연결합니다.

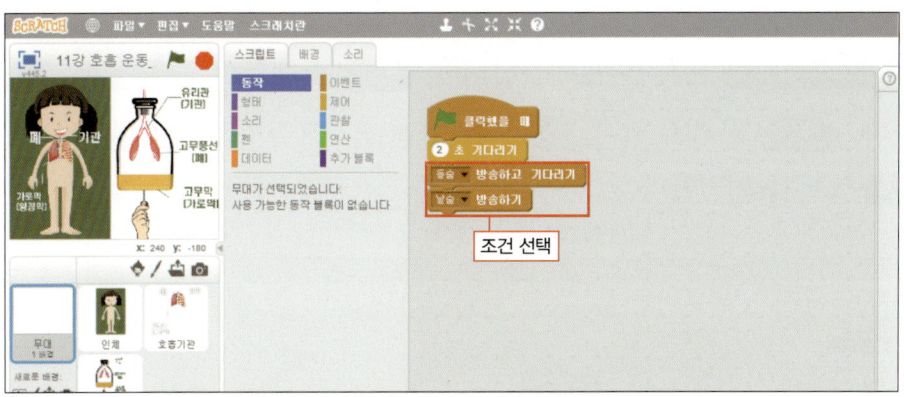

: TIP :

방송하고 기다리기 vs 방송하기 블록 비교하기

메시지1 ▼ 방송하고 기다리기	메시지1 ▼ 방송하기
방송 명령을 내리고 난 뒤 방송 명령을 받은 블록들이 모두 실행된 후 이 블록의 아래 블록들이 실행됩니다.	방송 명령을 내리고 난 뒤 바로 이 블록의 아래 블록들이 실행됩니다.

2 | 호흡 기관 설정하기

(1) '호흡기관' 스프라이트( )를 선택한 후, 이벤트 팔레트의 클릭했을 때 블록을 드래그하고, 동작 팔레트의 x: ● y: ● 로 이동하기 블록을 연결한 후, 'x: −123'과 'y: −10'으로 입력합니다. 형태 팔레트의 모양을 호흡기관 ▼ (으)로 바꾸기 블록을 연결하고, 이벤트 팔레트의 들숨 ▼ 을(를) 받았을 때 블록을 드래그합니다. 형태 팔레트의 모양을 들숨1 ▼ (으)로 바꾸기 블록을 연결합니다. 제어 팔레트의 1 초 기다리기 블록을 연결합니다.

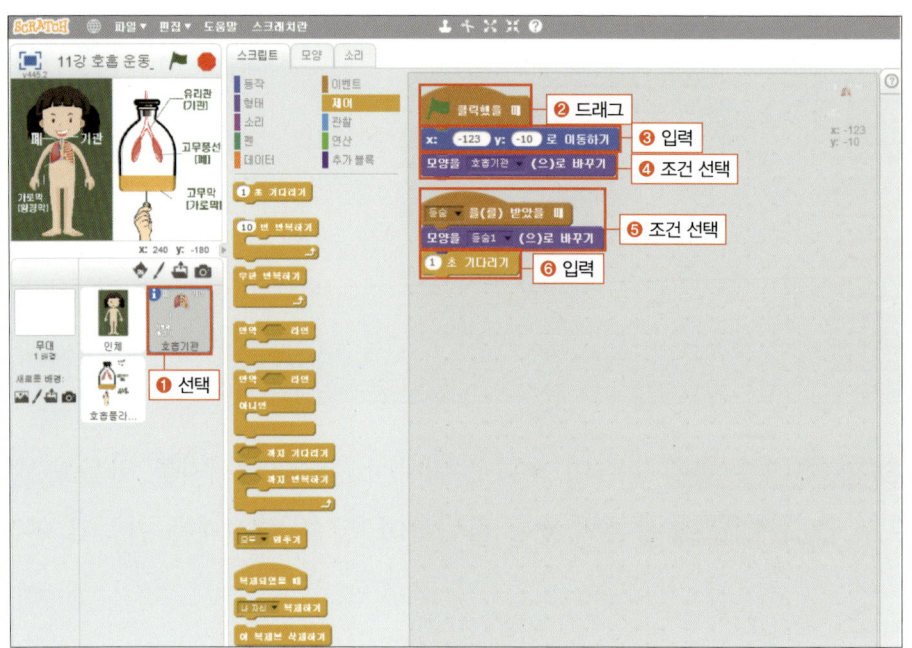

(2) 이벤트 팔레트의 날숨 ▼ 을(를) 받았을 때 블록을 드래그합니다. 형태 팔레트의 모양을 날숨1 ▼ (으)로 바꾸기 블록을 연결합니다. 제어 팔레트의 1 초 기다리기 블록을 연결하고, 형태 팔레트의 모양을 호흡기관 ▼ (으)로 바꾸기 블록을 연결합니다.

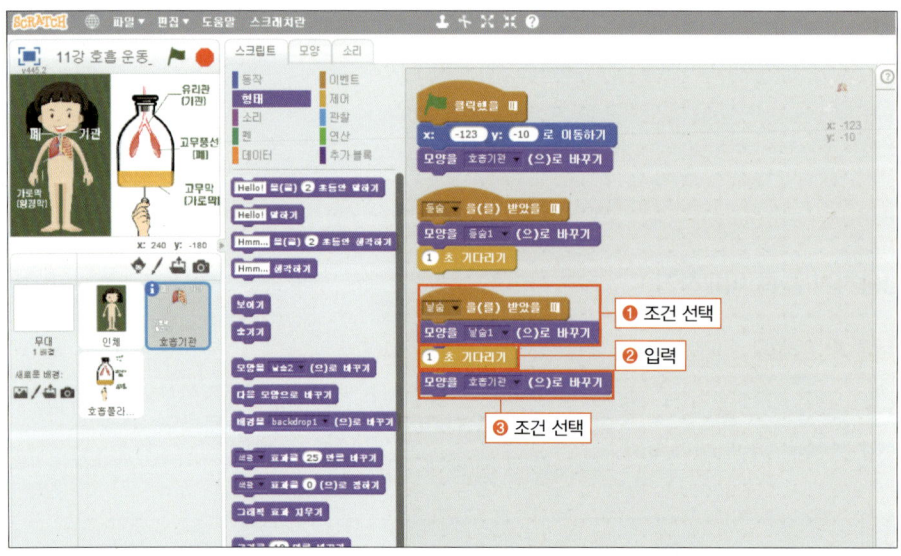

3 | 실험 도구로 호흡 운동 표현하기

(1) '호흡 실험' 스프라이트(👤)를 선택한 후 이벤트 팔레트의 클릭했을 때 블록을 드래그하고, 형태 팔레트의 모양을 호흡실험1 (으)로 바꾸기 블록을 연결합니다.

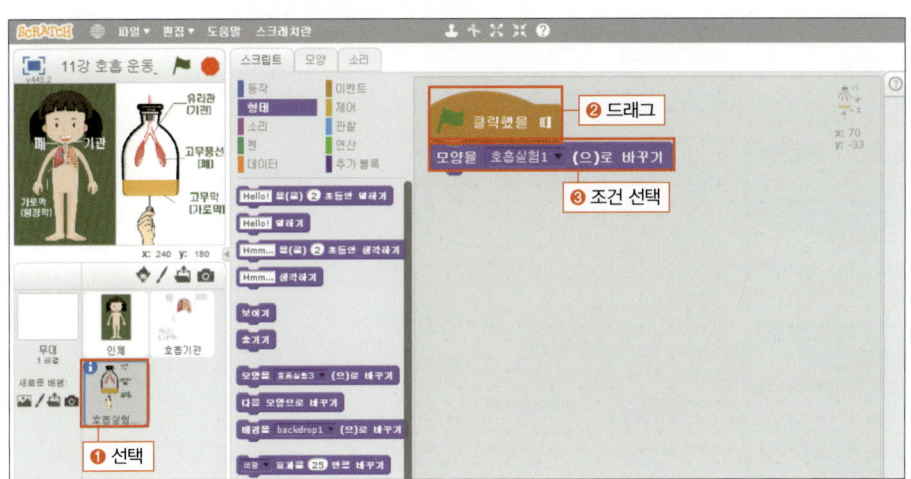

(2) 이벤트 팔레트의 물숨 을(를) 받았을 때 블록을 드래그하고 형태 팔레트의 모양을 호흡실험1 (으)로 바꾸기 블록을 연결합니다. 제어 팔레트의 10 번 반복하기 블록을 연결하고 '2'번을 입력합니다. 1 초 기다리기 블록을 안으로 연결하고 '0.5초를 입력합니다. 형태 팔레트의 다음 모양으로 바꾸기 블록을 연결합니다. 이벤트 팔레트의 날숨 을(를) 받았을 때 블록을 드래그하고, 다음과 같이 코딩합니다.

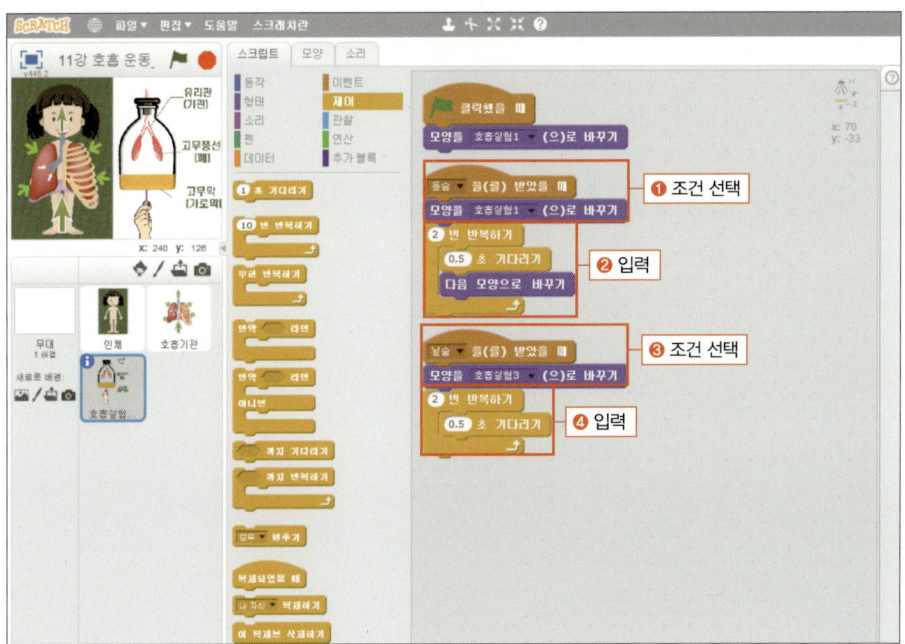

(3) 형태 팔레트의 모양 # 블록을 연산 팔레트의 ◯-◯ 블록의 첫 번째 칸에 넣고, 두 번째 칸에 '1'을 입력하여 결합 블록을 만들어 모양을 호흡실험3 ▾ (으)로 바꾸기 블록의 값으로 결합하여 연결합니다. [실행(▶)] 버튼을 클릭하여 결과 화면을 확인합니다.

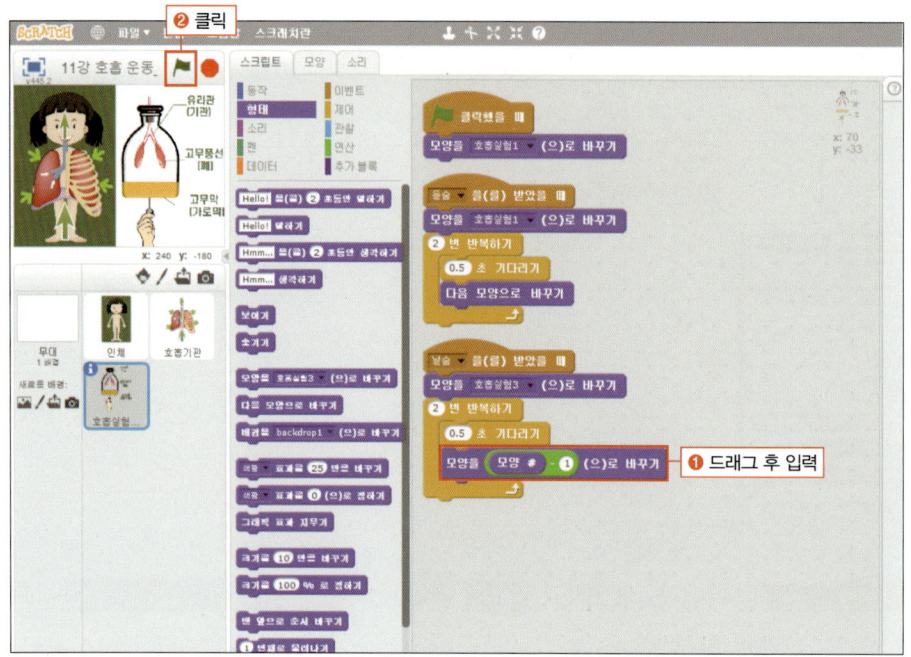

| TIP |

- 모양 # 블록 : [모양] 탭에 있는 스프라이트의 모양 번호입니다.
- 모양 # ⊖ 1 블록 : 모양 번호를 하나씩 줄이기 위한 결합 블록입니다.

사고력 향상 문제

○ 예제 파일 | 11강-호흡 운동_완성.sb2
○ 완성 파일 | 11강-호흡 운동_사고력향상_완성.sb2

1 '호흡기관' 스프라이트(⬤)를 선택한 후, '들숨일 때' [모양] 탭의 '들숨2'를 `형태` 팔레트의 `모양을 들숨1 ▾ (으)로 바꾸기` 블록에 이용하여 모양이 바뀌는 단계를 추가해봅니다.

2 '날숨일 때' [모양] 탭의 '날숨2'를 `형태` 팔레트의 `모양을 날숨1 ▾ (으)로 바꾸기` 블록에 이용하여 모양이 바뀌는 단계를 추가해봅니다.

: HINT :

모양을 추가하는 방법

❶ 추가하려는 스프라이트를 클릭합니다.

❷ [모양] 탭을 클릭합니다.

❸ '새로운 저장소(✏/📁📷)'를 클릭하여 추가하려는 이미지를 선택합니다.

---

12 봉수대

우리나라에서 약 120년 전까지 사용하였던 봉수는 과학적으로 잘 갖추어진 통신 방법입니다. 봉수대는 낮에는 연기를 이용하고, 밤에는 불빛을 이용하여 정보를 먼 곳까지 신속하게 전달하였습니다. 봉수대의 원리를 표현해봅니다.

- **예제 파일 I** 12강-봉수대_예제.sb2
- **완성 파일 I** 12강-봉수대_완성.sb2
- **사용 방법 I** 봉수방법을 선택하면 그에 따른 신호가 봉수대를 통해서 표현됩니다.

평상시

적이 나타나면

적이 국경에 접근

적이 국경을 넘음

적과 접전을 벌임

Point 01 교과 내용 파악하기

1ㅣ교과 연계 : 4학년 과학 [거울과 그림자]

2ㅣ교과 핵심 내용

(1) 봉수대는 낮에는 연기를 이용하고, 밤에는 불빛을 이용하여 정보를 전달합니다.

(2) 조선 시대의 봉수방법은 5가지입니다.

1화-평상시 / 2화-적이 나타남 / 3화-적이 국경에 접근

4화-적이 국경을 넘음 / 5화-적과 접전을 벌임

3ㅣ교과 핵심 확인 문제

조선 시대의 봉수방법에 따라 적이 나타나면 봉수대는 몇 화를 하나요?(　　　　)

① 1화　　　　② 2화　　　　③ 3화　　　　④ 4화　　　　⑤ 5화

Point 02 생각하기

1ㅣ알고리즘

(1) [실행(🏳)] 버튼을 클릭한 후 봉수방법 스프라이트(평상시), (적이 나타나면), (적이 국경에 접근), (적이 국경을 넘음), (적과 접전을 벌임)를 클릭합니다.

(2) '봉수대' 스프라이트( )에 봉수방법에 해당되는 연기가 '봉수대1' 스프라이트( )에서 '봉수대6' 스프라이트( )까지 순서대로 나타납니다.

2 | 순서도

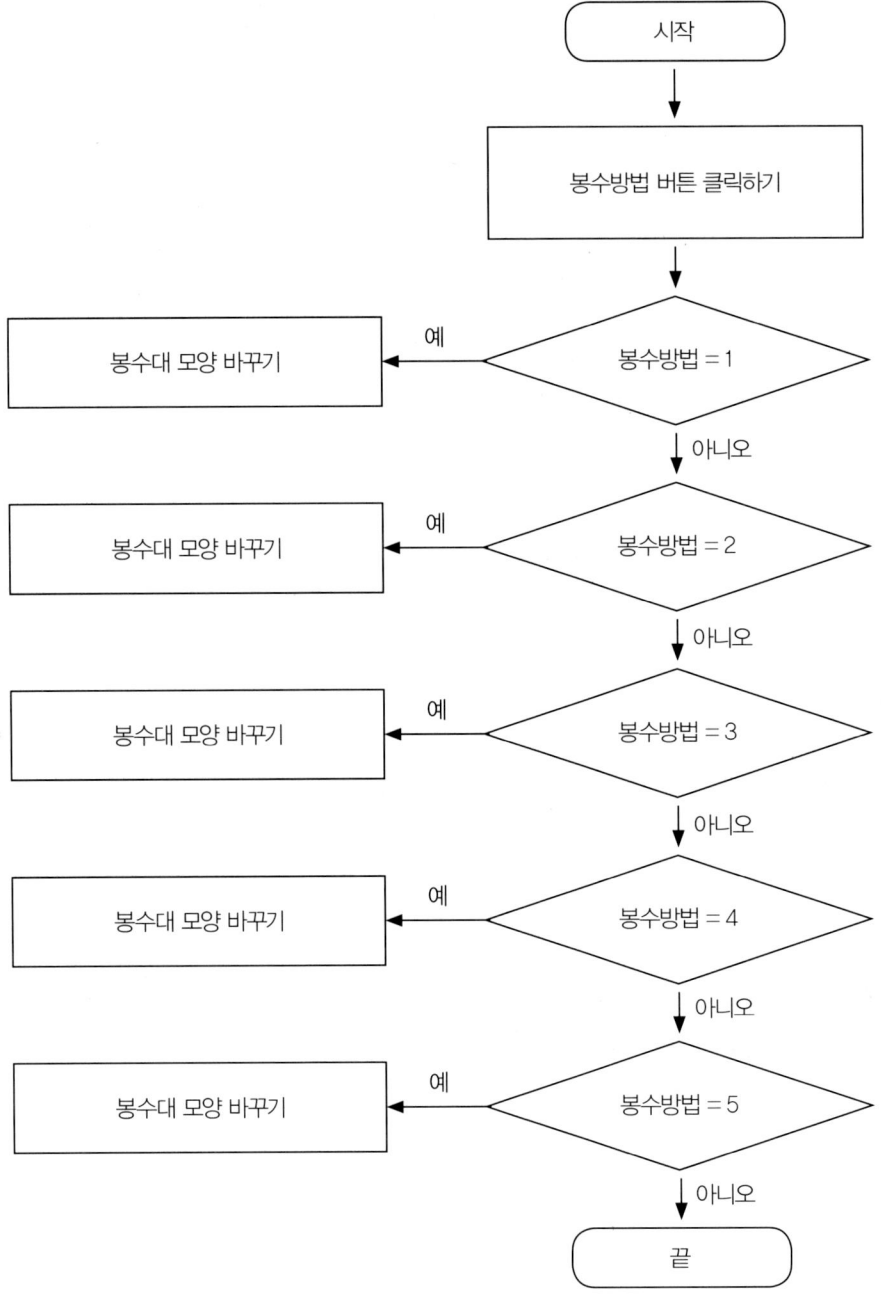

프로젝트 시작하기

1 | 봉수대와 봉수방법 버튼 배치하기

(1) '12강-봉수대_예제.sb2' 파일을 엽니다. '봉수대1' 스프라이트( )를 선택한 후
이벤트 팔레트의 클릭했을 때 블록을 드래그하고, 위치를 지정하기 위해 동작 팔레트의
x: -25 y: -85 로 이동하기 블록을 연결합니다. 처음 모양을 지정하기 위해 형태 팔레트의
모양을 봉수대_연기(1) (으)로 바꾸기 블록을 연결합니다.

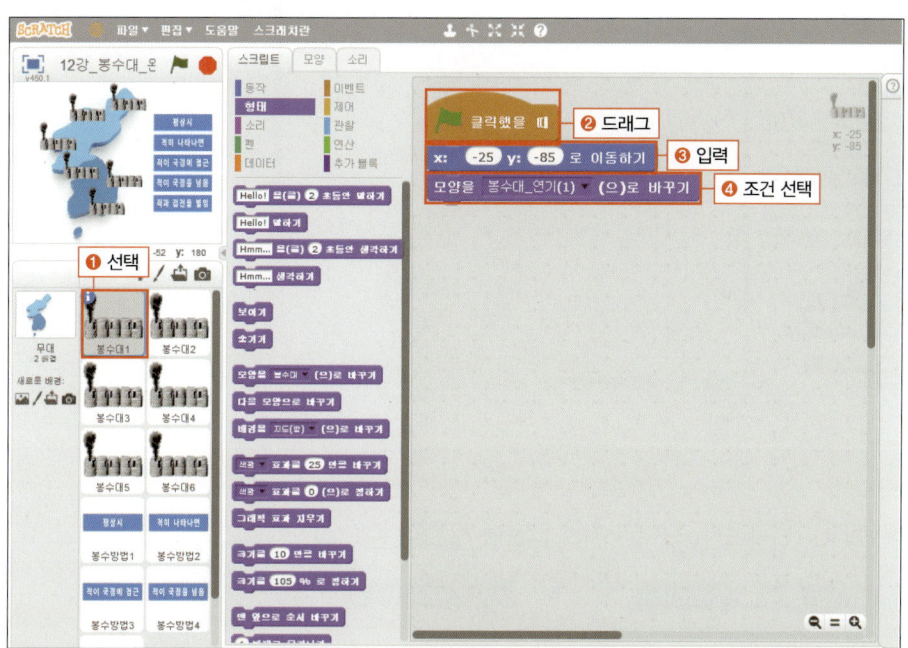

| TIP |

나머지 봉수대 스프라이트도 다음과 같이 위치와 처음 모양을 지정합니다.

스프라이트	x: ● y: ● 로 이동하기	모양을 봉수대_연기(1) (으)로 바꾸기
봉수대2	'x: 15', 'y: −24'	
봉수대3	'x: −84', 'y: −5'	
봉수대4	'x: −137', 'y: 59'	모양을 봉수대_연기(1) (으)로 바꾸기
봉수대5	'x: −70', 'y: 123'	
봉수대6	'x: 24', 'y: 147'	

(2) '봉수방법1' 스프라이트(평상시)를 클릭합니다. 이벤트 팔레트의 클릭했을 때 블록을 드래그 하고, 위치를 지정하기 위해 동작 팔레트의 x: 150 y: 90 로 이동하기 블록을 연결합니다. 처음 모양을 지정하기 위해 형태 팔레트의 모양을 봉수방법1-1 (으)로 바꾸기 블록을 연결합니다.

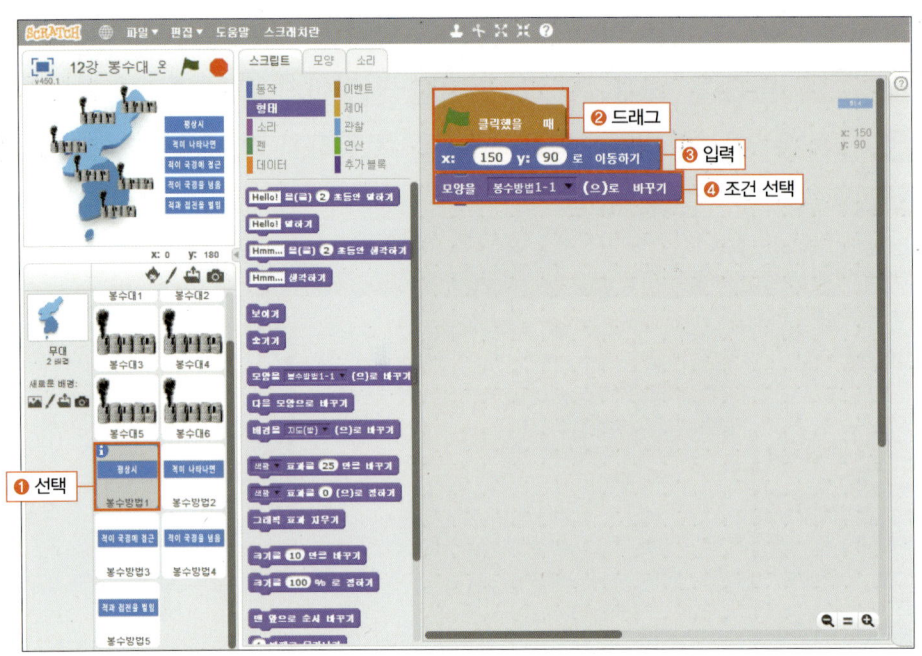

:┊ T I P ┊:

나머지 봉수방법 스프라이트도 다음과 같이 위치와 처음 모양을 지정합니다.

스프라이트	x: ● y: ● 로 이동하기	모양을 봉수방법1-1 ▼ (으)로 바꾸기
봉수방법2	'x: 150', 'y: 45'	봉수방법2-1
봉수방법3	'x: 150', 'y: 0'	봉수방법3-1
봉수방법4	'x: 150', 'y: -45'	봉수방법4-1
봉수방법5	'x: 150', 'y: -90'	봉수방법5-1

2 | 신호 전달하기

(1) 데이터 팔레트에서 봉수방법 변수를 만듭니다. '봉수방법1' 스프라이트(평상시)를 클릭합니다. 이벤트 팔레트의 이 스프라이트를 클릭했을 때 블록을 드래그하고, 데이터 팔레트의 봉수방법 ▼ 을(를) 1 로 정하기 블록을 연결합니다. 이벤트 팔레트의 ▼를 클릭하여 [봉수하기], [봉수버튼-평상시] 메시지를 만들어 연결합니다. 다른 봉수방법이 선택되었을 때 봉수방법의 모양을 모두 모양을 봉수방법1-1 ▼ (으)로 바꾸기 블록으로 설정합니다.

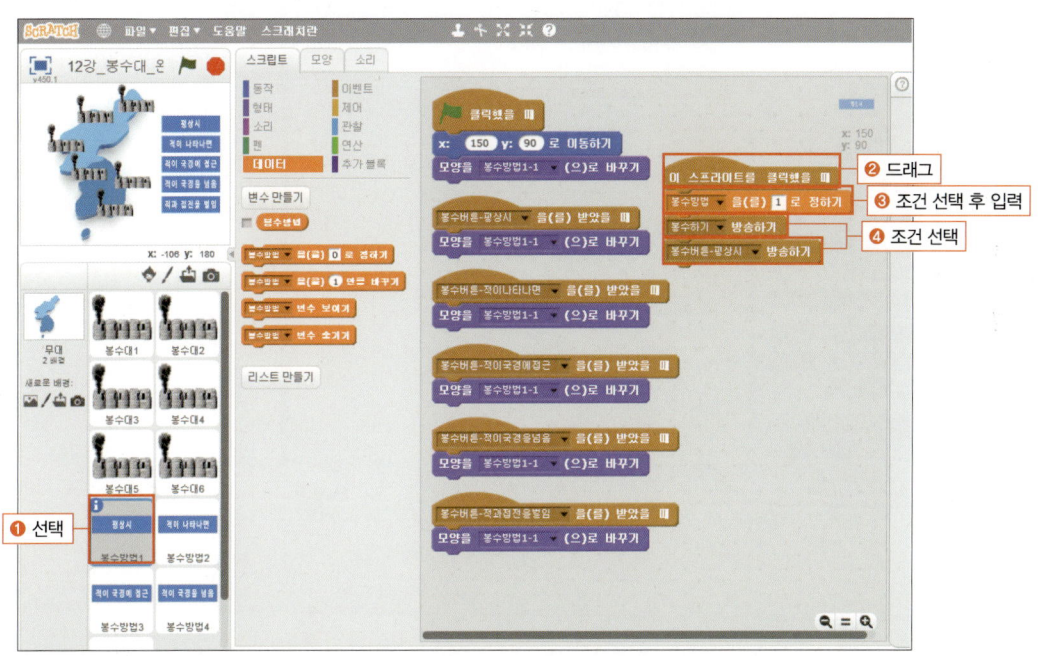

TIP

나머지 봉수방법 스프라이트도 다음과 같이 봉수방법 값과 모양을 지정합니다.

스프라이트	봉수방법 ▼ 을(를) 1 로 정하기	모양을 봉수방법1-1 ▼ (으)로 바꾸기
봉수방법2	'2'	봉수방법2-1
봉수방법3	'3'	봉수방법3-1
봉수방법4	'4'	봉수방법4-1
봉수방법5	'5'	봉수방법5-1

(2) '봉수대1' 스프라이트(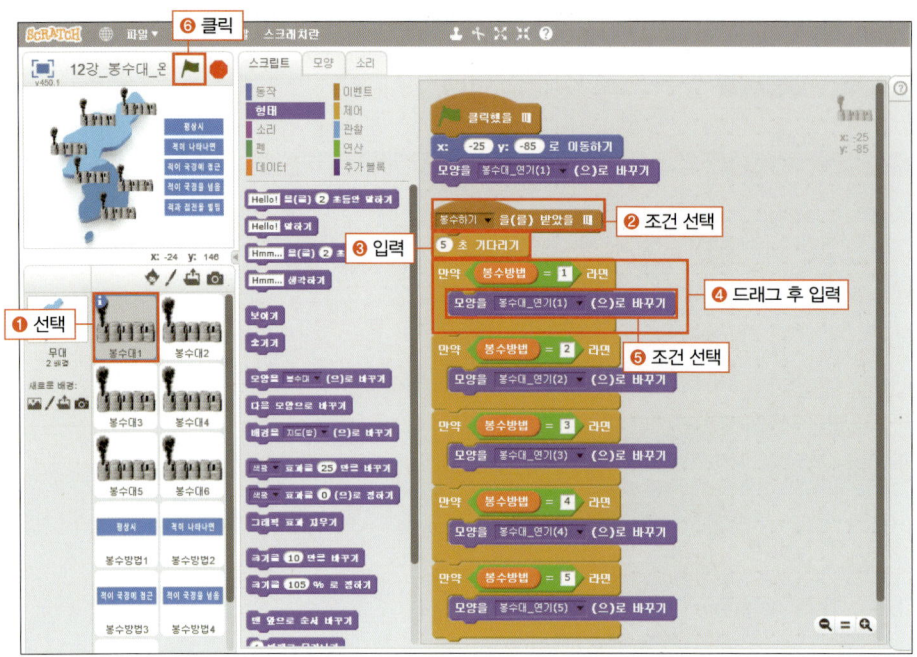)를 클릭하고 이벤트 팔레트의 봉수하기 ▾ 을(를) 받았을 때 블록을 드래그하고, '5'초 기다린 후 봉수방법 = 1이면 모양을 봉수대_연기(1) ▾ (으)로 바꾸기로 설정하고 봉수방법의 값에 따라 해당하는 모양으로 바꿉니다. 나머지 봉수대도 1초씩 간격을 두어 동일하게 코딩합니다. [실행(▶)] 버튼을 클릭하여 결과 화면을 확인합니다.

사고력 향상 문제

● 예제 파일 | 12강−봉수대_완성.sb2
● 완성 파일 | 12강−봉수대_사고력향상_완성.sb2

1 '낮−해'와 '밤−달'의 봉수방법을 불과 연기로 구분하여 표현하도록 수정합니다.

2 '봉수방법1' ~ '봉수방법5' 버튼을 선택된 버튼이 구분되도록 수정합니다.

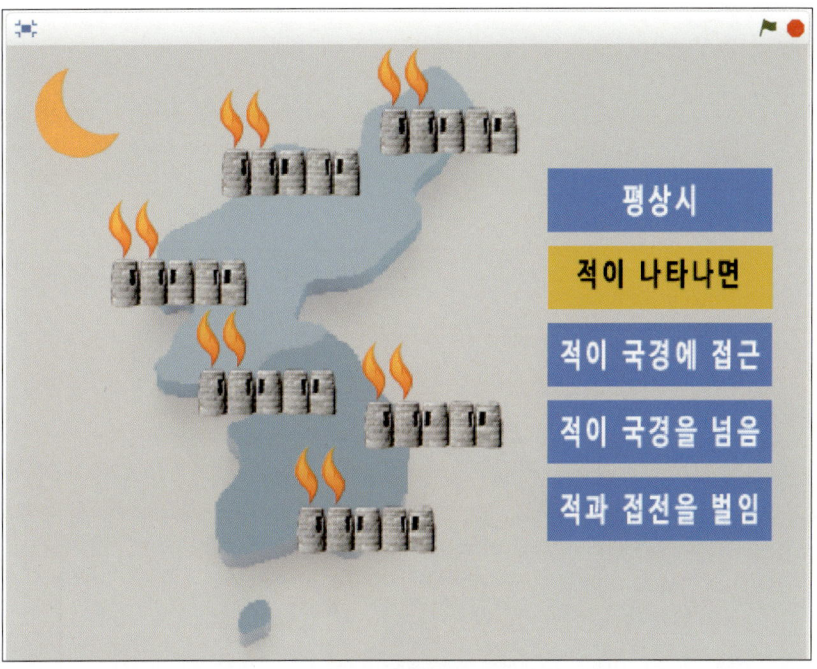

HINT

1 ❶ 낮밤 변수 만들기
   ❷ '해' 스프라이트(☀)와 '달' 스프라이트(🌙)를 클릭할 때마다 '낮'과 '밤'이 바뀜
   ❸ '낮'에는 🔥으로 '밤'에는 🔥로 표현

2 ❶ 선택되지 않은 경우 : 평상시
   ❷ 선택된 경우 : 평상시

13 찌그러지는 페트병

생활 속의 기체의 부피와 온도의 관계를 공부해봅니다. 냉장고에 빈
페트병을 넣었을 때 시간이 흐르면 어떻게 변하는지를 알아봅니다.

- ○ **예제 파일 |** 13강–찌그러지는 페트병_예제.sb2
- ○ **완성 파일 |** 13강–찌그러지는 페트병_완성.sb2
- ○ **사용 방법 |** 냉장고를 클릭하여 빈 페트병을 넣습니다. 시간이 흐른 뒤(가정) 냉장고를 다시 클릭해서 넣었던 페트병을 꺼내고 모양의 변화를 관찰합니다.

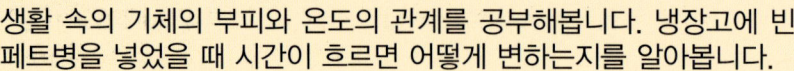

 **교과 내용 파악하기**

1 | 교과 연계 : 6학년 과학 [여러 가지 기체]

2 | 교과 핵심 내용

(1) 기체는 온도에 따라 부피가 변합니다.

(2) 온도가 높아지면 기체의 부피는 증가하고, 온도가 낮아지면 기체의 부피는 감소합니다.

(3) 생활 속의 온도와 기체의 부피 변화의 예

　❶ 여름철 햇볕에 과자 봉지를 놓아두면 부풀어 오릅니다.

　❷ 여름철과 겨울철에 타이어에 넣는 공기의 양이 다릅니다.

　❸ 뜨거워졌다가 차갑게 식은 도시락의 뚜껑이 잘 열리지 않습니다.

3 | 교과 핵심 확인 문제

(　　　　　) 안에 알맞은 낱말에 O표를 하세요.

> 상온에 놓아 둔 빈 음료수 페트병을 냉장고에 넣고 충분한 시간이 흐른 후에 꺼내면 페트병은 (터질 것 같이 부풀었다, 안쪽으로 찌그러져 있다).

 **생각하기**

1 | 알고리즘

(1) [실행(🚩)] 버튼을 클릭하고, '화살표' 스프라이트(✒)가 가리키는 '냉장고' 스프라이트(🗄)를 클릭하면 '페트병' 스프라이트(🍶)가 냉장고로 들어갑니다.

(2) 충분한 시간(기체의 온도가 떨어질 만큼의 시간)이 흘렀다고 가정한 후 다시 '냉장고' 스프라이트(🗄)를 클릭하면 냉장고에서 '페트병' 스프라이트(🍶)가 나옵니다.

(3) 페트병의 모양 변화에 대한 설명을 보여줍니다.

2 | 순서도

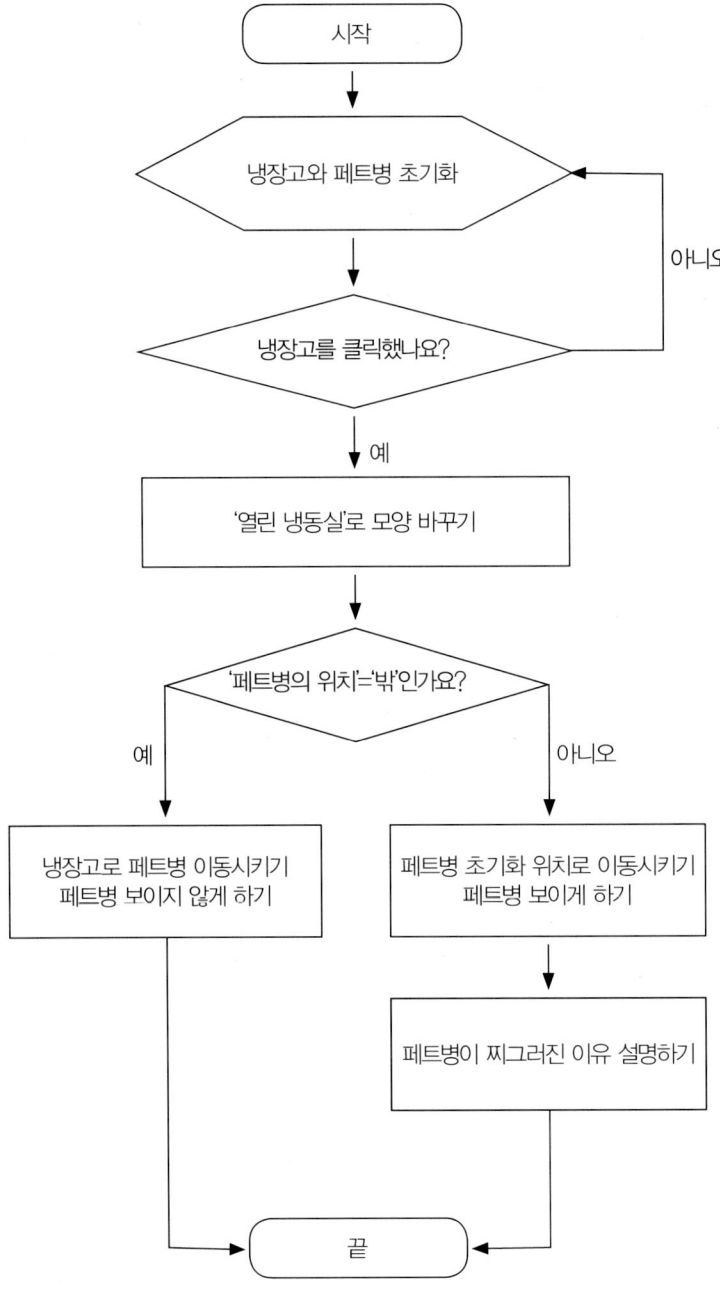

시작

냉장고와 페트병 초기화

냉장고를 클릭했나요?

아니오

예

'열린 냉동실'로 모양 바꾸기

'페트병의 위치'='밖'인가요?

예

아니오

냉장고로 페트병 이동시키기
페트병 보이지 않게 하기

페트병 초기화 위치로 이동시키기
페트병 보이게 하기

페트병이 찌그러진 이유 설명하기

끝

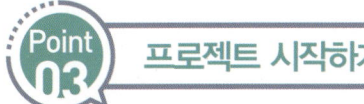

프로젝트 시작하기

1 | 냉장고 열고 닫는 효과 주기

(1) '13강─찌그러지는 페트병_예제.sb2' 파일을 엽니다. '냉장고' 스프라이트( )를 선택한 후 이벤트 팔레트의 클릭했을 때 블록을 드래그하고, 형태 팔레트의 모양을 닫힌 냉장고_파랑 (으)로 바꾸기 블록을 연결한 후, 동작 팔레트의 x: ● y: ● 로 이동하기 블록을 연결하고 'x: −73'과 'y: 38'로 입력합니다.

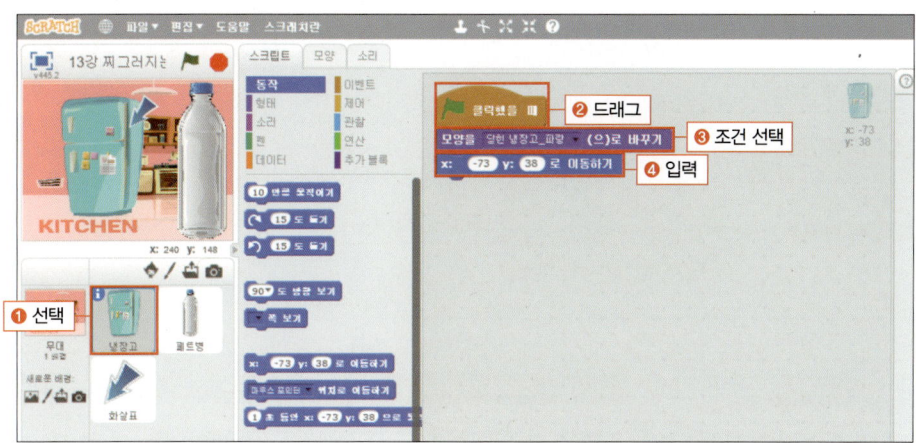

(2) '냉장고' 스프라이트( )를 클릭하면 냉동실 문이 열리는 효과를 주기 위해 이벤트 팔레트의 이 스프라이트를 클릭했을 때 블록을 드래그하고, 제어 팔레트의 1 초 기다리기 블록을 연결하고, 형태 팔레트의 모양을 열린 냉동실_파랑 (으)로 바꾸기 블록을 연결합니다.

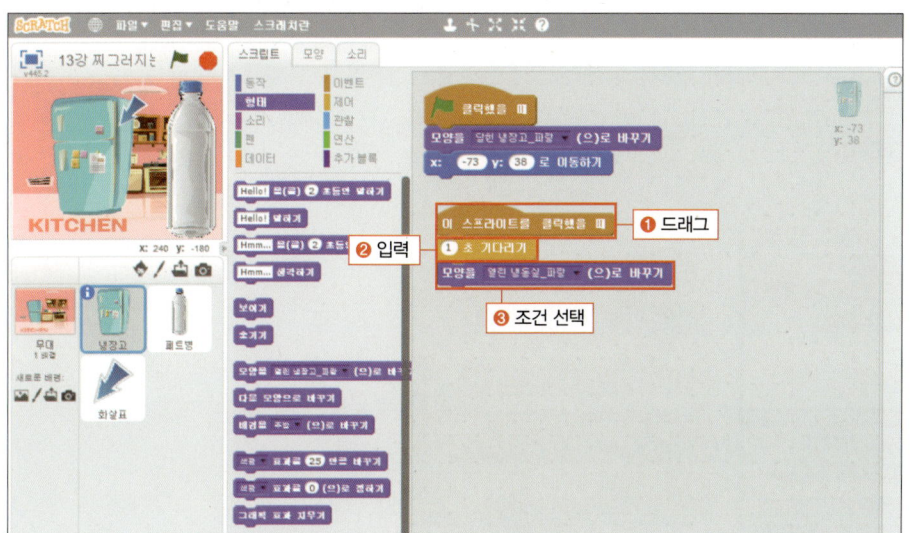

(3) 냉장고를 클릭했을 때, 페트병의 위치에 따라 넣을지 꺼낼지를 선택하기 위해 페트병 위치를 저장할 변수를 만듭니다. 데이터 팔레트의 변수 만들기(변수 만들기)를 클릭하여 페트병의 위치 변수를 만듭니다. 제어 팔레트의 만약 〈 〉 라면 아니면 블록을 연결하고, 페트병의 위치 = 밖 의 블록을 만들어 조건에 결합합니다.

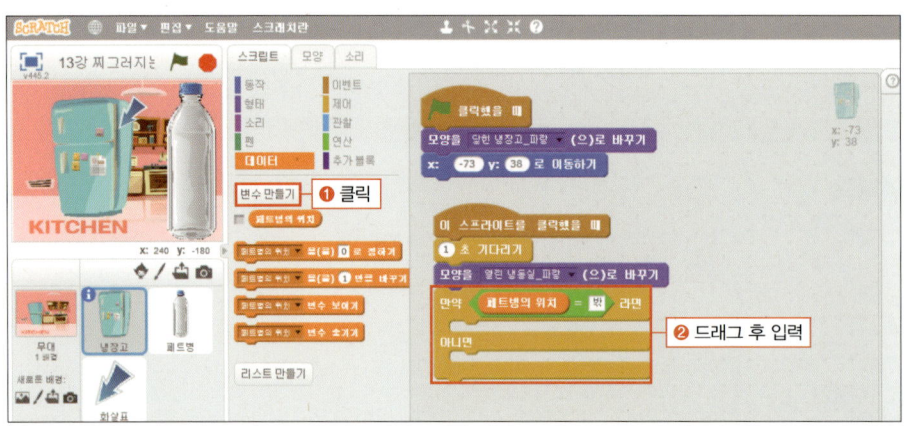

(4) 페트병의 위치 = 밖 이라면 이벤트 팔레트의 메시지1 ▼ 방송하고 기다리기 블록을 연결하고 [냉동실에 페트병 넣기] 메시지를 만들어 연결합니다. 형태 팔레트의 Hello! 을(를) 2 초동안 말하기 블록을 연결하고, '시간이 충분히 흐른 뒤 페트병을 꺼내주세요', '3'초를 입력합니다. 페트병의 위치 가 '밖'이 아니면 이벤트 팔레트의 메시지1 ▼ 방송하고 기다리기 블록의 ▼를 클릭하여 [냉동실에서 페트병 꺼내기] 메시지를 만들어 연결합니다. 냉장고 문이 열렸다 닫히는 표현을 위해 제어 팔레트의 1 초 기다리기 블록을 연결하고, 형태 팔레트의 모양을 닫힌 냉장고_파랑 ▼ (으)로 바꾸기 블록을 연결합니다.

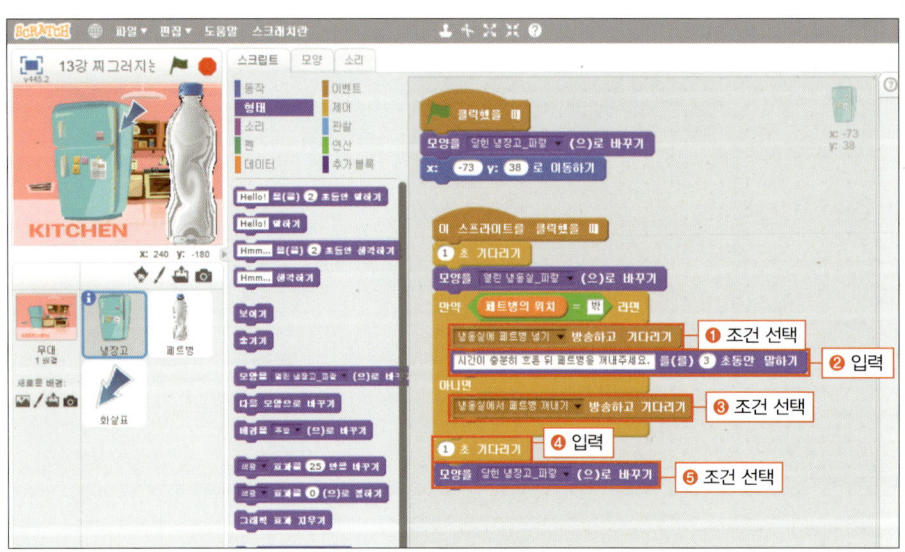

2 | 페트병 넣고 꺼내는 효과 주기

(1) '페트병' 스프라이트( )를 선택한 후, 이벤트 팔레트의 클릭했을때 블록을 드래그하고, 동작 팔레트의 x: y: 로 이동하기 블록을 연결한 후 'x: 168'과 'y: −2'로 입력합니다. 데이터 블록의 페트병의 위치 을(를) 로 정하기 블록을 연결하고 '밖'을 입력합니다. 형태 팔레트의 크기를 100 % 로 정하기 블록을 연결하고, 모양을 정상 페트병 (으)로 바꾸기 블록을 연결합니다. 이전 효과 삭제를 위해 그래픽 효과 지우기 블록을 연결합니다.

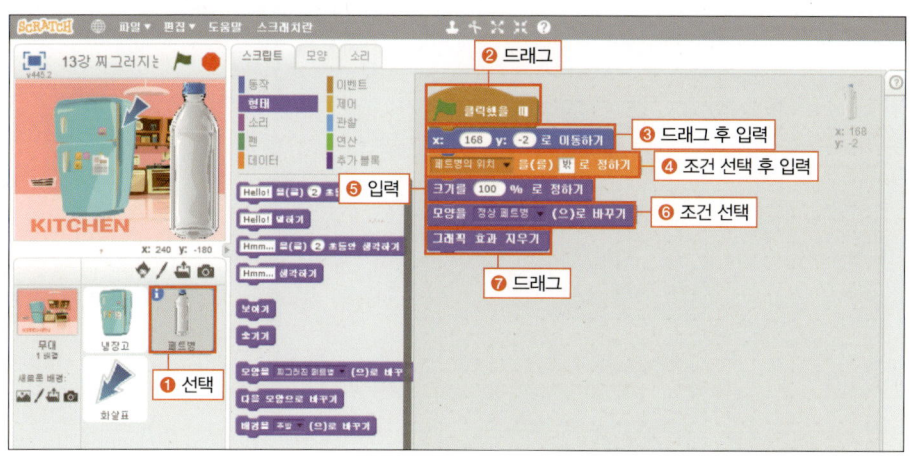

(2) 냉장고에 페트병을 넣는 효과를 위해 이벤트 팔레트의 메시지1 을(를) 받았을때 블록의 ▼를 클릭하여 [냉동실에 페트병 넣기] 메시지를 만들고 선택합니다. 형태 팔레트의 크기를 10 만큼 바꾸기 블록을 연결하고, '−20'만큼을 입력합니다. 색깔 효과를 25 만큼 바꾸기 블록의 ▼를 클릭하여 [반투명] 효과를 선택합니다. 동작 팔레트의 x좌표를 10 만큼 바꾸기 블록을 연결하고 '−45'만큼을 입력합니다.

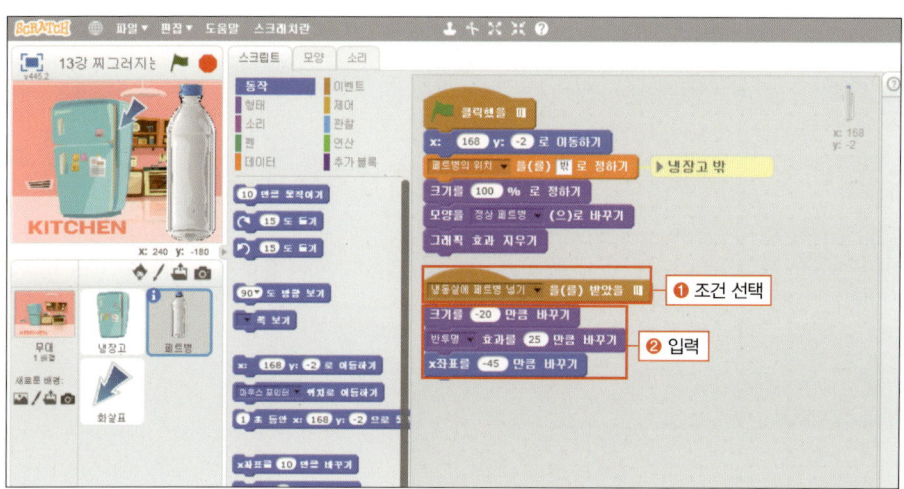

(3) 설정된 효과를 반복하여 페트병이 냉장고 쪽으로 조금씩 이동하며 사라지게 합니다. 제어
팔레트의 [10 번 반복하기] 블록 안으로 효과 블록을 연결하고, '5'번을 입력합니다. 효과의
반복 과정이 보일 수 있도록 [1 초 기다리기] 블록을 안으로 연결하고 '0.1'초를 입력한 후
데이터 팔레트의 [페트병의 위치 ▼ 을(를) □ 로 정하기] 블록을 연결하고 '안'을 입력합니다.

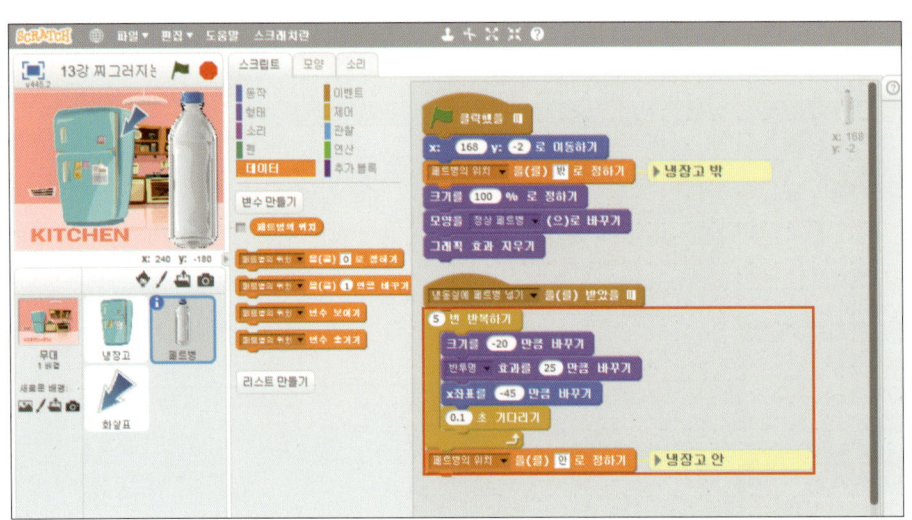

(4) 냉장고에서 페트병을 꺼낼 때도 이벤트 팔레트의 [메시지1 ▼ 을(를) 받았을 때] 블록을 드래그하고, ▼
를 클릭하여 [냉동실에서 페트병 꺼내기] 메시지를 만들고 선택합니다. 형태 팔레트의
[모양을 찌그러진 페트병 ▼ (으)로 바꾸기] 블록을 연결하고, 다음과 같이 코딩합니다.

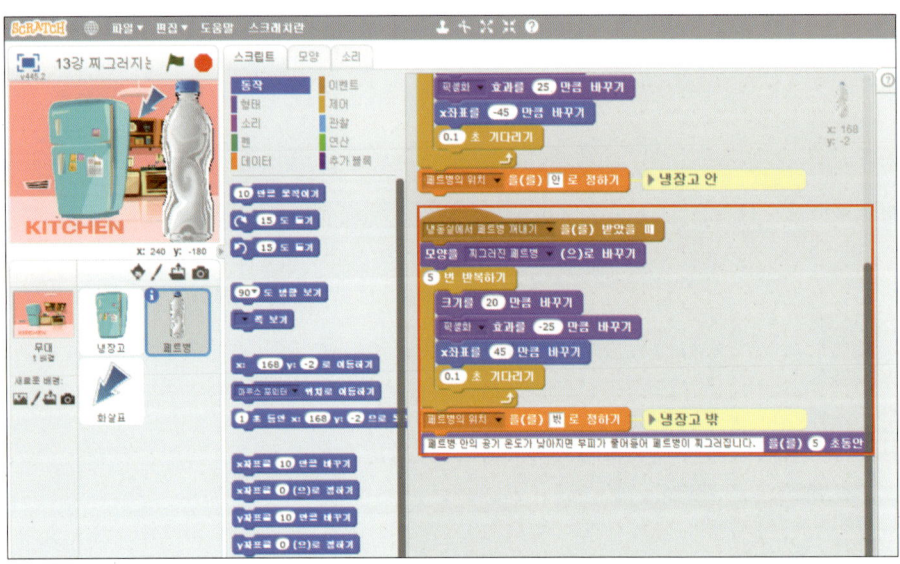

냉동실에서 페트병 꺼내기▼ 을(를) 받았을 때 입력 정보

블록	입력값	블록	입력값
모양을 찌그러진 페트병▼ (으)로 바꾸기		[찌그러진 페트병]	
크기를 10 만큼 바꾸기	'20'	10 번 반복하기	'5'번
색깔▼ 효과를 25 만큼 바꾸기	[픽셀화], '-25'	1 초 기다리기	'0.1'초
x좌표를 10 만큼 바꾸기	'45'	페트병의 위치▼ 을(를) □ 로 정하기	'밖'
Hello! 을(를) 2 초동안 말하기	'페트병 안의 공기 온도가 낮아지면 부피가 줄어들어 페트병이 찌그러집니다.', '5초'		

(5) '화살표' 스프라이트(▶)를 선택한 후 이벤트 팔레트의 ▶클릭했을 때 블록을 드래그합니다. 냉장고에 가려지지 않도록 형태 팔레트의 맨 앞으로 순서 바꾸기 블록을 연결하고, Hello! 을(를) 2 초동안 말하기 블록을 연결한 후 '냉장고를 클릭해서 페트병을 넣어 주세요.', '2'초를 입력합니다. [실행(▶)] 버튼을 클릭하여 결과 화면을 확인합니다.

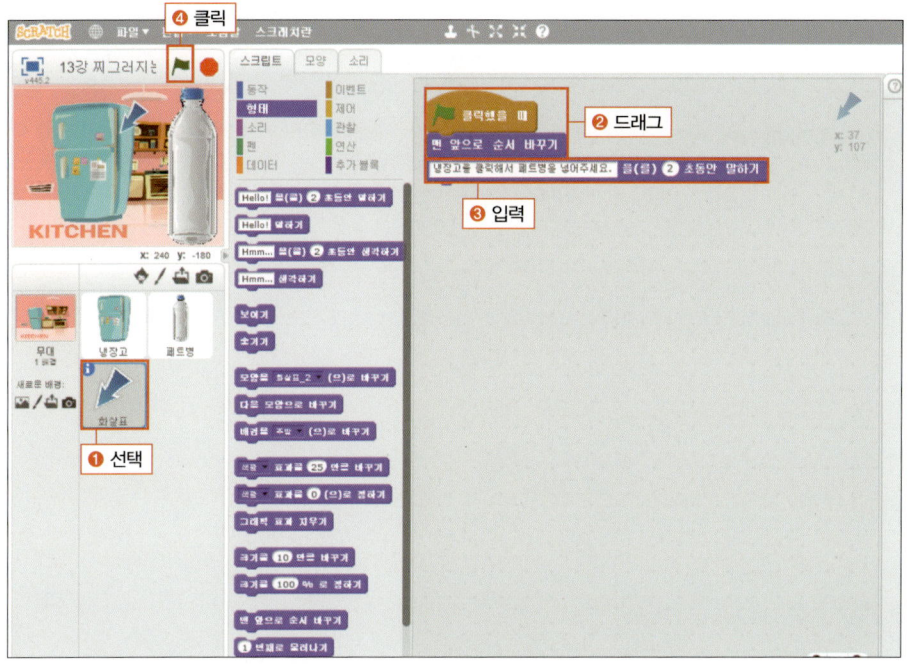

사고력 향상 문제

○ 예제 파일 I 13강-찌그러지는 페트병_완성.sb2
○ 완성 파일 I 13강-찌그러지는 페트병_사고력향상_완성.sb2

1 '페트병' 스프라이트( )가 냉장고를 넣을 때 사용하는 그래픽 효과를 변경해봅니다.

2 '화살표' 스프라이트( )를 이동시켜 냉장고를 가리키는 효과를 표현해봅니다.

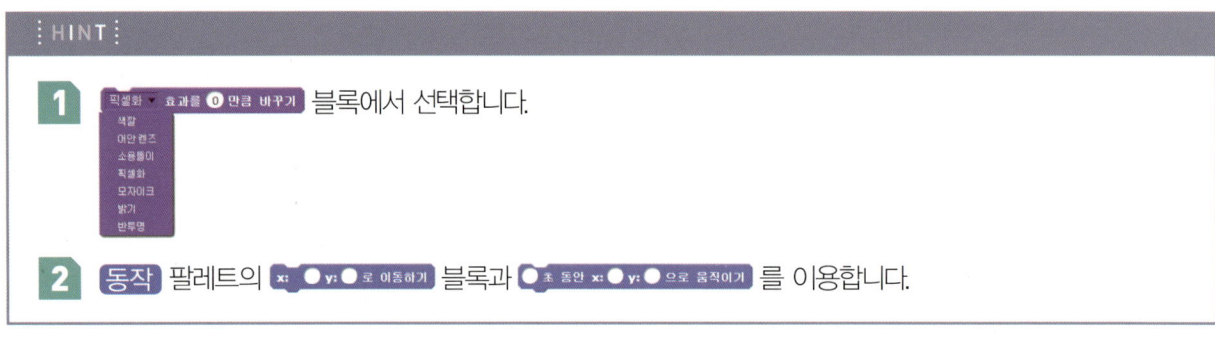

HINT

1 픽셀화 효과를 0 만큼 바꾸기 블록에서 선택합니다.
색깔
어안 렌즈
소용돌이
픽셀화
모자이크
밝기
반투명

2 동작 팔레트의 x: y: 로 이동하기 블록과 초 동안 x: y: 으로 움직이기 를 이용합니다.

14 소화 방법 분류하기

물질이 불에 타는 연소의 조건을 거꾸로 이용하여 불을 끄는
소화 방법들 중에는 어떤 것들이 있는지 분류해봅니다.

- **예제 파일 |** 14강–소화 방법 분류하기_예제.sb2
- **완성 파일 |** 14강–소화 방법 분류하기_완성.sb2
- **사용 방법 |** 소화 방법이 적혀 있는 여러 메모장을 알맞은 소화 분류통에 옮겨 놓습니다. 알맞게 분류하면 분류통 안으로 사라지고, 잘못된 분류통에 옮겨 놓으면 제자리로 돌아갑니다.

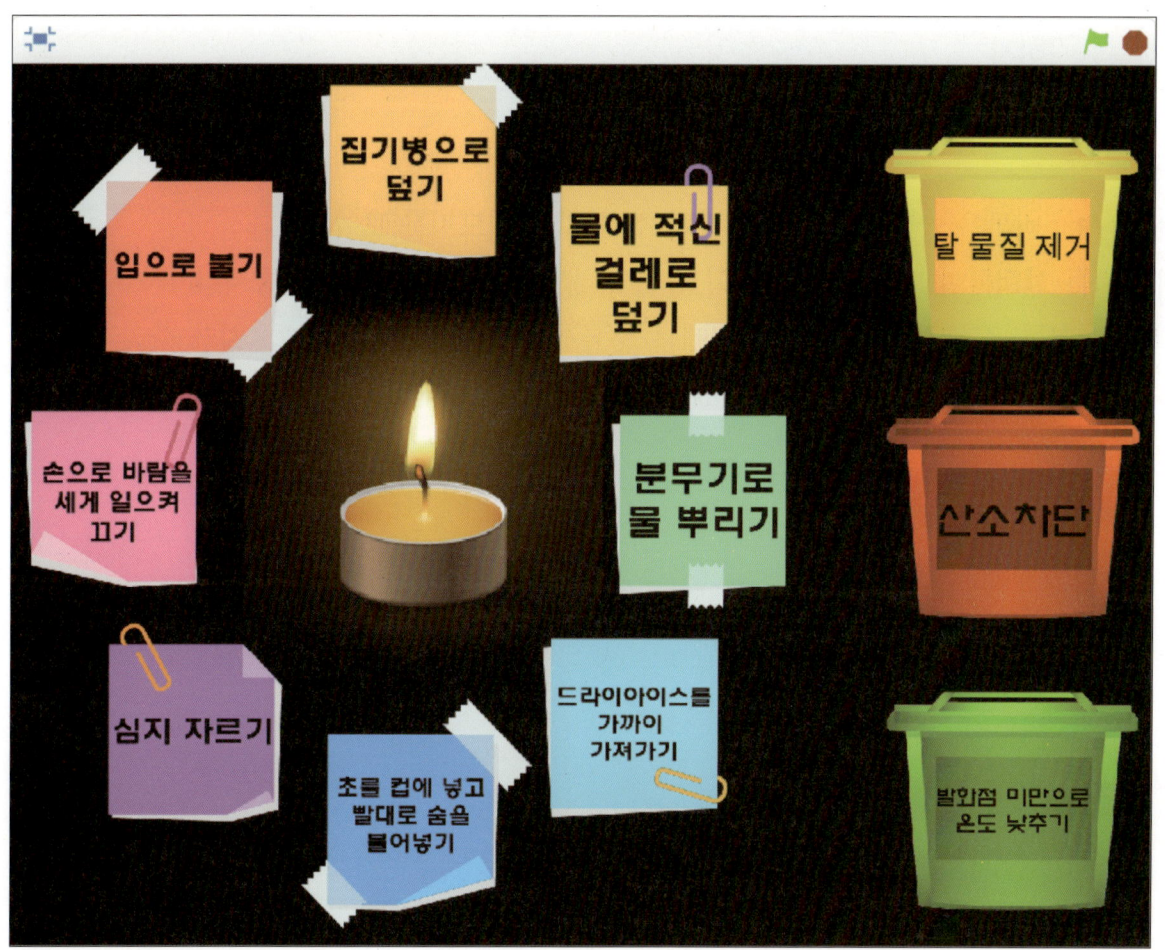

Point 01 교과 내용 파악하기

1 | 교과 연계 : 6학년 과학 [연소와 소화]

2 | 교과 핵심 내용

(1) 연소 : 물질이 산소를 만나 빛과 열을 내면서 타는 현상을 말합니다.

(2) 소화 : 연소의 조건 중에 하나 이상의 조건을 제거하여 불을 끄는 것을 말합니다.

(3) 소화 조건

  ❶ 탈 물질 제거　　　　❷ 산소 차단　　　　❸ 발화점 미만으로 온도 낮추기

3 | 교과 핵심 확인 문제

다음 중 소화의 조건에 해당하지 않는 것은 어느 것입니까?(　　　　　)

① 탈 물질 제거　② 산소 차단　③ 이산화탄소 차단　④ 발화점 미만으로 온도 낮추기

Point 02 생각하기

1 | 알고리즘

(1) [실행(🚩)] 버튼을 클릭하면 여러 색깔의 소화 방법 메모지를 보여줍니다.

(2) 메모지를 선택하여 그 메모지의 소화 방법이 해당되는 분류통으로 이동시킵니다.

(3) 알맞은 소화 조건으로 분류 시켰을 때는 분류통이 열렸다 닫히며 메모지가 사라지고, 잘못 분류했을 때는 메모지가 원래 있었던 위치로 이동합니다.

2 | 순서도

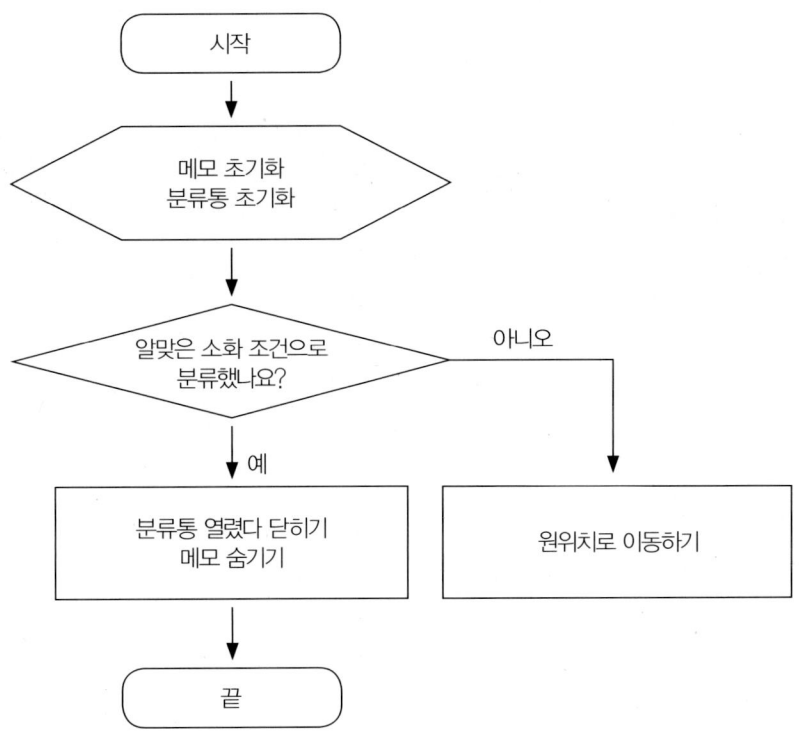

 **Point 03** **프로젝트 시작하기**

1 | 촛불과 소화 방법 메모 설정하기

(1) '14강－소화 방법 분류하기_예제.sb2' 파일을 엽니다. '촛불' 스프라이트(🕯)를 선택한 후, 이벤트 팔레트의 🏁 클릭했을 때 블록을 드래그하고, 형태 팔레트의 크기를 100 % 로 정하기 블록을 연결하여 '60%'를 입력합니다. 동작 팔레트의 x: ○ y: ○ 로 이동하기 블록을 연결하고, 'x: −67' 과 'y: 7'을 입력합니다.

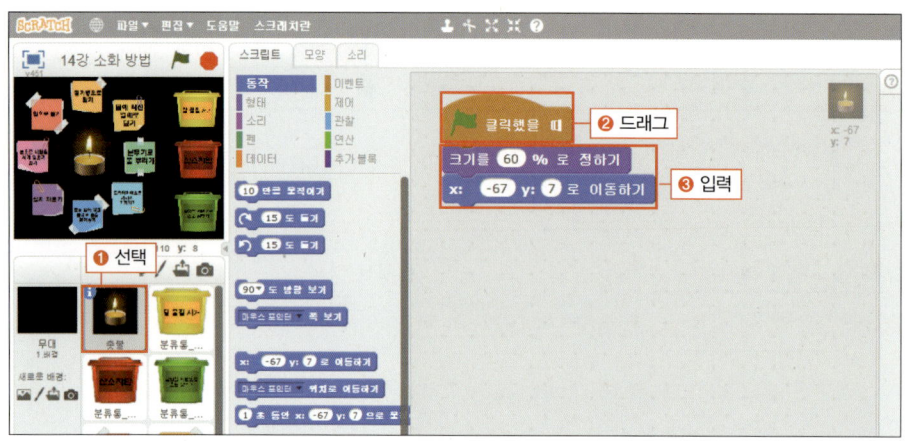

(2) '빨강메모' 스프라이트(🔴)를 선택한 후, 🔴의 ⓘ를 클릭하여 프로젝트 페이지에서 드래그 가능: ☑ 항목을 반드시 체크해야 프로젝트 페이지에서 메모들이 이동 가능합니다. 각각의 모든 메모 스프라이트의 항목을 체크합니다. 이벤트 팔레트의 🏁 클릭했을 때 블록을 드래그하고, 형태 팔레트의 보이기 블록을 연결합니다. 동작 팔레트의 x: ○ y: ○ 로 이동하기 블록을 연결하고, 'x: −164'와 'y: 99'로 입력합니다.

(3) '빨강메모' 스프라이트(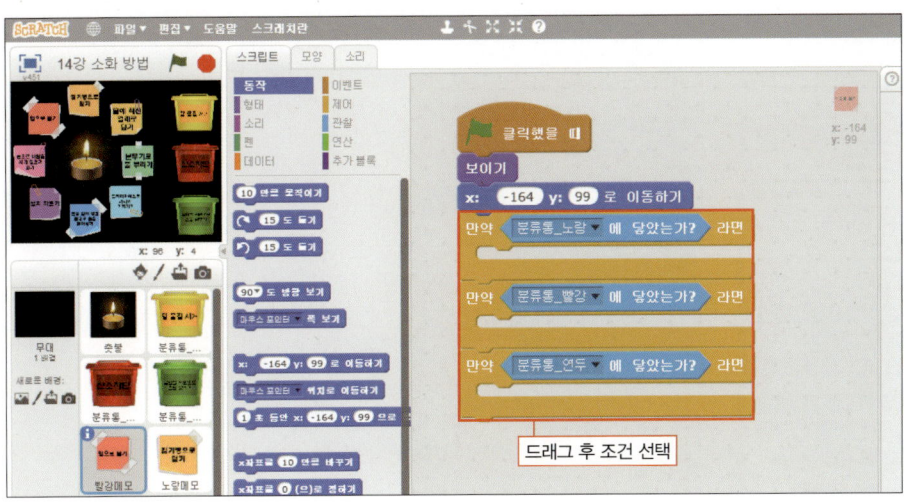)가 각 분류통에 닿았을 때는 제어 팔레트의 만약 라면 블록과 관찰 팔레트의 ▼ 에 닿았는가? 블록의 ▼를 클릭하여 [분류통_노랑]을 선택한 후 결합하고 연결합니다. [분류통_빨강]과 [분류통_연두]도 다음과 같이 코딩합니다.

(4) '빨강메모' 스프라이트(■)는 '분류통_노랑' 스프라이트(■)인 '탈 물질 제거'에 해당하므로 만약 분류통_노랑 ▼ 에 닿았는가? 라면 제어 팔레트의 1 초 기다리기 블록과 형태 팔레트의 숨기기 블록을 차례로 연결합니다. 다른 소화 조건에는 해당되지 않으므로 만약 분류통_빨강 ▼ 에 닿았는가? 이거나 분류통_연두 ▼ 에 닿았는가? 이면 원위치로 이동시키기 위해 동작 팔레트의 ● 초 동안 x: ● y: ● 으로 움직이기 블록을 연결하고, '0.5초, x: −164'와 'y: 99'로 입력합니다.

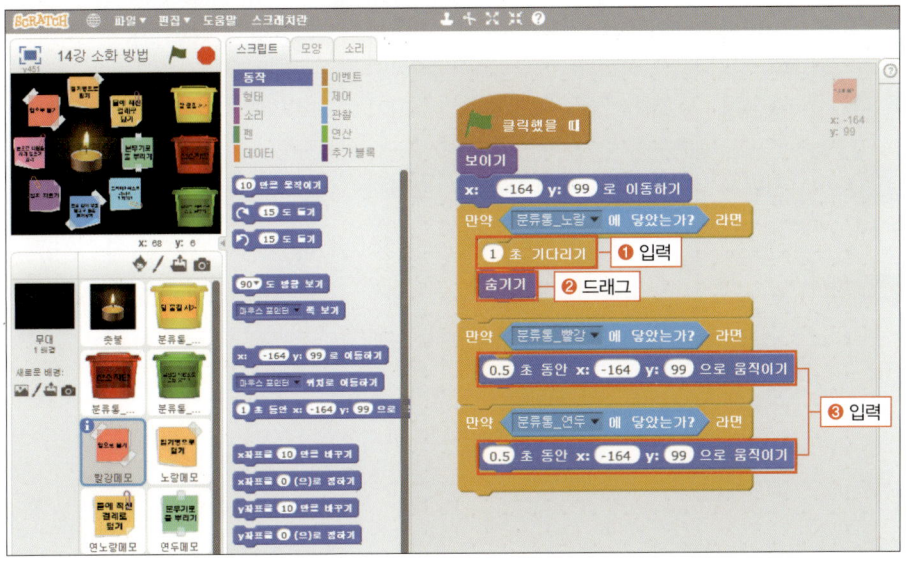

(5) 메모가 어떤 분류통에 닿았는지를 계속 관찰해야 하므로 제어 팔레트의  블록을 밖으로 연결합니다. 메모 스프라이트도 다음과 같이 코딩합니다.

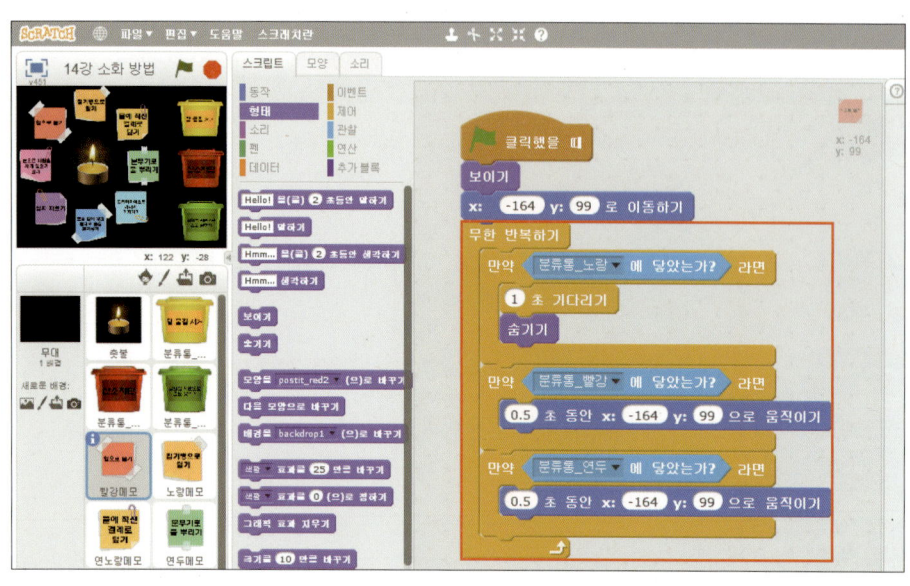

| TIP |

메모별 블록 입력 정보

블록 \ 메모	집기병으로 닿기	틀에 적신 걸레로 닦기	분무기로 물 뿌리기	드라이아이스를 가까이 가져가기	공품 함께 넣고 철대로 흔들 들어놓기	심지 자르기	손으로 마찰술 세게 집으게 집기
x: ○ y: ○ 로 이동하기	'x: −68', 'y: 141'	'x: 23', 'y: 99'	'x: 48', 'y: 2'	'x: 22', 'y: −91'	'x: −69', 'y: 126'	'x: −162', 'y: −89'	'x: −197', 'y: 6'
분류통_노랑 ▼ 에 닿았는가?	원위치	원위치	원위치	원위치	원위치	숨기기	숨기기
분류통_빨강 ▼ 에 닿았는가?	숨기기	숨기기	원위치	숨기기	숨기기	원위치	원위치
분류통_연두 ▼ 에 닿았는가?	원위치	숨기기	숨기기	원위치	원위치	원위치	원위치
○ 초 동안 x: ○ y: ○ 으로 움직이기	'0.5초', 'x: −68', 'y: 141'	'0.5초', 'x: 23', 'y: 99'	'0.5초', 'x: 48', 'y: 2'	'0.5초', 'x: 22', 'y: −91'	'0.5초', 'x: −69', 'y: −126'	'0.5초', 'x: −162', 'y: −89'	'0.5초', 'x: −197', 'y: 6'

2 | 소화 분류통 설정하기

(1) '분류통_노랑' 스프라이트( )를 선택한 후, 이벤트 팔레트의 클릭했을때 블록을 드래그하고, 동작 팔레트의 x: ○ y: ○ 로 이동하기 블록을 연결하고, 'x: 181'와 'y: 105'로 입력합니다. 형태 팔레트의 모양을 분류통_노랑▼ (으)로 바꾸기 블록을 연결합니다. 분류통의 소화 조건과 일치하는 경우에만 분류통이 열렸다 닫히는 효과를 위해 제어 팔레트의 만약 라면 블록을 연결합니다. 관찰 팔레트의 ▼에 닿았는가? 블록의 ▼를 클릭하여 [빨강메모]를 선택한 후 연산 팔레트의 또는 블록과 결합하여 조건으로 결합합니다. '탈 물질 제거'에 해당하는 메모는 '분홍메모'와 '보라메모'도 있으므로 또는 또는 블록을 만들어 결합합니다.

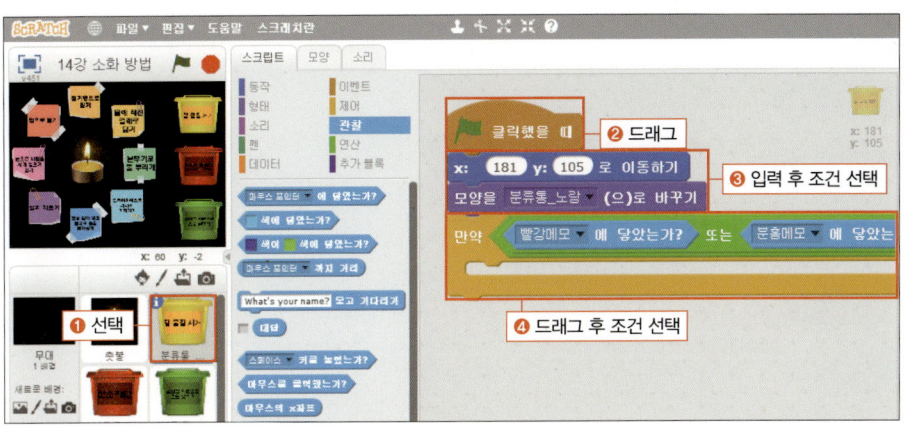

(2) 형태 팔레트의 모양을 분류통_노랑▼ (으)로 바꾸기 블록의 ▼를 클릭하여 [분류통_노랑2]를 선택하고 연결한 후, 모양이 바뀌는 과정을 보이기 위해 제어 팔레트의 1 초 기다리기 블록과 형태 팔레트의 모양을 분류통_노랑▼ (으)로 바꾸기 블록의 ▼를 클릭하여 [분류통_노랑]를 선택하고 연결합니다. 이 과정을 계속 관찰하여 반복하기 위해 제어 팔레트의 무한 반복하기 블록으로 연결합니다. '분류통_빨강' 스프라이트( )와 '분류통_연두' 스프라이트( )도 다음과 같이 코딩합니다.

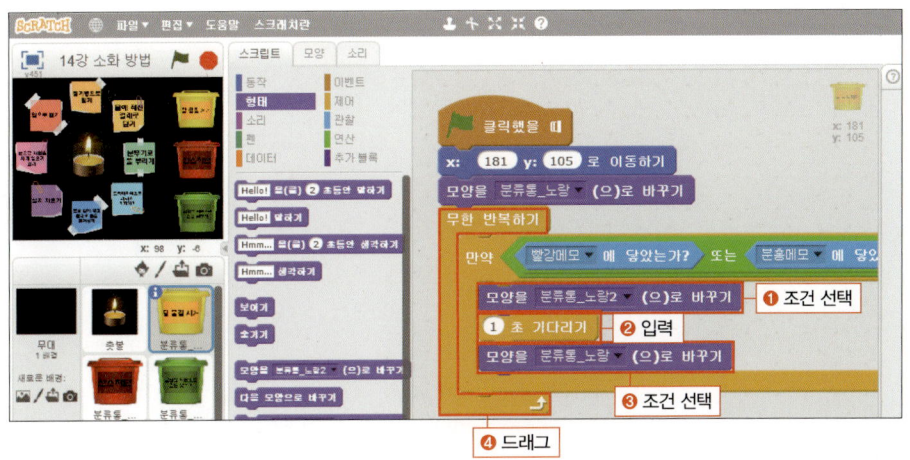

분류통별 블록 입력 정보

블록 \ 분류통	탈 물질 제거	산소 차단	발화점 미만 온도
x: ◯ y: ◯ 로 이동하기	'x: 181', 'y: 105'	'x: 181', 'y: −6'	'x: 181', 'y: −124'
모양을 분류통_노랑 (으)로 바꾸기	[분류통_노랑]− [분류통_노랑2]− [분류통_노랑]	[분류통_빨강]− [분류통_빨강2]− [분류통_빨강]	[분류통_연두]− [분류통_연두2]− [분류통_연두]
빨강메모 에 닿았는가?	O		
노랑메모 에 닿았는가?		O	
연노랑메모 에 닿았는가?		O	O
연두메모 에 닿았는가?			O
하늘메모 에 닿았는가?		O	
파랑메모 에 닿았는가?		O	
보라메모 에 닿았는가?	O		
분홍메모 에 닿았는가?	O		

사고력 향상 문제

○ 예제 파일 | 14강-소화 방법 분류하기_완성.sb2
○ 완성 파일 | 14강-소화 방법 분류하기_사고력향상_완성.sb2

1 '빨강메모' 스프라이트( )에서 〈분류통_노랑▼ 에 닿았는가?〉 블록 대신 〈 색에 닿았는가?〉 블록을 이용하여 스크립트를 작성해봅니다.

2 데이터 팔레트의 변수 만들기(변수 만들기)를 이용하여 분류한 메모수 블록을 만들고 아래에 주어진 블록들을 이용하여 8개의 모든 메모가 알맞게 분류통에 분류되고 나면 촛불이 꺼지도록 스크립트를 작성해봅니다.

HINT

1 〈 색에 닿았는가?〉 블록 색상 정하기

① 〈 색에 닿았는가?〉 블록을 연결합니다.

② 칼라 상자를 클릭하여 '마우스 포인트'( )가 '손가락 모양'( )으로 바뀌면 '분류통_노랑' 스프라이트 ( )을 선택합니다.

2 사용되는 블록 정보

'촛불' 스프라이트( )	'빨강메모' 스프라이트( )
모양을 켜진 촛불▼ (으)로 바꾸기	x: -164 y: 99 로 이동하기
분류한 메모수▼ 을(를) 0 로 정하기	분류한 메모수▼ 을(를) 1 만큼 바꾸기
무한 반복하기 만약 〈 분류한 메모수 = 8 〉 라면 모양을 꺼진 촛불▼ (으)로 바꾸기	

※ 버그 주의 : '빨강메모' 스프라이트( )에서 만약 〈분류통_노랑▼ 에 닿았는가?〉라면 x: -164 y: 99 로 이동하기 블록을 사용하지 않고 분류한 메모수▼ 을(를) 1 만큼 바꾸기 블록을 사용할 경우, 은 에 무한 반복하기 블록 특성상 계속 닿아 있기 때문에 분류한 메모수 의 값도 무한 증가합니다. 반드시 메모를 원위치로 이동시킨 후 분류한 메모수 의 값을 증가합니다.

거울에 비친 글자

거울에 비친 물체의 모습은 원래의 물체와 좌우가 바뀌어 보입니다. 거울을 사용하면 가려져서 보이지 않거나 내 뒤쪽에 있는 물체의 모습을 볼 수 있습니다. 글자가 거울에 비치면 어떻게 보이는지 알아봅시다.

○ **예제 파일 l** 15강–거울에 비친 글자_예제.sb2

○ **완성 파일 l** 15강–거울에 비친 글자_완성.sb2

○ **사용 방법 l** 각 숫자를 클릭하면 거울에 비치기 전의 모습을 확인할 수 있습니다.

Point 01 | 교과 내용 파악하기

1 | 교과 연계 : 4학년 과학 [거울과 그림자]

2 | 교과 핵심 내용

(1) 인류 최초의 거울은 호수나 그릇에 담긴 물의 잔잔한 표면이었습니다.

(2) 오늘날 사용하는 거울은 1835년에 독일의 한 과학자가 발명한 것으로 유리 뒷면에 알루미늄 같은 금속을 얇고 고르게 입힌 것입니다.

(3) 거울에 비친 물체의 모습은 원래의 물체와 좌우가 바뀌어 보입니다.

3 | 교과 핵심 확인 문제

(   ) 안에 알맞은 낱말에 O표를 하세요.

거울에 비친 물체의 모습은 원래 물체와 (상하, 좌우)가 바뀌어 보입니다.

Point 02 | 생각하기

1 | 알고리즘

(1) [실행(🏳)] 버튼을 클릭한 후 거울에 비친 숫자 스프라이트(**0ℓ**), (**SÞ**), (**SI**), (**r8**)를 클릭합니다.

(2) 각 숫자가 거울에 비치기 전 모습으로 '테두리' 스프라이트(◯) 안에 보여집니다.

2 | 순서도

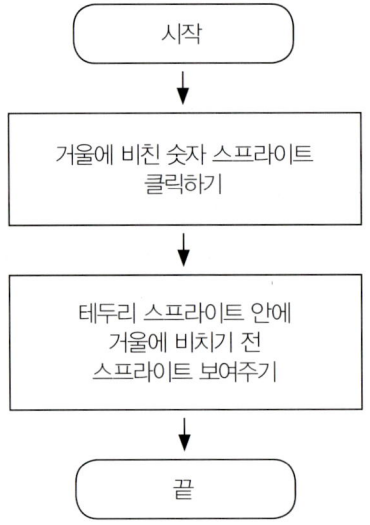

시작

↓

거울에 비친 숫자 스프라이트
클릭하기

↓

테두리 스프라이트 안에
거울에 비치기 전
스프라이트 보여주기

↓

끝

Point 03   프로젝트 시작하기

1 | 거울에 비친 숫자 보여주기

(1) '15강-거울에 비친 글자_예제.sb2' 파일을 엽니다. '거울에비친90' 스프라이트(**9℮**)를 선택한 후 이벤트 팔레트의 ⚑클릭했을 때 블록을 드래그하고, 처음에는 보이지 않게 하기 위해 형태 팔레트의 숨기기 블록을 연결합니다. '거울에비친42' 스프라이트(**4Ƨ**), '거울에비친15' 스프라이트(**ƨ1**), '거울에비친81' 스프라이트(**18**)도 동일하게 코딩합니다.

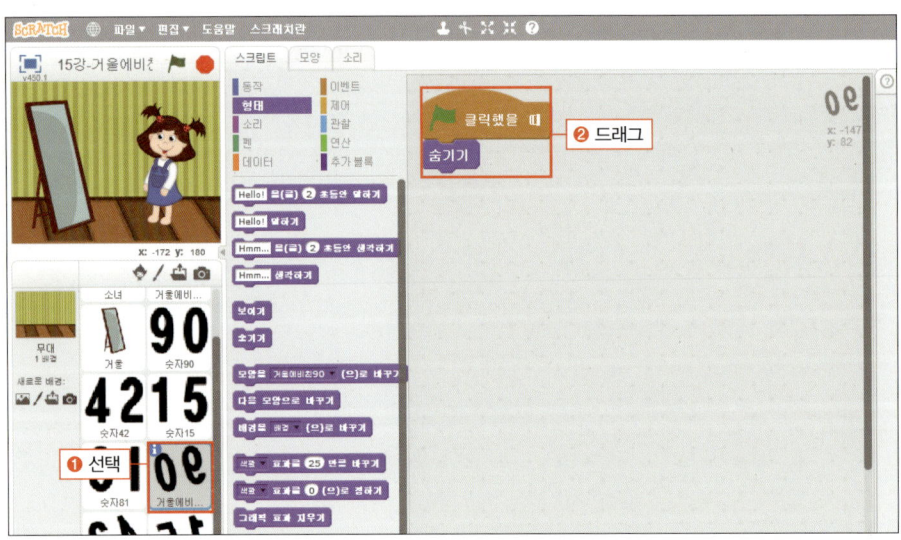

(2) 거울에 숫자를 보여주기 위해 이벤트 팔레트의 거울에 숫자보여주기 을(를) 받았을 때 블록을 드래그하고 형태 팔레트의 보이기 블록을 연결합니다. 그리고 각 스프라이트를 클릭하면 거울에 비치기 전 숫자 스프라이트를 보여주기 위해 이벤트 팔레트의 이 스프라이트를 클릭했을 때 블록을 드래그하고 메시지1 방송하기 블록의 ▼를 클릭하여 [90보여주기] 메시지를 만들어 연결합니다.

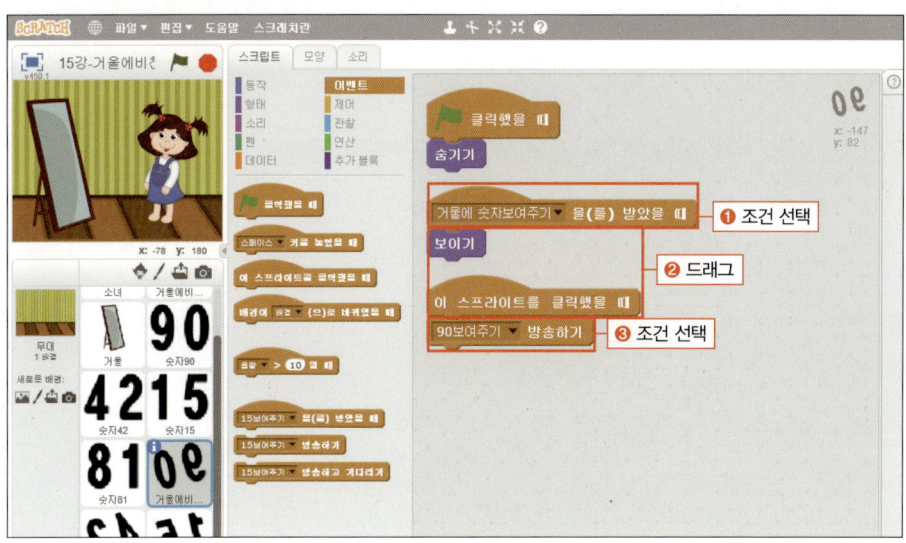

(3) '거울에비친42' 스프라이트(42), '거울에비친15' 스프라이트(15), '거울에비친18' 스프라이트(81)는 '1'초씩 간격을 두고 보여주기 위해 다음과 같이 코딩합니다.

스프라이트	거울에 숫자보여주기 을(를) 받았을 때	이 스프라이트를 클릭했을 때
42	거울에 숫자보여주기 을(를) 받았을 때 / 1 초 기다리기 / 보이기	이 스프라이트를 클릭했을 때 / 42보여주기 방송하기
15	거울에 숫자보여주기 을(를) 받았을 때 / 2 초 기다리기 / 보이기	이 스프라이트를 클릭했을 때 / 15보여주기 방송하기
81	거울에 숫자보여주기 을(를) 받았을 때 / 3 초 기다리기 / 보이기	이 스프라이트를 클릭했을 때 / 81보여주기 방송하기

2 | 거울에 비치기 전 숫자 보여주기

(1) '숫자90' 스프라이트(**90**)를 선택한 후 이벤트 팔레트의 클릭했을 때 블록을 드래그하고, 처음에는 보이지 않게 하기 위해 형태 팔레트의 숨기기 블록을 연결합니다. 거울에 비치기 전 숫자를 보여주기 위해 이벤트 팔레트의 90보여주기 을(를) 받았을 때 블록을 드래그하고, '테두리' 스프라이트(○) 안에 보여주기 위해 동작 팔레트의 x: -18 y: 46 로 이동하기 블록을 연결하고 형태 팔레트의 보이기 블록을 연결합니다.

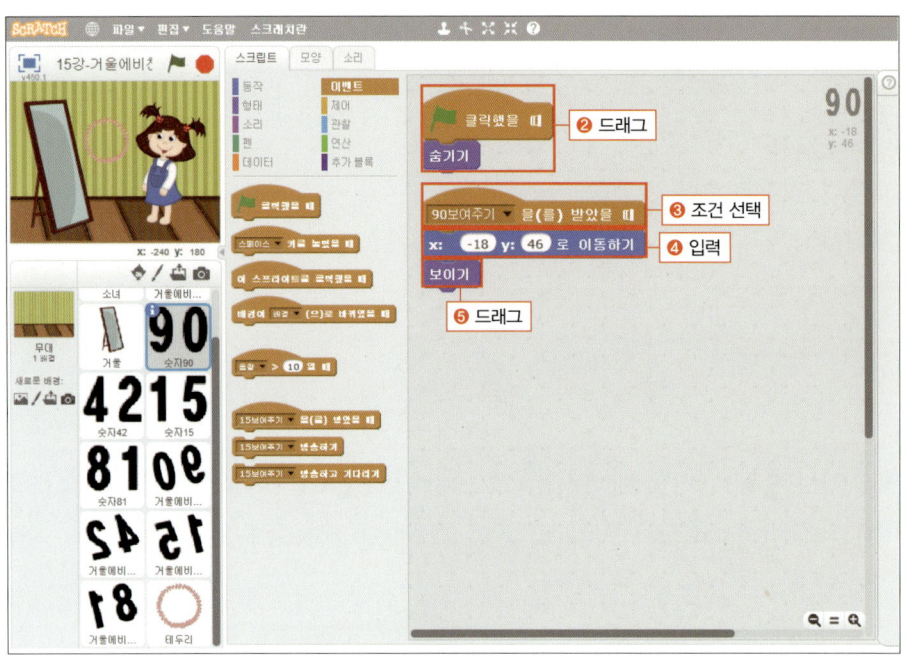

(2) 소리 효과를 주기 위해 소리 저장소의 효과 중 'zoop'를 선택합니다. 재생하기 위해 소리 팔레트의 zoop 끝까지 재생하기 블록을 연결하고, 제어 팔레트의 1 초 기다리기 블록을 연결한 후 형태 팔레트의 숨기기 블록을 연결하여 숨깁니다.

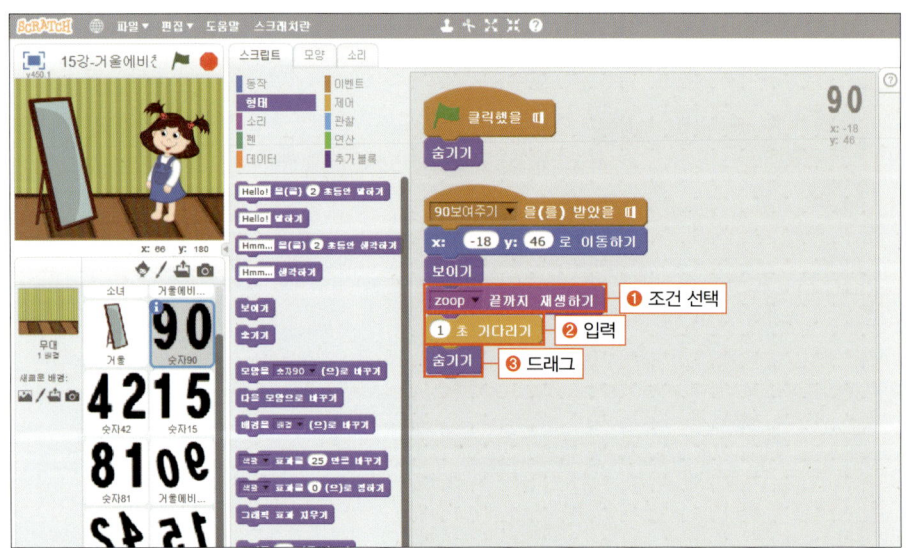

(3) '테두리' 스프라이트(◯)를 선택한 후 이벤트 팔레트의 ⚑클릭했을때 블록을 드래그하고, 처음에는 보이지 않게 하기 위해 형태 팔레트의 크기를 70% 로 정하기 블록을 연결하고 크기를 70% 로 정하기 블록을 연결하여 크기를 줄입니다. 그리고 각 숫자 보여주기 방송하기를 받았을 때는 형태 팔레트의 보이기 블록을 사용하여 보여줍니다. [실행(⚑)] 버튼을 클릭하여 결과 화면을 확인합니다.

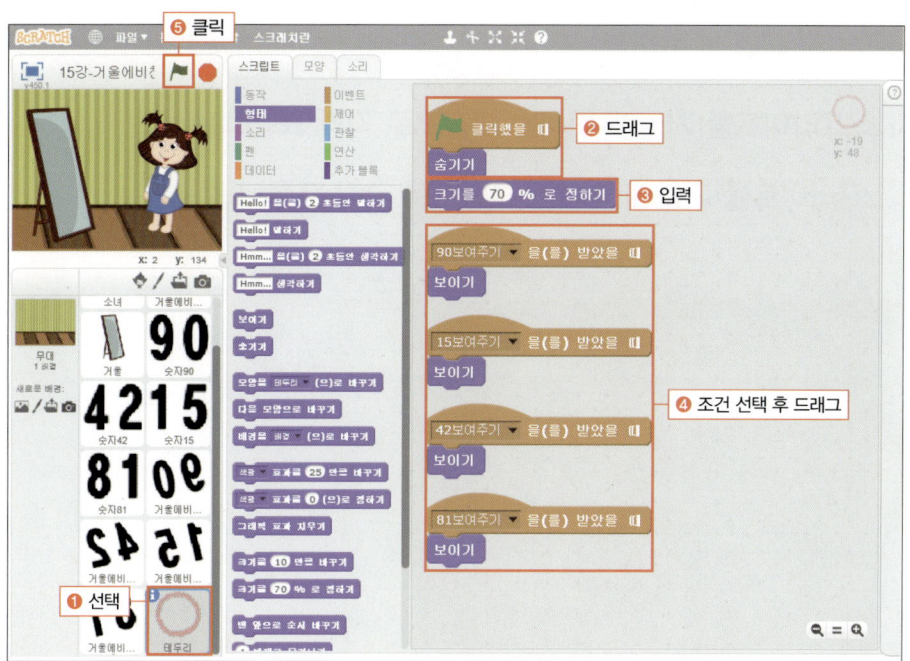

사고력 향상 문제

● 예제 파일 I 15강–거울에 비친 글자_사고력향상_예제.sb2
● 완성 파일 I 15강–거울에 비친 글자_사고력향상_완성.sb2

1 'L', 'O', 'V', 'E' 글자 스프라이트를 거울에 비치는 모습으로 각각 표현해봅니다.

2 '1', '2', '3', '4' 숫자 스프라이트를 거울에 비치는 모습으로 각각 표현해봅니다.

HINT
1 글자 스프라이트는 '스프라이트 저장소'에서 선택합니다.
2 숫자 스프라이트는 '스프라이트 저장소'에서 선택합니다.

16 간이소화기 만들기

연소와 소화의 원리를 이해하고, 소다와 식초를 이용하여 간이
소화기를 만들어봅니다.

○ **예제 파일 l** 16강–간이소화기 만들기_예제.sb2
○ **완성 파일 l** 16강–간이소화기 만들기_완성.sb2
○ **사용 방법 l** 간이소화기를 만들기 위한 재료를 보여주고, '버튼'을 클릭하면 간이소화기를 만드는 방법을 차례
　　　대로 설명합니다.

Point 01 교과 내용 파악하기

1 | 교과 연계 : 6학년 과학 [여러 가지 기체]

2 | 교과 핵심 내용

(1) 소화기의 원리 : 연소의 조건은 세 가지(탈 물질, 산소, 불이 날 수 있는 온도(발화점))의 요소가 필요한데, 이 중 산소를 차단시켜, 온도를 내리는 원리를 이용한 것이 소화기입니다.

(2) 간이 소화기의 원리 : 병 안에 들어 있는 식초와 천(헝겊) 안에 들어 있는 소다가 만나면 이산화탄소가 발생하고, 이때 발생된 이산화탄소가 빨대를 통해 흘러나오면서 촛불에 산소가 공급되는 것을 차단하여 촛불이 꺼집니다.

3 | 교과 핵심 확인 문제

간이 소화기는 다음 연소의 조건 중 어떤 것을 이용한 것일까요? (   )

① 탈 물질   ② 산소   ③ 발화점

Point 02 생각하기

1 | 알고리즘

(1) [실행(▶)] 버튼을 클릭하면 '소방관' 스프라이트(🧑‍🚒)가 사용법에 대해 안내를 합니다.

(2) '버튼' 스프라이트(　시작　)를 클릭하면 '소방관' 스프라이트(🧑‍🚒)가 단계별 설명을 합니다.

(3) '버튼' 스프라이트(　시작　)를 클릭하면 '단계그림' 스프라이트(🗂️)가 다음 단계 그림으로 바뀝니다.

2 | 순서도

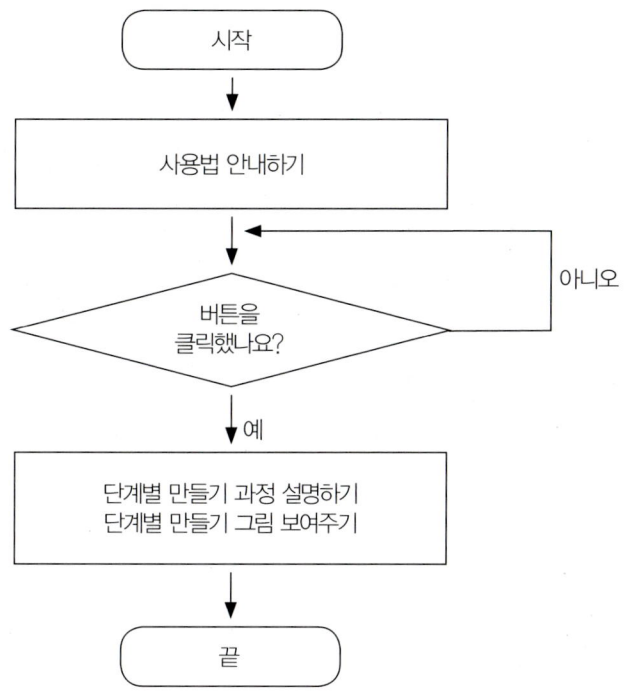

 **프로젝트 시작하기**

1 | 단계별 설명에 필요한 변수와 리스트 만들기

(1) '16강−간이소화기 만들기_예제.sb2' 파일을 엽니다. 무대를 선택한 후, 이벤트 팔레트의
클릭했을 때 블록을 드래그하고, 데이터 팔레트의 리스트 만들기(리스트 만들기)를 클릭하여, '간
이소화기 방법' 리스트 간이소화기 방법 를 만듭니다. 기존의 리스트 값을 삭제하고 새로운 리
스트 값으로 저장하기 위해 모두▼ 번째 항목을 간이소화기 방법▼ 에서 삭제하기 블록을 연결합니다.

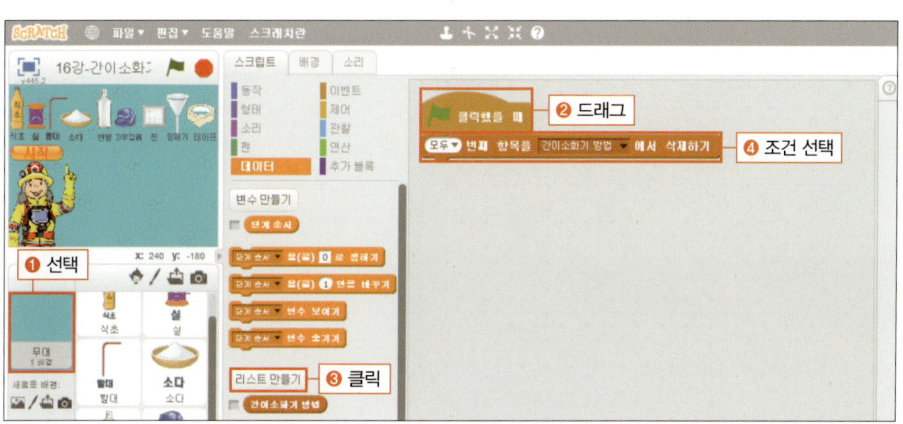

(2) [데이터] 팔레트의 [thing 을(를) 1▼ 번째 간이소화기 방법 ▼ 에 넣기] 블록을 드래그하고, '1. '천'에 '소다'를 덜어내어 둥글게 싼 뒤 '실'로 단단히 묶습니다.'와 '1'번째를 입력합니다. 2~5번째도 다음과 같이 코딩합니다. 변수 만들기([변수 만들기])를 클릭하여 [단계 순서] 변수를 만들고, [단계 순서 을(를) 0 로 정하기] 블록을 연결합니다.

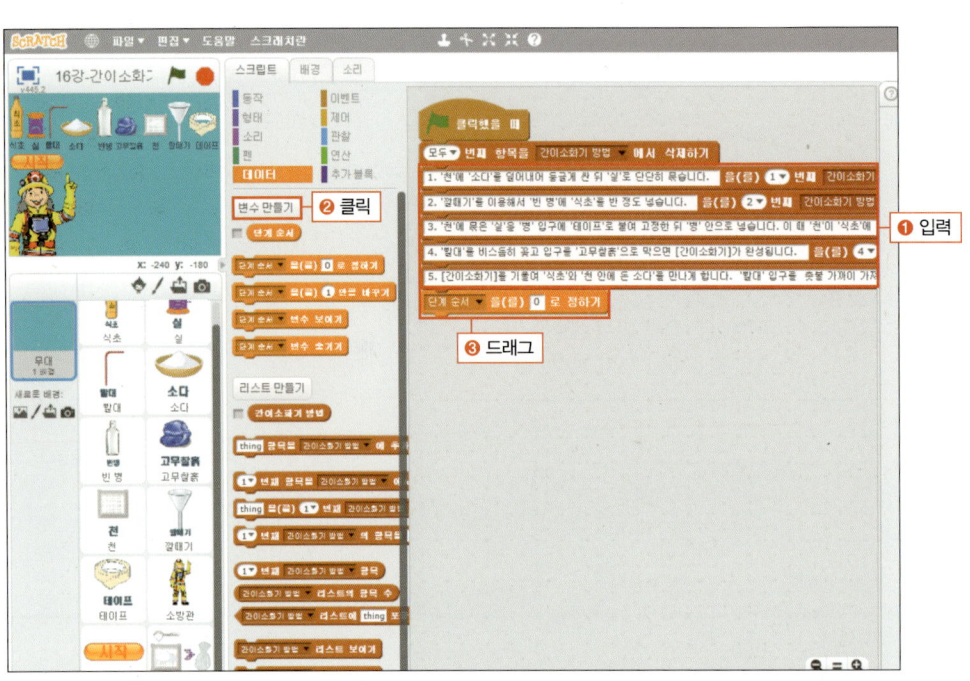

TIP

[thing 을(를) 1▼ 번째 간이소화기 방법 ▼ 에 넣기] **블록의 입력 정보**

thing에 입력할 내용	번째
1. '천'에 '소다'를 덜어내어 둥글게 싼 뒤 '실'로 단단히 묶습니다.	1
2. '깔때기'를 이용해서 '빈 병'에 '식초'를 반 정도 넣습니다.	2
3. '천'에 묶은 '실'을 '병' 입구에 '테이프'로 붙여 고정한 뒤 '병' 안으로 넣습니다. 이 때 '천'이 '식초'에 닿지 않도록 주의합니다.	3
4. '빨대'를 비스듬히 꽂고 입구를 '고무찰흙'으로 막으면 [간이소화기]가 완성됩니다.	4
5. [간이소화기]를 기울여 '식초'와 '천 안에 든 소다'를 닿게 합니다. '빨대' 입구를 촛불 가까이 가져가면 촛불이 꺼집니다.	5

2 | 만들기 전 설정하기

(1) '식초' 스프라이트(🍶)를 선택한 후, 이벤트 팔레트의 🏁 클릭했을 때 블록을 드래그하고, 동작 팔레트의 x: 0 y: 0 로 이동하기 블록을 연결한 후, 'x: −212'와 'y: 101'로 입력합니다. '실' 스프라이트(🧵), '빨대' 스프라이트(⌐), '소다' 스프라이트(🥣), '빈병' 스프라이트(🍾), '고무찰흙' 스프라이트(🪨), '천' 스프라이트(⬜), '깔때기' 스프라이트(▽), '테이프' 스프라이트(🎗) 도 다음과 같이 코딩합니다.

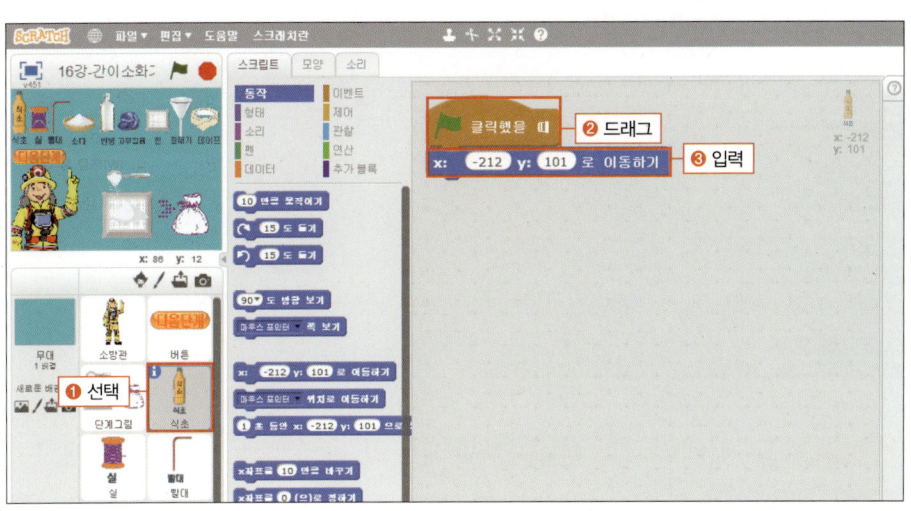

:TIP:

x: 0 y: 0 로 이동하기 블록의 입력 정보

스프라이트	x 입력값, y 입력값	스프라이트	x 입력값, y 입력값
🧵	'x: −177', 'y: 108'	🪨	'x: 27', 'y: 104'
⌐	'x: −143', 'y: 148'	⬜	'x: 101', 'y: 102'
🥣	'x: −85', 'y: 119'	▽	'x: 148', 'y: 110'
🍾	'x: 0', 'y: 74'	🎗	'x: 201', 'y: 119'

(2) '소방관' 스프라이트(🧑‍🚒)를 선택한 후, 이벤트 팔레트의 🏴 클릭했을때 블록을 드래그하고, 동작 팔레트의 x: 0 y: 0 로 이동하기 블록을 연결한 후, 'x: –166'와 'y: –165'로 입력합니다. 형태 팔레트의 Hello! 을(를) 2 초동안 말하기 블록 2개를 연결한 후, 각각 '지금부터 '간이소화기' 만드는 방법을 알려 드릴께요.', '2초'와 '준비가 됐으면 [시작] 버튼을 눌러 주세요!', '4초'를 입력합니다.

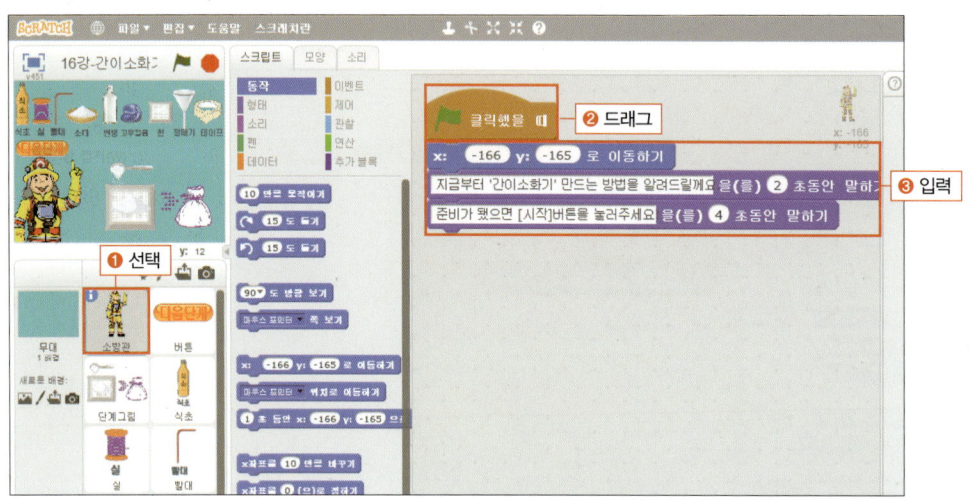

(3) '버튼' 스프라이트(시작)를 선택한 후, 이벤트 팔레트의 🏴 클릭했을때 블록을 드래그하고, 동작 팔레트의 x: 0 y: 0 로 이동하기 블록을 연결한 후, 'x: –174'와 'y: 25'로 입력합니다. 형태 팔레트의 모양을 ▼ (으)로 바꾸기 블록을 연결하고, ▼를 클릭하여 [시작버튼]을 선택합니다.

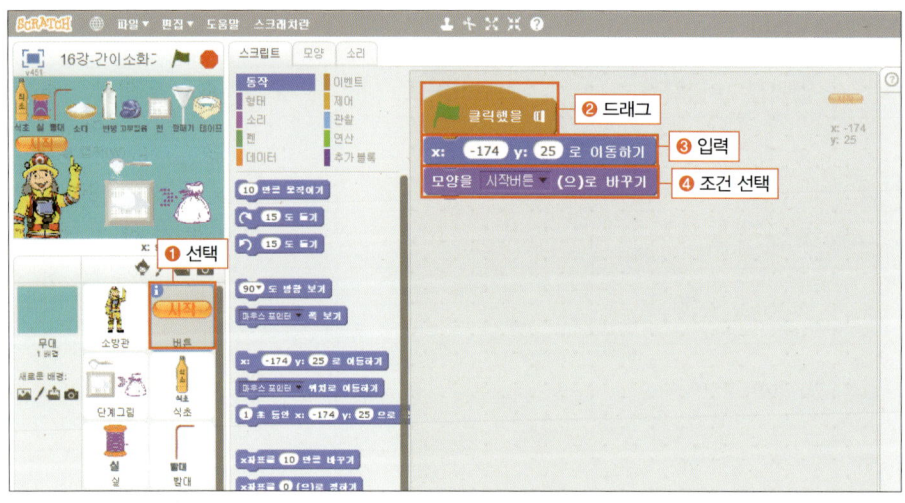

(4) '단계그림' 스프라이트(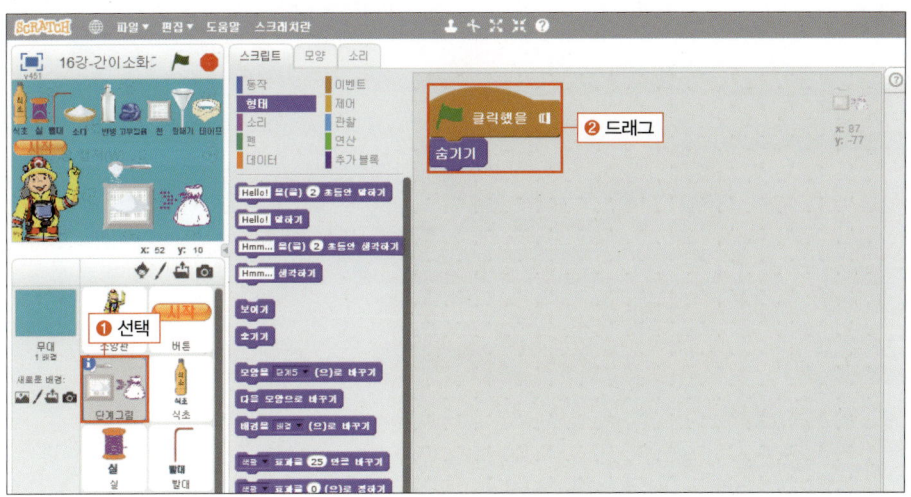)를 선택한 후, 이벤트 팔레트의 클릭했을 때 블록을 드래그하고, 형태 팔레트의 숨기기 블록을 연결합니다.

3 | 간이소화기 만들기 시작하기

(1) '버튼' 스프라이트(시작)를 선택한 후, 이벤트 팔레트의 이 스프라이트를 클릭했을 때 블록을 드래그하고, 형태 팔레트의 모양을 ▼(으)로 바꾸기 블록의 ▼를 클릭하여 [다음단계버튼]을 선택하고 연결합니다. 이벤트 팔레트의 메시지1 ▼ 방송하기 블록의 ▼를 클릭하여 [단계별 설명] 메시지를 만들고 선택한 후 연결합니다. 데이터 팔레트의 단계 순서 ▼ 을(를) 1 만큼 바꾸기 블록을 연결합니다.

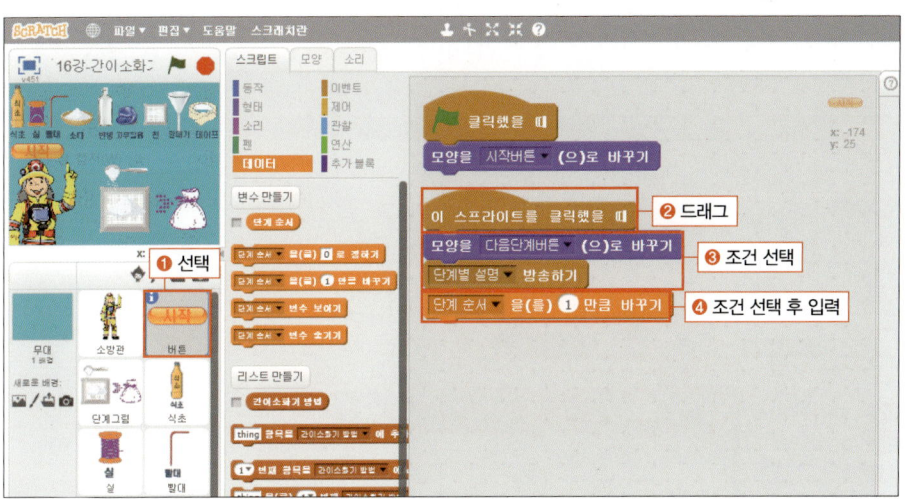

(2) '소방관' 스프라이트(🧑‍🚒)를 선택한 후, 이벤트 팔레트의 단계별 설명▼ 을(를) 받았을 때 블록을 드래그하고, 형태 팔레트의 Hello! 말하기 블록을 연결합니다. 데이터 팔레트의 1▼ 번째 간이소화기 방법▼ 항목 블록과 단계 순서 블록을 결합하여 Hello! 말하기 블록 값으로 결합합니다.

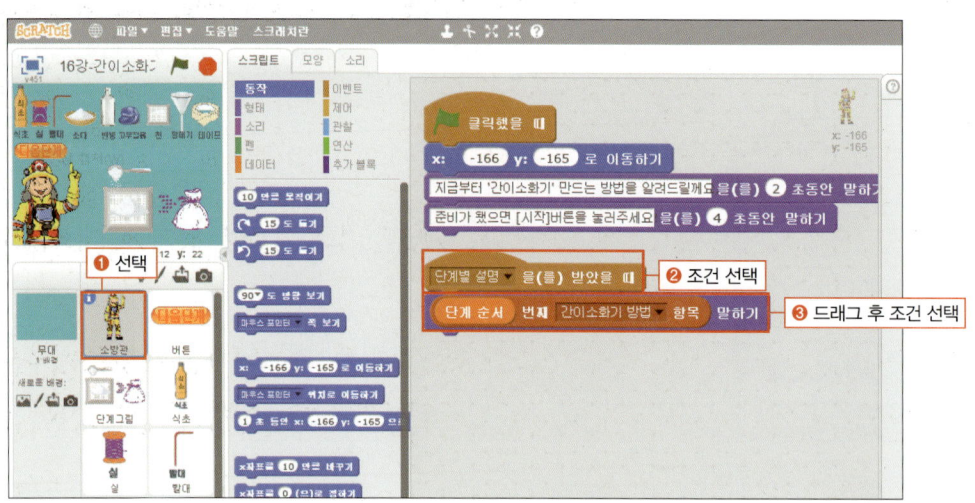

(3) '단계그림' 스프라이트(🗑️)를 선택한 후, 이벤트 팔레트의 단계별 설명▼ 을(를) 받았을 때 블록을 드래그하고, 동작 팔레트의 x: 0 y: 0 로 이동하기 블록을 연결한 후, 'x: 87'와 'y: −77'로 입력합니다. 형태 팔레트의 보이기 블록을 연결하고, 형태 팔레트의 모양을 ▼ (으)로 바꾸기 블록을 연결한 후, 연산 팔레트의 hello 와 world 결합하기 블록의 첫 번째 칸에 '단계'를 입력하고 데이터 팔레트의 단계 순서 블록을 결합하여 모양을 ▼ (으)로 바꾸기 블록의 값으로 결합합니다. [실행(🚩)] 버튼을 클릭하여 결과 화면을 확인합니다.

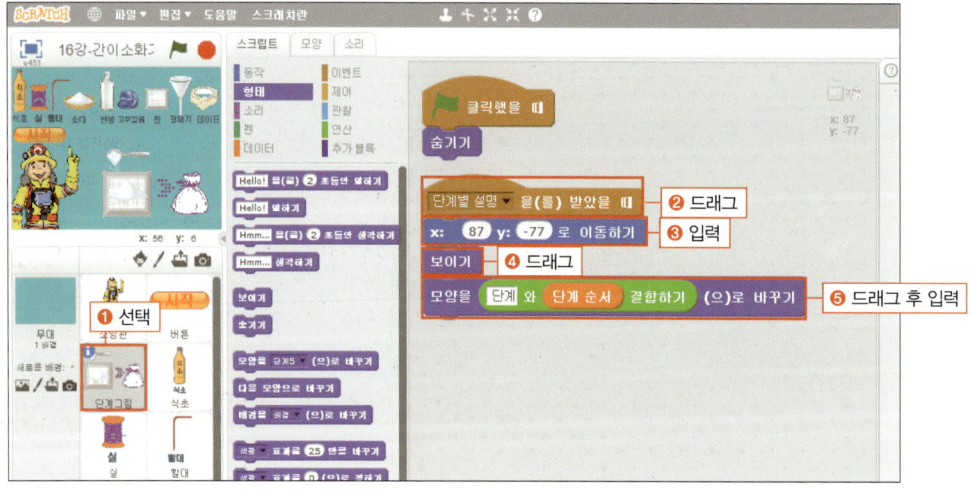

사고력 향상 문제

○ 예제 파일 | 16강–간이소화기 만들기_완성.sb2
○ 완성 파일 | 16강–간이소화기 만들기_사고력향상_완성.sb2

1 '버튼' 스프라이트(**시작**) 대신 이벤트 팔레트의 스페이스 ▼ 키를 눌렀을 때 블록을 이용하여 [스페이스키]를 클릭했을 때 설명과 그림이 바뀔 수 있도록 수정합니다.

2 '단계그림' 스프라이트( )가 다음 단계그림으로 넘어갈 때, 모양 바꾸기와 함께 효과음을 삽입합니다.

> **HINT**
>
> 소리 팔레트의 팡 ▼ 끝까지 재생하기 블록을 이용합니다.

17 이산화탄소 줄이기

지구 온난화로 인해 생태계 파괴와 기상 이변 등의 문제가 심각해지고 있습니다. 지구 온난화의 주범인 이산화탄소를 줄이기 위해 우리는 어떤 노력을 할 수 있을지 생각해봅니다.

- **예제 파일** | 17강─이산화탄소 줄이기_예제.sb2
- **완성 파일** | 17강─이산화탄소 줄이기_완성.sb2
- **사용 방법** | 공장에서 배출된 이산화탄소(CO_2)로 가득한 세상에서 나무를 키우면 산소(O_2) 발생량이 증가하면서 이산화탄소(CO_2)를 흡수하여 산소(O_2)로 가득한 세상을 만들 수 있습니다.

1 | 교과 연계 : 6학년 과학 [여러 가지 기체]

2 | 교과 핵심 내용

(1) 이산화탄소(CO_2) : 탄산칼슘과 묽은 염산이 반응하여 발생하는 기체를 말합니다.

(2) 산소(O_2) : 산소는 생명체가 숨을 쉬고 살아가기 위해 꼭 필요한 물체입니다.

(3) 이산화탄소를 줄여야 하는 이유

　: 공기 중 이산화탄소의 양이 증가하면서 지구 온난화 현상으로 해수면 증가와 함께 기상 이변이 잦아지며 생태계가 불안정해집니다. 이러한 지구 온난화가 일어나는 가장 큰 원인은 이산화탄소의 증가이기 때문에 우리는 이산화탄소를 줄이려는 노력을 해야 합니다.

(4) 이산화탄소를 줄이는 노력

❶ 나무를 많이 심어 녹색 식물의 광합성을 이용하기

❷ 승용차 사용 줄이기

❸ 쓰레기 줄이기

3 | 교과 핵심 확인 문제

다음에 공통으로 들어갈 말을 채우세요.

> 지구 온난화가 일어나는 가장 큰 원인은 (　　　　　)의 증가이기 때문에 우리는 (　　　　　)를 줄이려는 노력을 해야 합니다.

 생각하기

1 | 알고리즘

(1) [실행(▶)] 버튼을 클릭하면 배경을 '이산화탄소 세상'(　　　)으로 보여줍니다.

(2) '이산화탄소' 스프라이트(CO₂)가 '나무' 스프라이트(　)쪽으로 이동합니다.

(3) '물조리개' 스프라이트(　)를 클릭하여 새싹에 물을 주면 나무가 자라나며 이산화탄소는 사라지고, 산소가 발생합니다.

(4) 배경이 '산소 세상'(　　　)으로 바뀝니다.

2 | 순서도

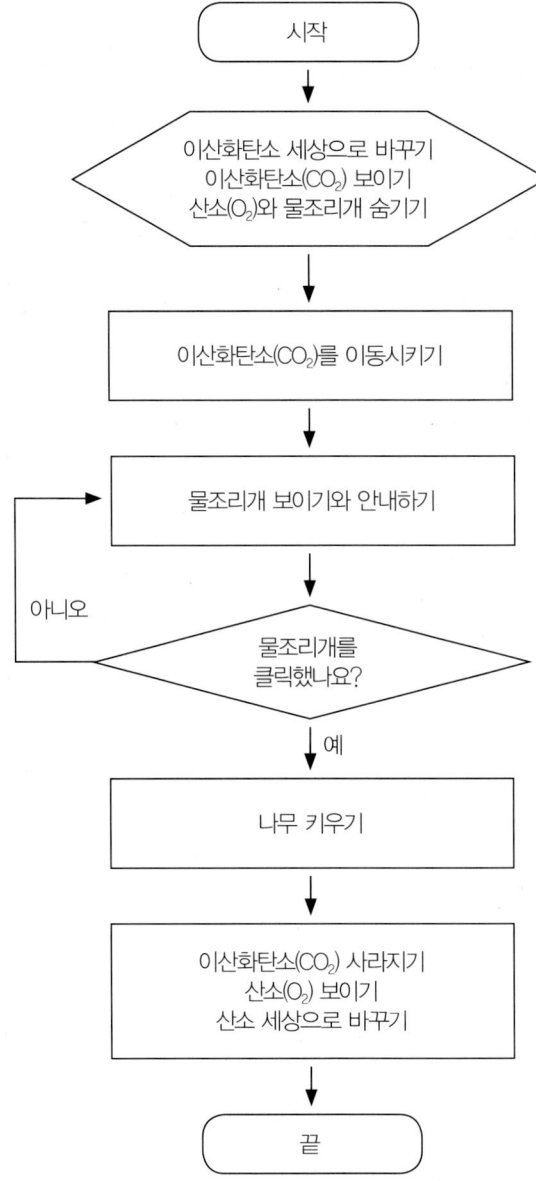

시작

이산화탄소 세상으로 바꾸기
이산화탄소(CO_2) 보이기
산소(O_2)와 물조리개 숨기기

이산화탄소(CO_2)를 이동시키기

물조리개 보이기와 안내하기

아니오

물조리개를
클릭했나요?

예

나무 키우기

이산화탄소(CO_2) 사라지기
산소(O_2) 보이기
산소 세상으로 바꾸기

끝

 **Point 03** 프로젝트 시작하기

1 | 무대 설정하기

(1) '17강-이산화탄소 줄이기_예제.sb2' 파일을 엽니다. 무대를 선택한 후, 이벤트 팔레트의 클릭했을때 블록을 드래그하고, 형태 팔레트의 배경을 배경 (으)로 바꾸기 블록의 ▼를 클릭하여 [이산화탄소세상]을 선택하고 연결합니다.

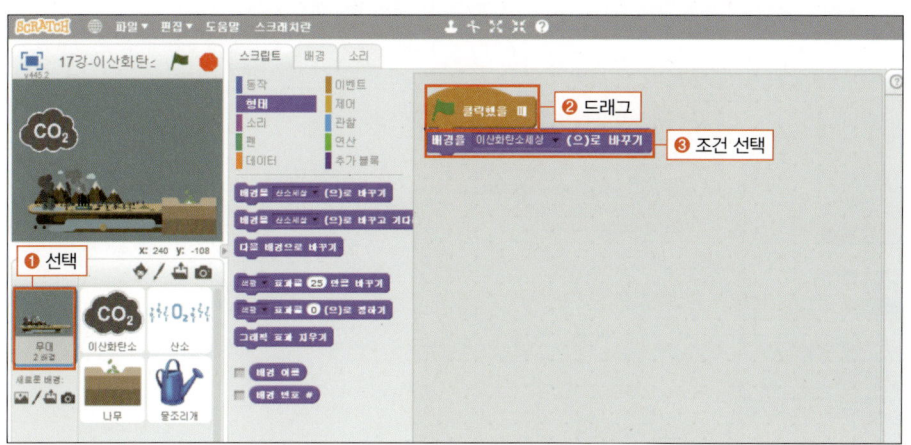

(2) 이벤트 팔레트의 메시지1 을(를) 받았을 때 블록의 ▼를 클릭하여 [산소세상으로 바꾸기] 메시지를 만들고 드래그합니다. 제어 팔레트의 10 번 반복하기 블록과 1 초 기다리기 블록을 연결하고, 형태 팔레트의 색깔 효과를 25 만큼 바꾸기 블록의 ▼를 클릭하여 [반투명] 효과를 선택하고 '10'으로 입력하고 연결합니다. 형태 팔레트의 배경을 배경 (으)로 바꾸기 블록의 ▼를 클릭하여 [산소세상]을 선택하고 연결합니다. 사라지는 효과 스크립트와 같지만 색깔 효과를 25 만큼 바꾸기 블록의 ▼를 클릭하여 [반투명] 효과를 선택하고 '-10'으로 입력합니다.

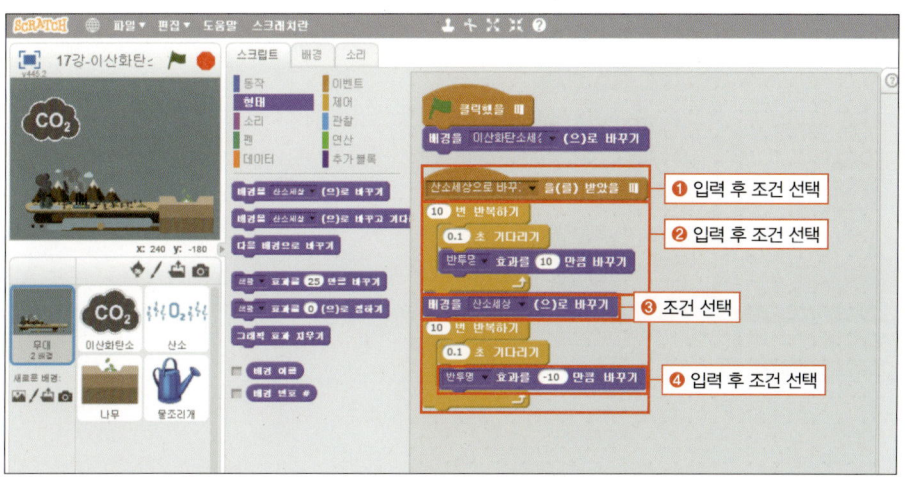

2 | 이산화탄소 설정하기

(1) '이산화탄소' 스프라이트(CO_2)를 선택한 후 이벤트 팔레트의 클릭했을 때 블록을 드래그하고, 동작 팔레트의 x: ◯ y: ◯ 로 이동하기 블록을 연결한 후, 'x: 3'과 'y: −83'으로 입력합니다. 형태 팔레트의 보이기 블록을 연결합니다. '이산화탄소' 스프라이트(CO_2)를 '나무' 스프라이트( )쪽으로 이동시키기 위해 동작 팔레트의 ◯ 초 동안 x: ◯ y: ◯ 으로 움직이기 블록을 2개 연결하고, 각각 '2'초, 'x: 41'와 'y: −9'와 '4'초, 'x: 320'와 'y: −9'로 입력합니다.

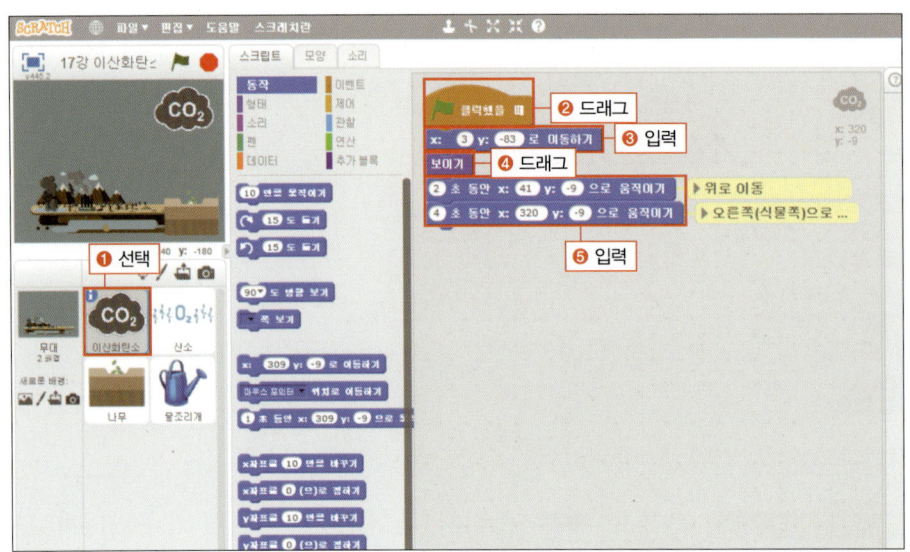

(2) 제어 팔레트의 1 초 기다리기 블록을 연결하고, 이벤트 팔레트의 메시지1 ▼ 방송하기 블록의 ▼를 클릭하여 [나무심기]를 만들고, 선택합니다. 이벤트 팔레트의 메시지1 ▼ 을(를) 받았을 때 블록의 ▼를 클릭하여 [나무키우기]를 만들고 선택합니다. 제어 팔레트의 1 초 기다리기 블록을 연결하고, '5초'를 입력한 후, 형태 팔레트의 숨기기 블록을 연결합니다.

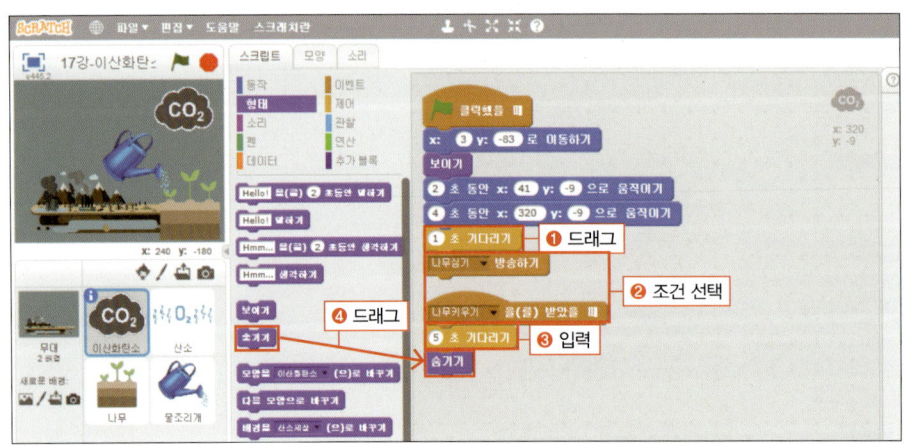

(3) 이벤트 팔레트의 메시지1▼ 을(를) 받았을 때 블록의 ▼를 클릭하여 [산소세상으로 바꾸기]를 선택하고 드래그합니다. 형태 팔레트의 숨기기 블록을 연결합니다.

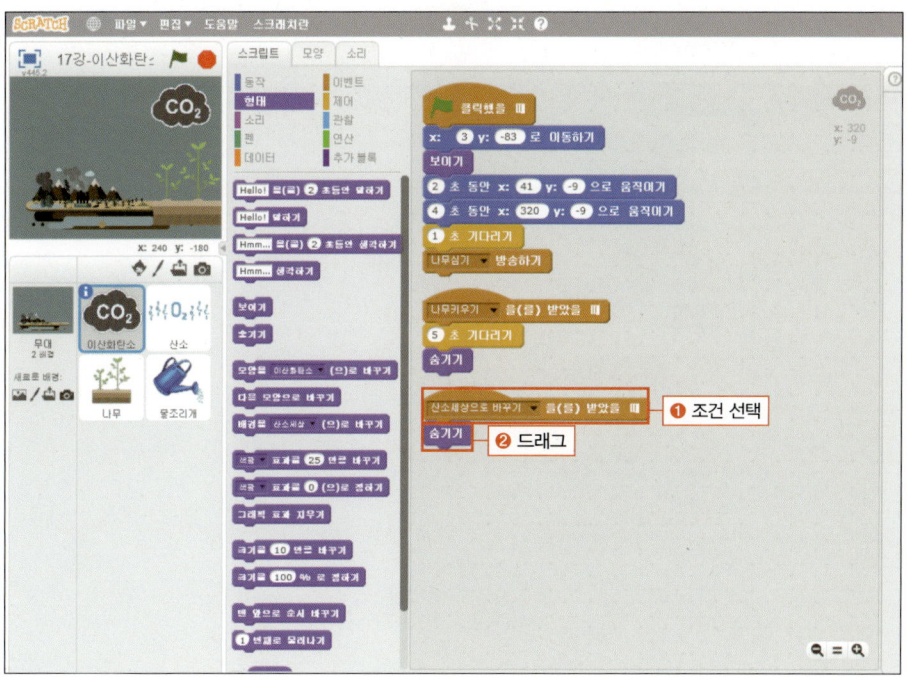

3 | 산소 설정하기

(1) '산소' 스프라이트(O_2)를 선택한 후, 이벤트 팔레트의 클릭했을 때 블록을 드래그하고, 형태 팔레트의 크기를 100 % 로 정하기 블록을 연결하고 '10'%로 입력한 후 숨기기 블록을 연결합니다.

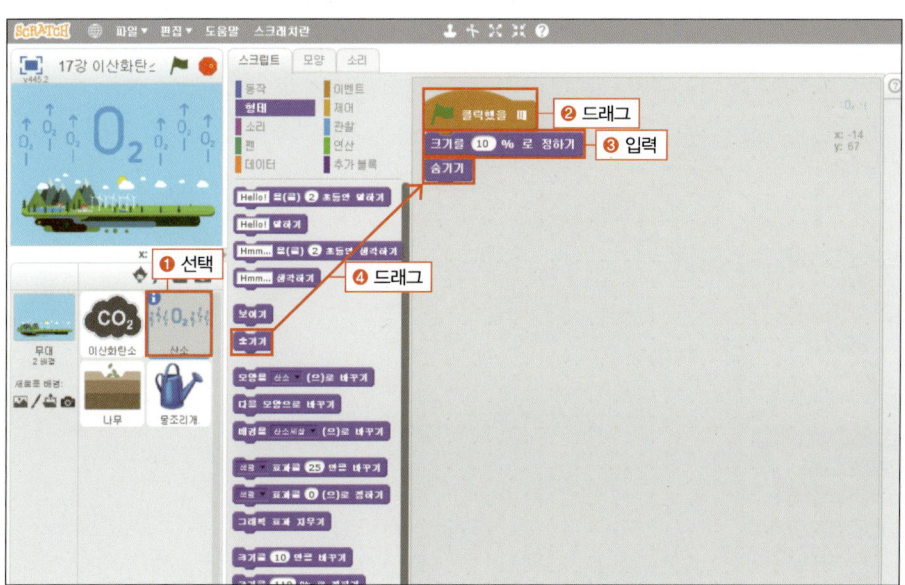

(2) 이벤트 팔레트의 메시지1 ▼ 을(를) 받았을 때 블록의 ▼를 클릭하여 [나무키우기]를 선택하고 드래그합니다. 동작 팔레트의 ● 초 동안 x: ● y: ● 으로 움직이기 블록을 연결하고, '4'초, 'x: −14'와 'y: 67'로 입력합니다. 제어 팔레트의 10 번 반복하기 블록과 1 초 기다리기 블록을 연결하고 '0.5'초로 입력합니다. 형태 팔레트의 크기를 10 만큼 바꾸기 블록과 보이기 블록을 연결합니다.

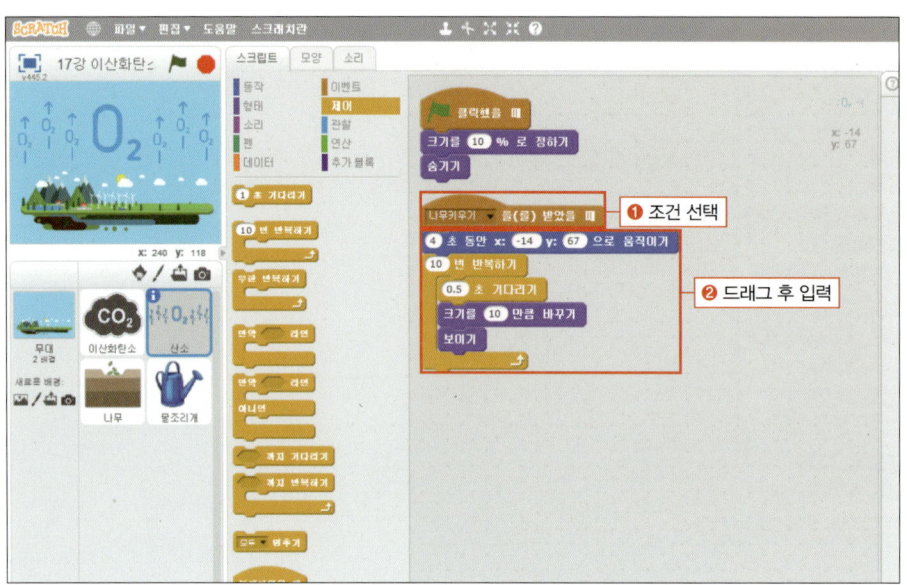

4 | 나무 설정하기

(1) '나무' 스프라이트(🟫)를 선택한 후, 이벤트 팔레트의 🏴 클릭했을 때 블록을 드래그합니다. 형태 팔레트의 모양을 나무_01 ▼ (으)로 바꾸기 블록을 연결하고, 동작 팔레트의 x: ● y: ● 로 이동하기 블록을 연결한 후, 'x: 164'와 'y: −109'를 입력합니다. 형태 팔레트의 보이기 블록을 연결합니다.

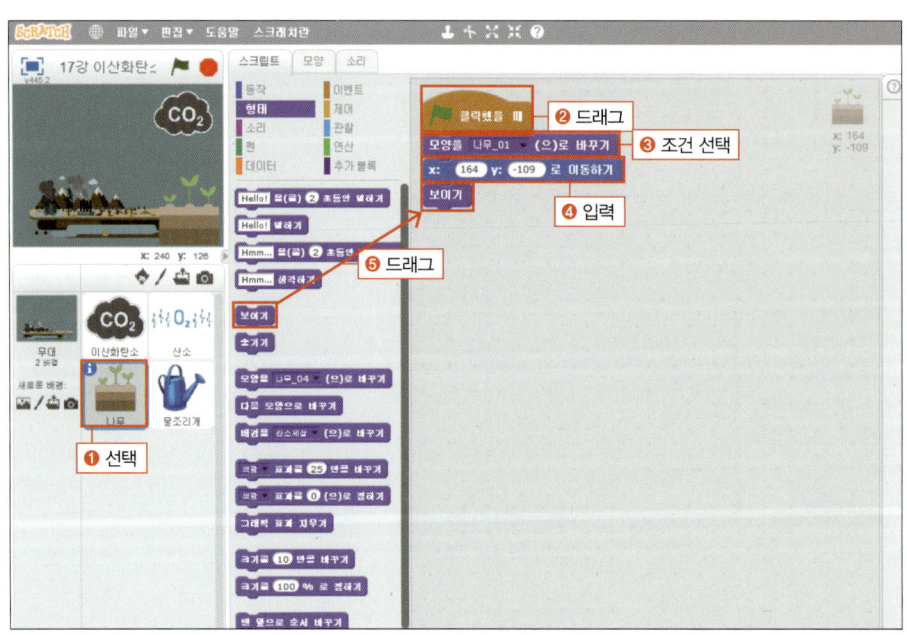

(2) 이벤트 팔레트의 메시지1 ▼ 을(를) 받았을 때 블록의 ▼를 클릭하여 [나무키우기]를 선택하고 드래그합니다. 제어 팔레트의 10 번 반복하기 블록을 연결한 후 '3'번을 입력하고 1 초 기다리기 블록을 연결합니다. 형태 팔레트의 다음 모양으로 바꾸기 블록을 연결하고 한 번 더 1 초 기다리기 블록을 연결합니다. 이벤트 팔레트의 메시지1 ▼ 방송하기 블록의 ▼를 클릭하여 [산소세상으로 바꾸기]를 만들어 연결하고 형태 팔레트의 숨기기 블록을 연결합니다.

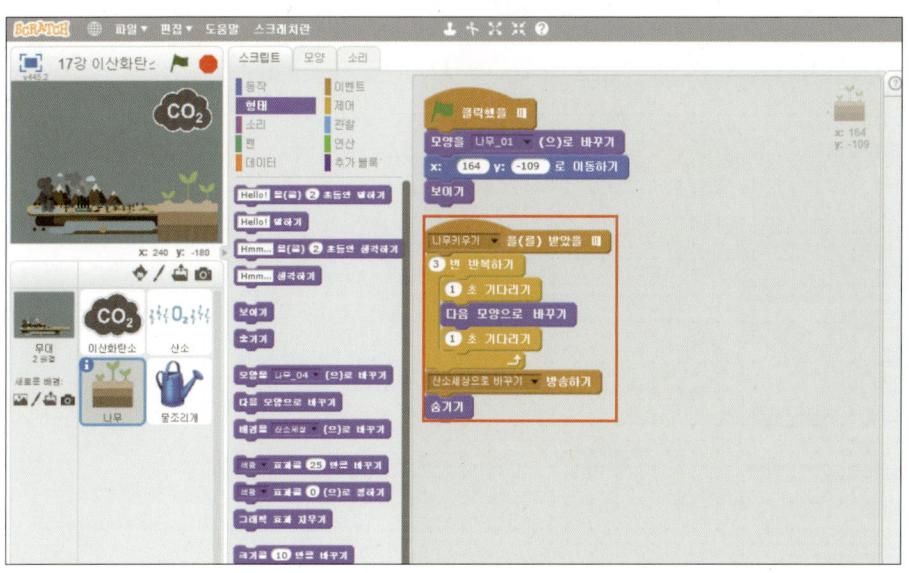

5 | 물조리개 설정하기

(1) '물조리개' 스프라이트( )를 선택한 후, 이벤트 팔레트의 클릭됐을 때 블록을 드래그하고 형태 팔레트의 숨기기 블록을 연결합니다. 이벤트 팔레트의 메시지1 ▼ 을(를) 받았을 때 블록의 ▼를 클릭하여 [나무키우기]를 선택하여 드래그하고, 형태 팔레트의 보이기 블록을 연결합니다. Hello! 을(를) 2 초동안 말하기 를 2개 연결하여 각각 '이산화탄소를 줄이려면 나무를 심어서 잘 키워주세요.', '2'초와 '물조리개를 클릭하면 나무가 자라납니다.', '2'초를 입력합니다.

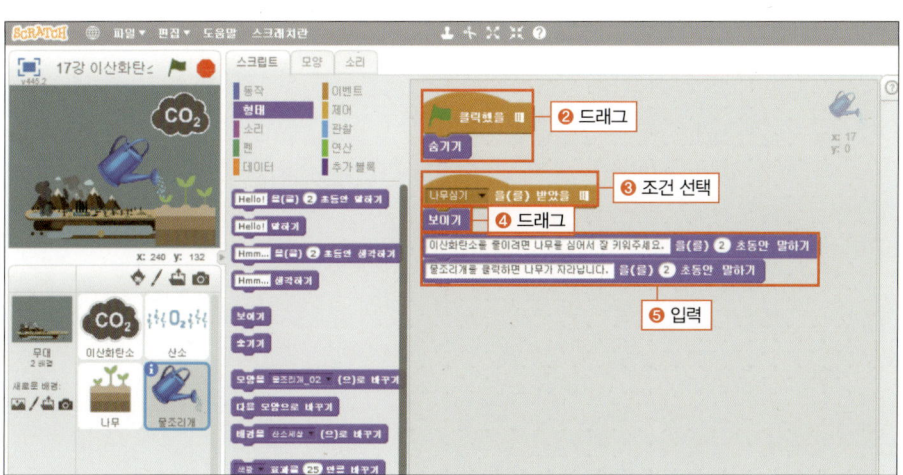

(2) 이벤트 팔레트의 이 스프라이트를 클릭했을 때 블록을 드래그하고, 나무키우기 ▼ 방송하기 블록의 ▼를 클릭하여 [나무키우기]를 선택하여 연결합니다. 제어 팔레트의 10 번 반복하기 블록을 연결하고 1 초 기다리기 블록을 연결하여 '0.5'초를 입력합니다. 형태 팔레트의 다음 모양으로 바꾸기 블록을 연결하고 형태 팔레트의 숨기기 블록을 10 번 반복하기 블록 밖으로 연결합니다. [실행(▶)] 버튼을 클릭하여 결과 화면을 확인합니다.

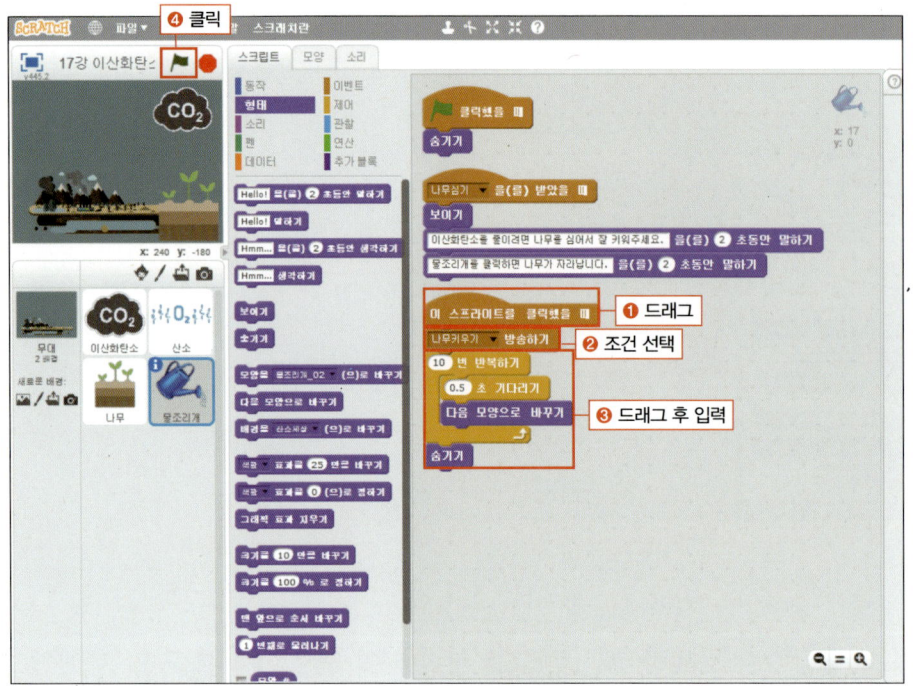

사고력 향상 문제

○ 예제 파일 | 17강-이산화탄소 줄이기_완성.sb2
○ 완성 파일 | 17강-이산화탄소 줄이기_사고력향상_완성.sb2

1 '무대'의 스크립트에서 `산소세상으로 바꾸기 을(를) 받았을 때` 의 배경을 바꿀 때 [픽셀화]를 사용하여 수정 하세요.

2 '이산화탄소' 스프라이트(CO₂)를 선택한 후, `나무심기 을(를) 받았을 때` 에서 CO₂ 가 서서히 사라지 도록 스크립트를 수정하세요.

> HINT
>
> **1** `형태` 팔레트의 `색깔 효과를 25 만큼 바꾸기` 블록을 수정합니다.
> **2** 무대 스크립트에서 `산소세상으로 바꾸기 을(를) 받았을 때` 블록을 참고하세요.

18 지구와 달

지구와 달을 비교해 보면 지구와 달의 비슷한 점과 다른 점을 확인할 수 있습니다. 지구와 달의 특징을 알고 지구와 달을 비교해봅니다.

- **예제 파일 l** 18강-지구와 달_예제.sb2
- **완성 파일 l** 18강-지구와 달_완성.sb2
- **사용 방법 l** 펼쳐진 카드를 클릭하여 같은 모양의 카드를 찾습니다.

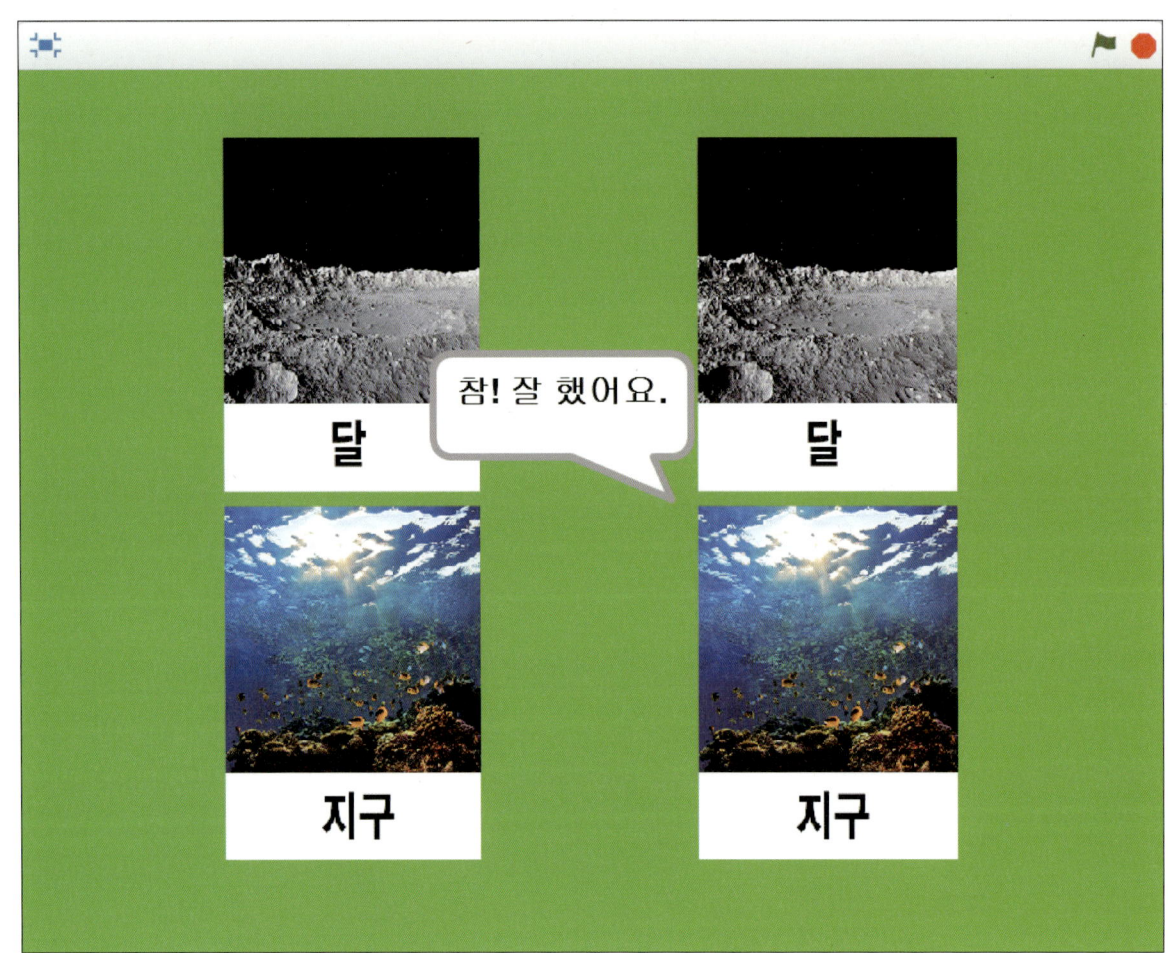

 **교과 내용 파악하기**

1 l 교과 연계 : 4학년 과학 [지구와 달]

2 l 교과 핵심 내용

(1) 지구에는 물과 공기가 있어 생물이 살 수 있는 환경이 갖추어져 있습니다.

(2) 달의 바다에는 물도 없고 생물도 없습니다.

3 l 교과 핵심 확인 문제

다음 중 달의 특징에 대해서 바르게 설명한 것이 아닌 것은 무엇인가요?(   )

① 달의 바다에는 물이 없습니다.

② 지구에서 달을 볼 때에 어둡게 보이는 부분은 암석의 색깔이 어둡기 때문입니다.

③ 달의 어둡게 보이는 부분을 달의 바다라고 합니다.

④ 달의 표면에는 산처럼 높이 솟은 곳도 있고, 바다처럼 깊고 넓은 곳도 있습니다.

⑤ 달에는 다양한 종류의 생물이 살고 있습니다.

 **생각하기**

1 l 알고리즘

(1) [실행(🚩)] 버튼을 클릭하면 4개의 카드를 펼칩니다.

(2) '지구와달카드' 스프라이트(🌐) 모양의 카드를 클릭하면 카드 모양이 바뀝니다.

(3) 2개의 카드가 같은 모양일 경우에는 펼쳐져 있고, 다른 모양이면 카드 뒷면 모양으로 바뀝니다.

(4) 같은 모양의 카드를 모두 찾으면 '참! 잘 했어요'라는 말을 합니다.

2 | 순서도

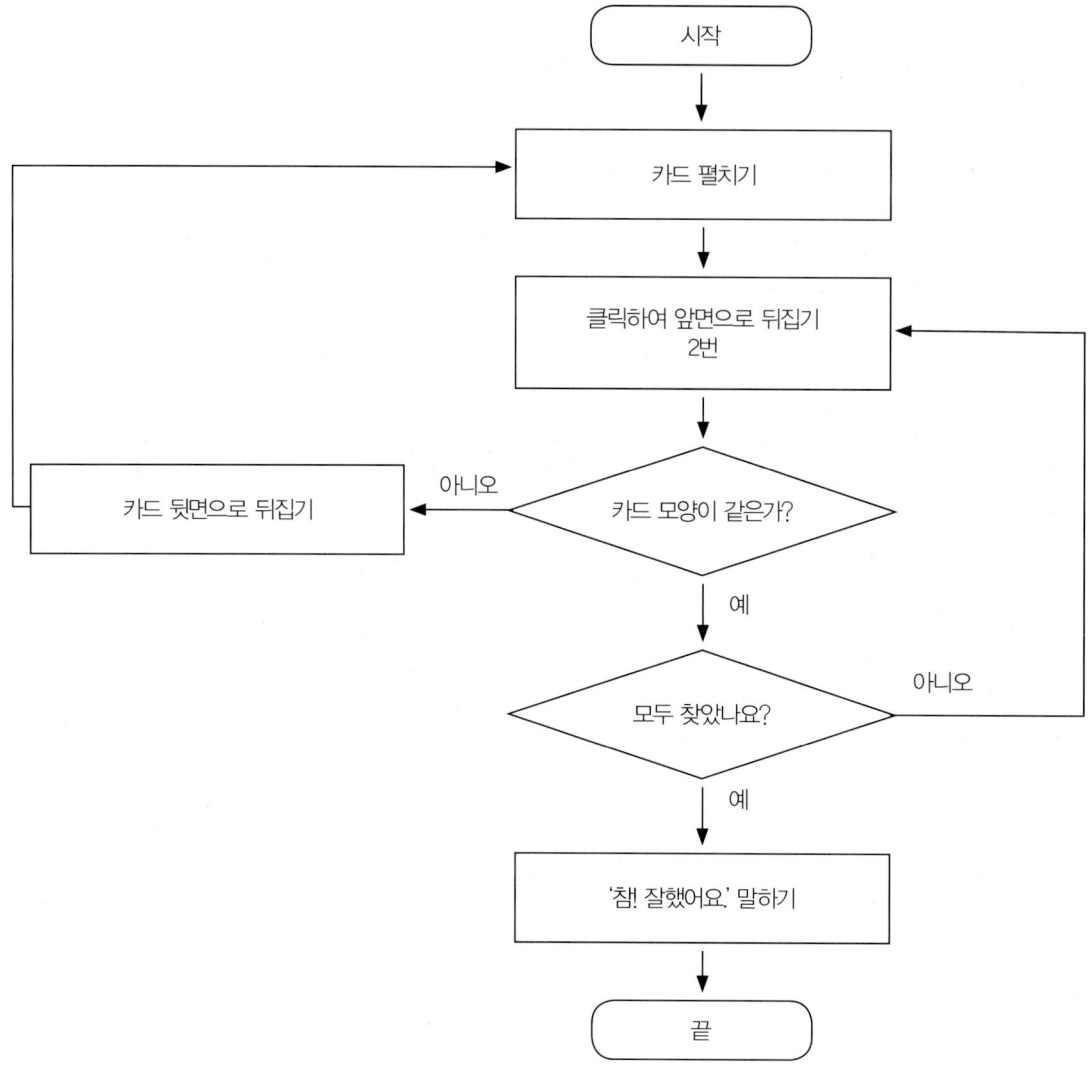

프로젝트 시작하기

1 | 카드 펼치기

(1) '18강–지구와달_예제.sb2' 파일을 엽니다. '지구와달카드' 스프라이트(　)를 선택한 후 `이벤트` 팔레트의 `클릭했을 때` 블록을 드래그하고, 카드 뒷면으로 모양을 바꾸기 위해 `형태` 팔레트의 `모양을 카드뒷면 (으)로 바꾸기` 블록을 드래그합니다. `크기를 40 % 로 정하기` 블록을 연결하여 '40%'를 입력하고, `동작` 팔레트의 `x: -100 y: 80 로 이동하기` 블록을 연결하여 처음 위치를 지정합니다.

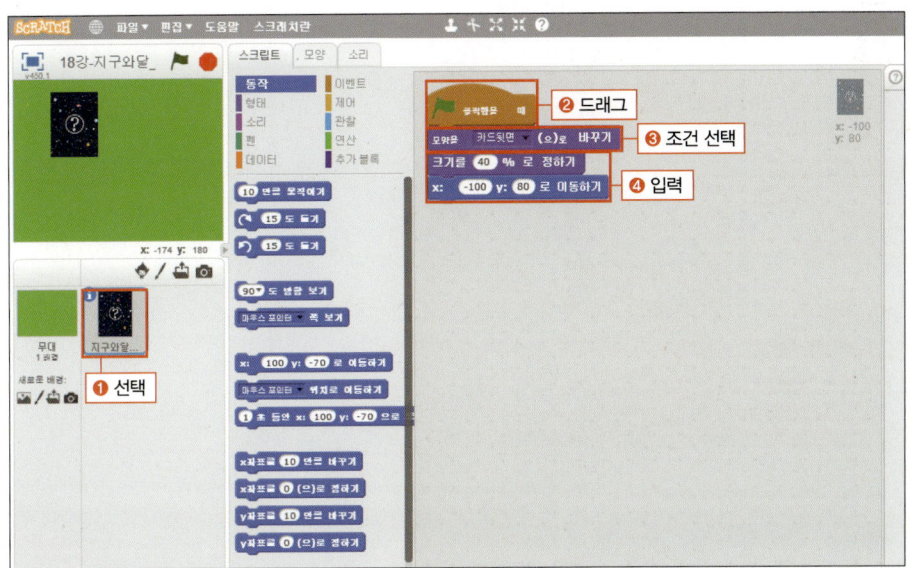

(2) `데이터` 팔레트에 다음과 같이 변수와 리스트를 만듭니다.

블록	기능	종류
card_index	선택된 카드 순번	변수 〈모든 스프라이트에서 사용〉
index	카드 순서	변수 〈이 스프라이트에서만 사용〉
open	오픈된 카드 쌍 수	변수 〈모든 스프라이트에서 사용〉
open1	첫 번째 오픈한 카드	변수 〈모든 스프라이트에서 사용〉
open2	두 번째 오픈한 카드	변수 〈모든 스프라이트에서 사용〉
open_count	오픈한 카드 횟수	변수 〈모든 스프라이트에서 사용〉
card number	펼쳐진 카드 정보	리스트 〈모든 스프라이트에서 사용〉

(3) '0.5'초 기다린 후 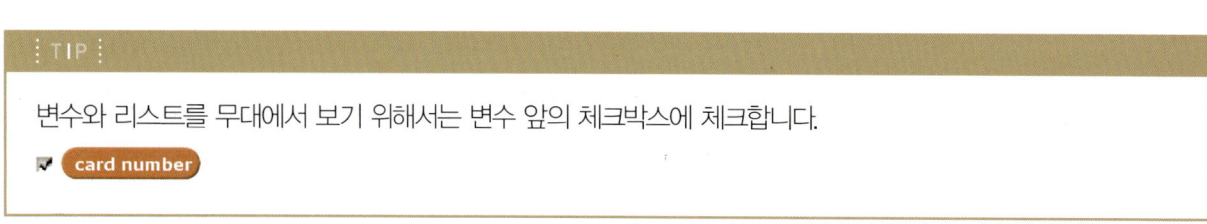의 모든 항목을 삭제하고 index 를 '1'로 초기화합니다. 데이터 팔레트의 card number 리스트에 index 을(를) 랜덤 번째 card number 에 넣기 블록을 index 값을 '1'씩 바꾸며 2번씩 2번, 총 4번을 반복하여 값을 지정합니다. 그 후 index 값을 다시 '1'로 초기화하고 제어 팔레트의 나 자신 복제하기 블록을 3번 반복하면서 4개의 카드를 펼치는 위치를 지정합니다. open_count , open , card_index 를 '0'으로 초기화합니다.

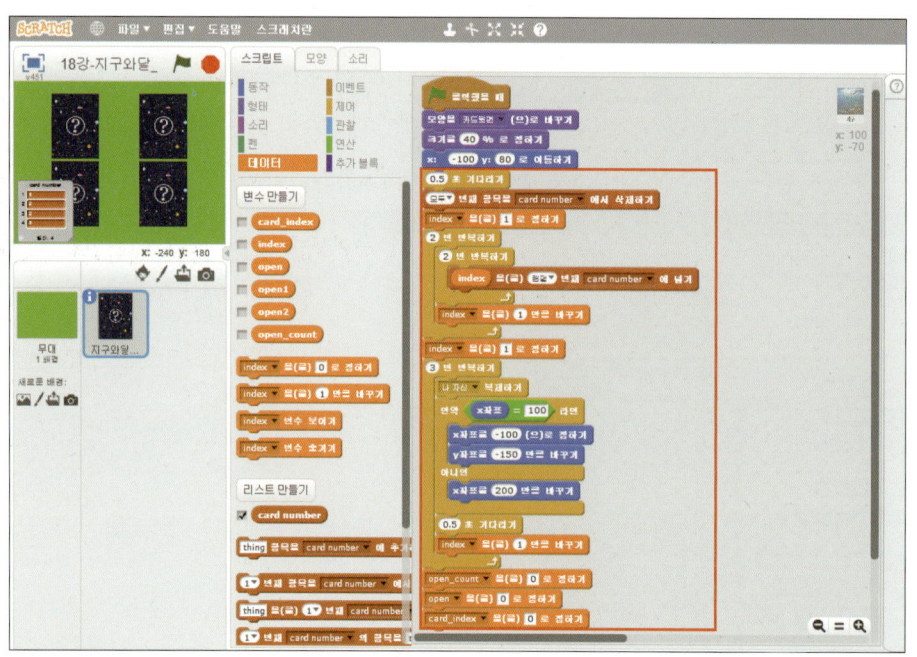

TIP

변수와 리스트를 무대에서 보기 위해서는 변수 앞의 체크박스에 체크합니다.

☑ card number

2 | 같은 모양 카드 찾기

(1) 이벤트 팔레트의 이 스프라이트를 클릭했을 때 블록을 드래그하고, 조건이 open_count = 2 가(이) 아니다 이면 open_count 를 '1'만큼 바꾸고 형태 블록의 모양을 index 번째 card number 항목 (으)로 바꾸기 블록을 연결하여 카드 모양을 바꿉니다. 만약 open_count = 1 이면 open1 을(를) index 로 정하기 블록을 연결하고 그렇지 않으면 open2 을(를) index 로 정하기 블록을 연결합니다.

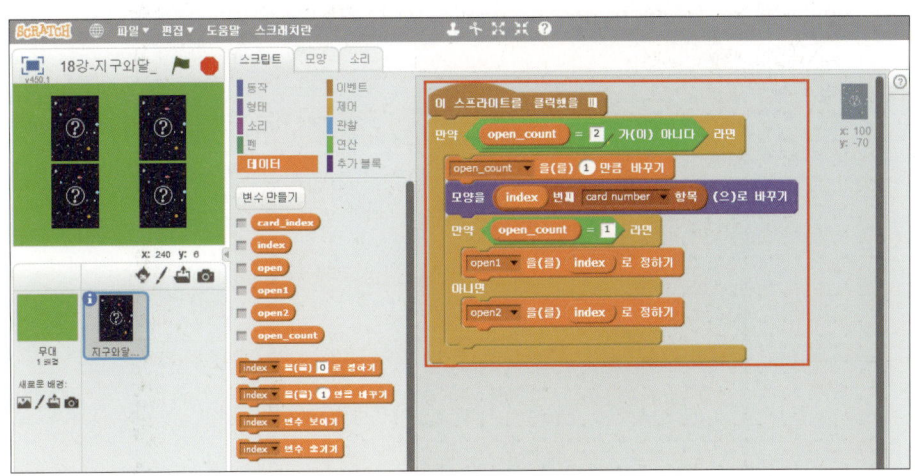

(2) open_count = 2 일 때 open1 번째 card number 항목 과 open2 번째 card number 항목 의 값이 같다면, 즉 첫 번째 오픈한 카드와 두 번째 오픈한 카드가 같은 모양이라면 같은 모양 쌍의 변수인 open 값을 '1'만큼 바꾸고 card_index 을(를) 모양 # 로 정하기 블록을 연결하여 '모양 #' 값을 선택된 카드 값 변수인 card_index 에 지정합니다. 첫 번째 오픈한 카드와 두 번째 오픈한 카드가 같은 모양이 아니라면 '1'초 기다린 후 이벤트 팔레트에서 카드뒷면으로뒤집기 방송하기 블록을 만들어 연결하고 open_count 를 '0'으로 입력합니다.

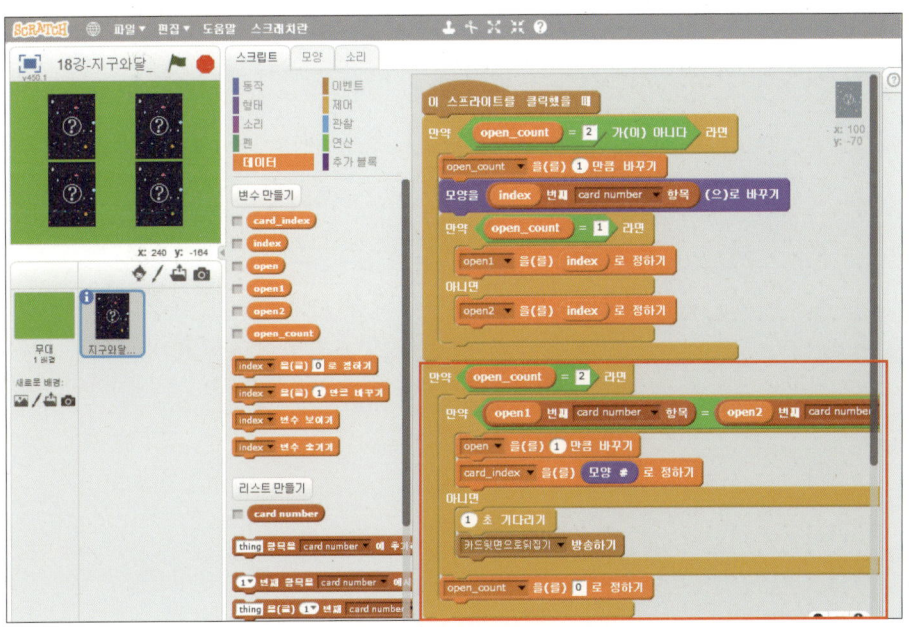

(3) 만약 [open = 2] 라면 [형태] 팔레트의 [참! 잘 했어요. 말하기] 블록을 연결합니다. [이벤트] 팔레트의 [카드뒷면으로뒤집기 ▼ 을(를) 받았을 때] 블록을 연결하고 오픈한 2개가 모양이 다를 때 카드 뒷면으로 뒤집기 위해서, 즉 [open1 = index 또는 open2 = index] 와 같은 조건이면 [모양을 카드뒷면 ▼ (으)로 바꾸기] 블록을 연결합니다. [실행(▶)] 버튼을 클릭하여 결과 화면을 확인합니다.

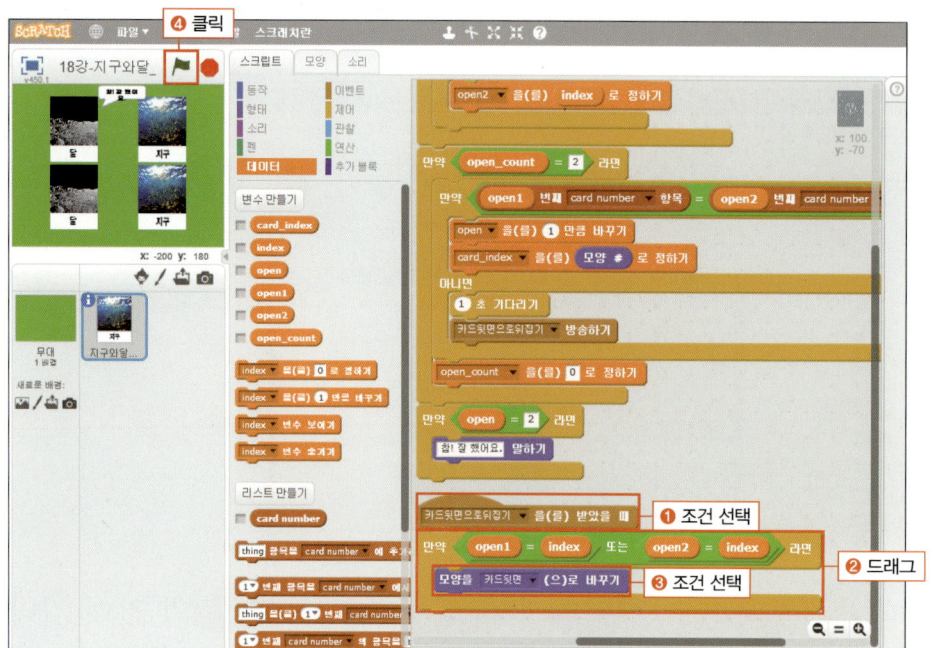

사고력 향상 문제

● 예제 파일 I 18강-지구와 달_완성.sb2
● 완성 파일 I 18강-지구와 달_사고력향상_완성.sb2

1 '지구와달' 카드를 6장으로 늘려서 같은 모양 카드 찾기를 합니다.

2 같은 모양을 찾았을 때 그 카드에 맞는 해설을 '해설자' 스프라이트( )가 하도록 코딩합니다.

| HINT |

카드에 해당되는 내용

 : 지구에서 볼 때 달은 30일 주기로 모양이 달라집니다.

 : 달의 표면에는 움푹 파인 운석 구덩이가 많이 있습니다.

 : '달의 어둡게 보이는 부분을 달의 바다라고 합니다.

 : 지구에는 육지와 바다에 다양한 종류의 생물이 살고 있습니다.

 : 지구에는 물과 공기가 있어 생물이 살 수 있는 환경이 갖추어져 있습니다.

 : 지구는 육지와 바다로 이루어져 있습니다.

19 낮과 밤의 바람(1)

태양이 뜨고 낮의 바람을 화살표의 이동과 소리로 설명하고, 배경이
바뀌고 밤이 되면 밤의 바람을 화살표의 이동과 소리로 설명합니다.
19강에서는 낮의 바람 이동 스크립트를 작성합니다.

○ **예제 파일 l** 19강–낮과 밤의 바람(1)_예제.sb2

○ **완성 파일 l** 19강–낮과 밤의 바람(1)_완성.sb2

○ **사용 방법 l** 태양이 뜨면 낮의 바람을 1개의 화살표로 바람의 이동을 나타내고, 소리를 추가하여 설명합니다.

1 | 알고리즘

(1) [실행(🏳)] 버튼을 클릭하면 태양이 바다에서 하늘로 떠오르고, 낮에 부는 바람에 대한 설명이 재생되면서, 낮의 바람 이동을 2번 반복하여 나타냅니다.

(2) 낮의 바람 이동이 끝나면, 배경이 밤으로 바뀌고, 밤의 바람 이동을 2번 반복한 후 종료합니다.(20강 설명)

2 | 순서도

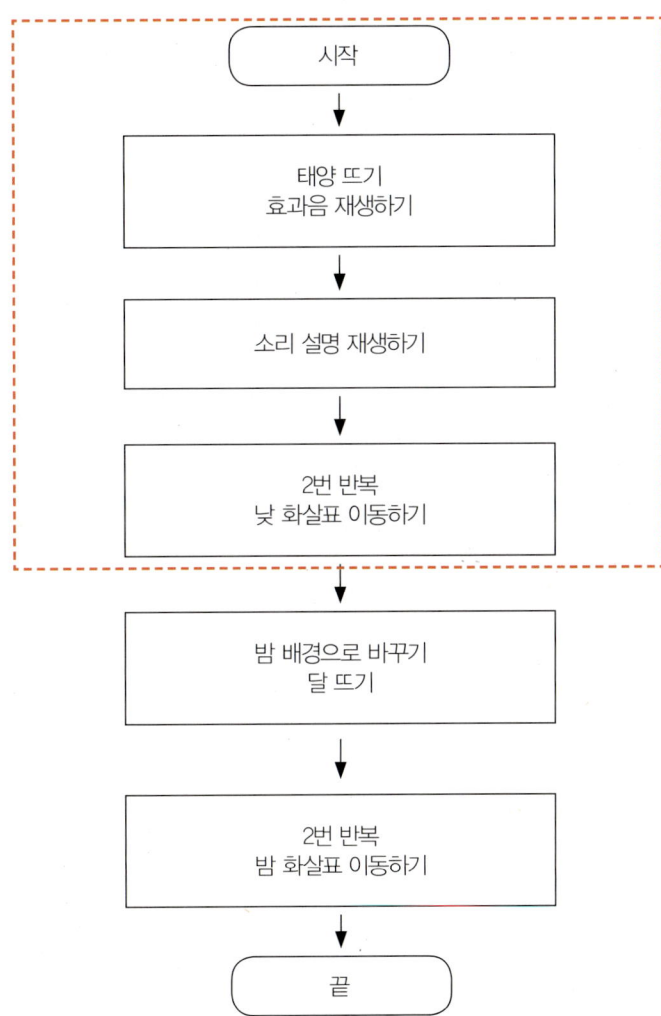

1  블록 만들기

바람불기	태양이 뜨고 나면 '낮_화살표'가 이동하도록 알리는 방송
밤	'낮_화살표'의 이동이 2번 완료되면 밤을 호출하는 방송
밤_화살표_왼쪽	'밤_화살표_위'의 이동이 완료되면 다음 화살표를 호출하는 방송
밤_화살표_아래쪽	'밤_화살표_왼쪽'의 이동이 완료되면 다음 화살표를 호출하는 방송
밤_화살표_오른쪽	'밤_화살표_아래쪽'의 이동이 완료되면 다음 화살표를 호출하는 방송
종료	모든 동작과 소리가 멈추도록 종료를 알리는 방송

2 변수 만들기(변수 만들기)

바람불기횟수	바람불기를 2번 반복하기 위해 바람 분 횟수를 저장하는 변수

Point 03 프로젝트 시작하기

1 기본 설정하기

(1) '19강─낮과 밤의 바람(1)_예제.sb2' 파일을 엽니다. '무대'를 선택한 후, 이벤트 팔레트의 클릭했을 때 블록을 드래그하고, 형태 팔레트의 배경을 낮 (으)로 바꾸기 블록을 연결합니다. 낮의 바람 이동을 2번 반복하기 위해 데이터 팔레트의 바람불기횟수 을(를) 0 로 정하기 블록을 이용하여 초기화시킵니다.

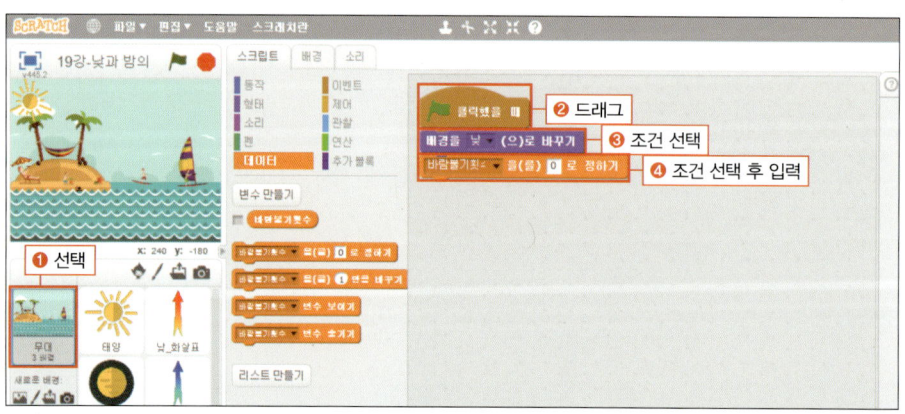

(2) '낮_화살표' 스프라이트(▮)를 선택한 후, 이벤트 팔레트의 클릭했을 때 블록을 드래그하고, 펜 팔레트의 지우기 블록과 형태 팔레트의 숨기기 블록을 연결합니다.

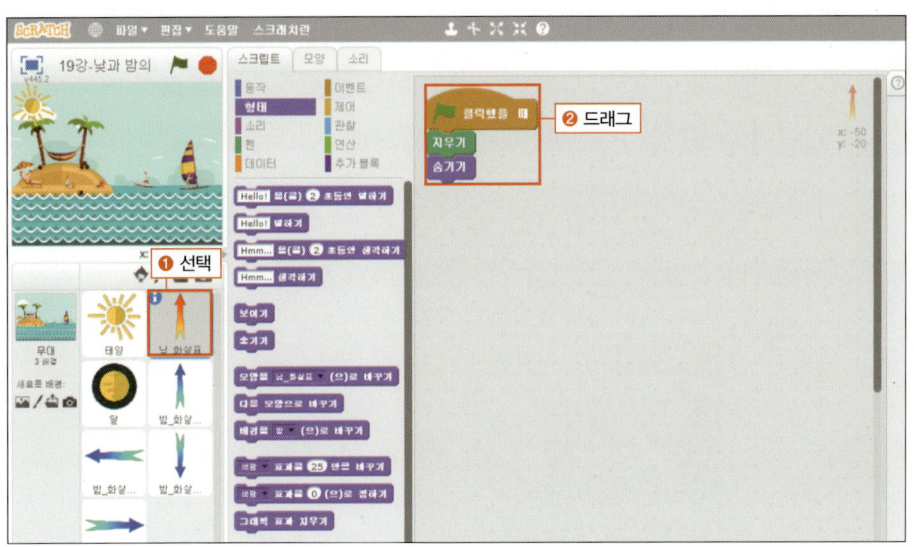

2 | 태양 뜨기

(1) '태양' 스프라이트(☀)를 선택한 후, 이벤트 팔레트의 클릭했을 때 블록을 드래그하고, 형태 팔레트의 숨기기 블록과 동작 팔레트의 x: 0 y: 0 로 이동하기 블록을 연결하고 'x: 70', 'y: −50' 을 입력합니다. 효과음을 주기 위한 소리 팔레트의 fairydust 재생하기 블록을 연결한 후, 형태 팔레트의 보이기 블록과 색깔 효과를 ◯ (으)로 정하기 블록의 ▼를 클릭하여 [반투명]을 선택하고, '100'을 입력하여 배경 중앙에서 태양을 보이지 않게 합니다.

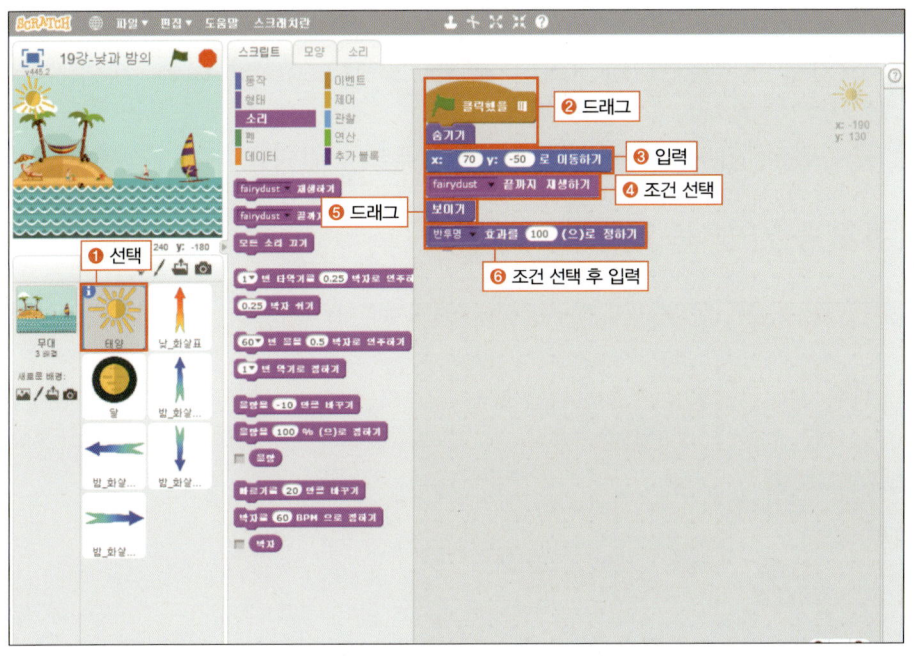

(2) 제어 팔레트의 [10 번 반복하기] 블록을 드래그하고 '20'으로 입력한 후, 형태 팔레트의 [색깔 ▼ 효과를 ● (으)로 정하기] 블록의 ▼를 클릭하여 [반투명]을 선택한 후 '−5'만큼을 입력하고 제어 팔레트의 [1 초 기다리기] 블록을 연결한 후 '0.1'초로 입력합니다. 동작 팔레트의 [x좌표를 10 만큼 바꾸기] 블록을 연결한 후 '−13'만큼으로 입력하고, [y좌표를 10 만큼 바꾸기] 블록을 '9'만큼을 입력한 후 안으로 연결하고 반복이 끝나면 이벤트 팔레트의 [바람불기 ▼ 방송하기] 블록을 연결합니다.

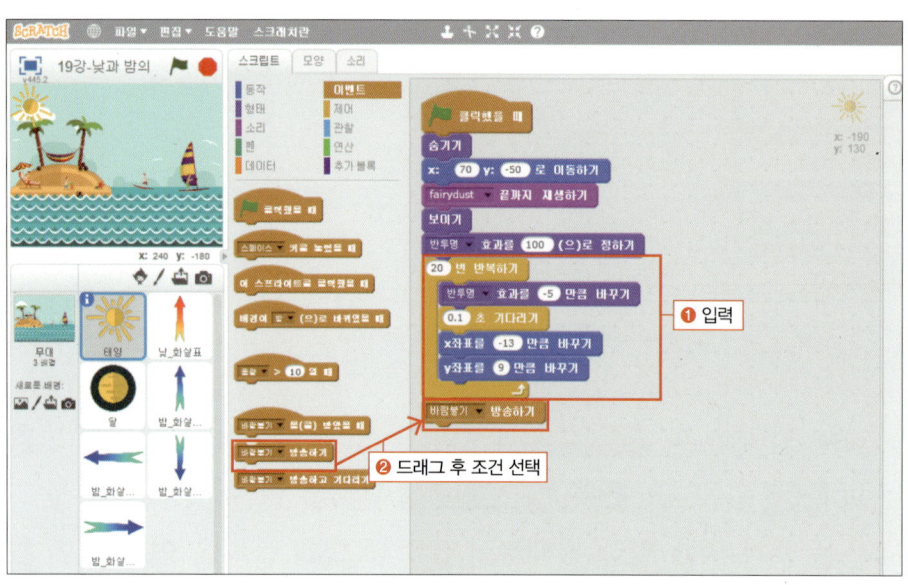

3 | 바람불기(낮)

(1) '무대'를 선택한 후, 이벤트 팔레트의 [바람불기 을(를) 받았을 때] 블록을 드래그하고, 제어 팔레트의 [만약 ⬡ 라면] 블록을 연결한 후, 연산 팔레트의 ◁ ▢ = ▢ ▷ 블록의 첫 번째 칸에는 형태 팔레트의 [배경 이름] 블록을 결합하고, 두 번째 칸에는 '낮'을 입력합니다. 소리 팔레트의 [바람의 이동 설명 ▼ 끝까지 재생하기] 블록을 안으로 연결합니다.

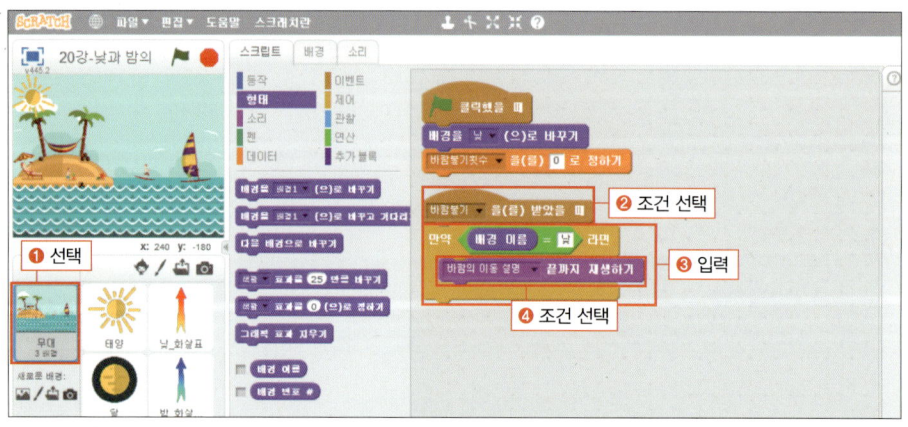

(2) '낮_화살표' 스프라이트(↑)를 선택한 후, 이벤트 팔레트의 배경바꾸기 을(를) 받았을 때 블록을 드래그하고,

제어 팔레트의 1 초 기다리기 블록을 연결하고 '2초로 입력합니다. 만약 라면 블록을 연결하고,

연산 팔레트의 □=□ 블록의 첫 번째 칸에는 형태 팔레트의 배경 이름 블록을 결합하고
두 번째 칸에는 '낮'을 입력합니다.

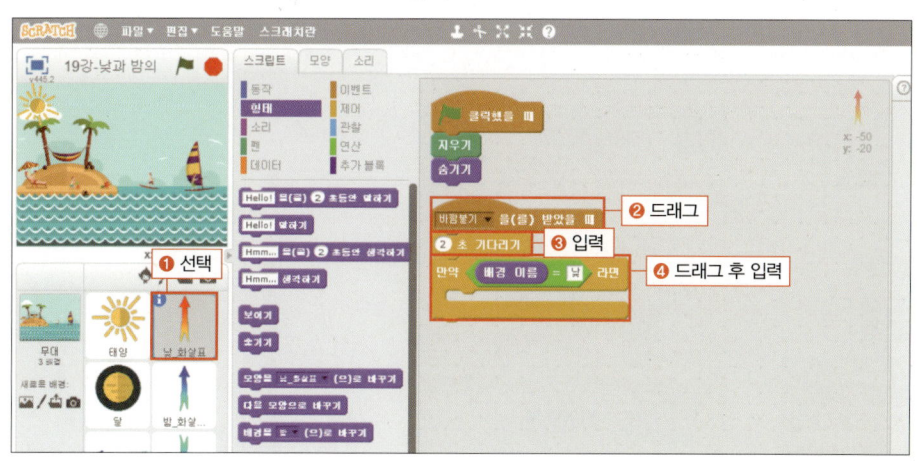

(3) 낮 바람의 이동은 전체 2번 반복하므로 제어 팔레트의 10 번 반복하기 블록을 드래그하고

'2'번으로 입력한 후, 동작 팔레트의 x: 0 y: 0 로 이동하기 블록을 연결한 후 'x: -127', 'y: 0'
으로 입력하고, 90 도 방향 보기 블록, 형태 팔레트의 보이기 블록, 제어 팔레트의 1 초 기다리기
블록, 펜 팔레트의 도장찍기 블록을 연결하여 위 방향 첫 번째 화살표를 나타냅니다.
y좌표를 10 만큼 바꾸기 블록을 연결하고 '100'만큼으로 입력한 후 도장찍기 블록을 연결하여 위 방
향 두 번째 화살표를 나타냅니다.

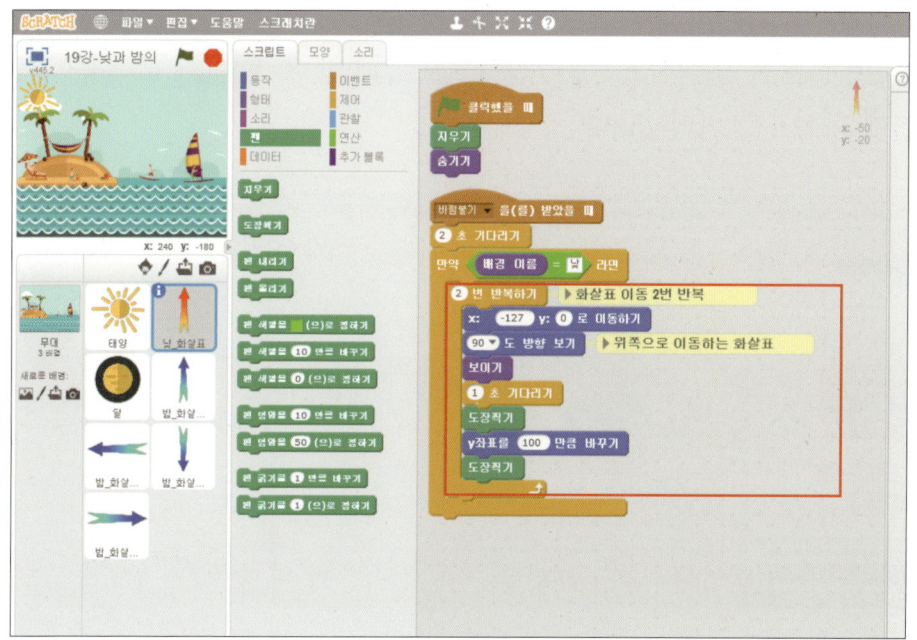

(4) 오른쪽으로 이동하는 화살표는 모두 4개이므로, [10 번 반복하기] 블록을 드래그하고 '4'로 입력합니다. [1 초 기다리기] 블록을 연결하고 '0.5'초로 입력하고, [90▼ 도 방향 보기] 블록을 연결하고 '180'로 입력해서 안으로 연결합니다. [x좌표를 10 만큼 바꾸기] 블록을 연결하고 '60'으로 입력해서 x좌표 값만 바꾸고, [y좌표를 0 (으)로 정하기] 블록을 연결하고 '140'으로 입력해서 y좌표 값은 고정한 후 [도장찍기] 블록도 안으로 연결하여 오른쪽 방향 4개의 화살표를 나타냅니다.

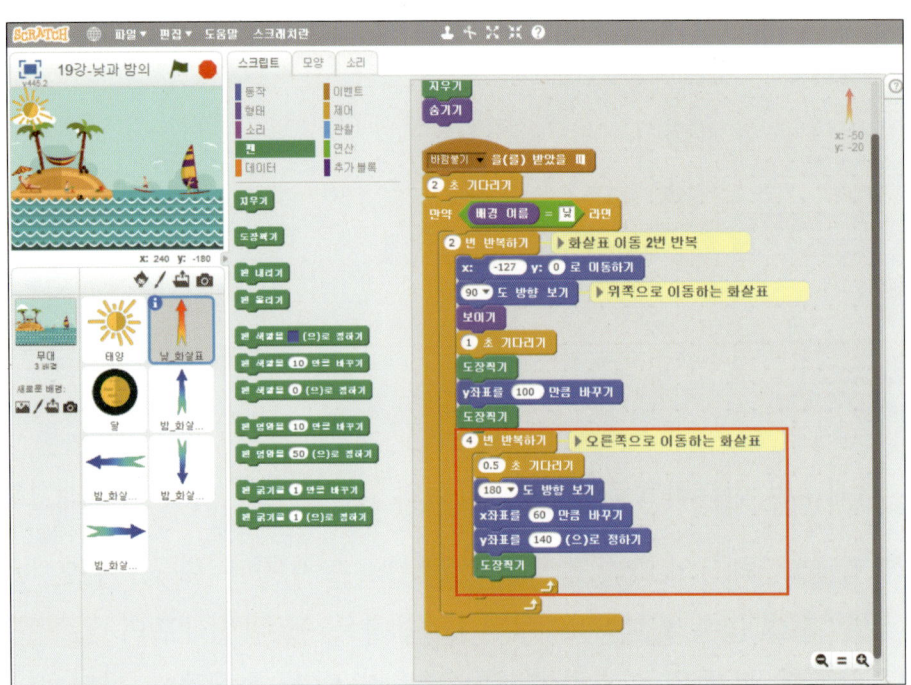

(5) [1 초 기다리기] 블록을 연결하고, [90▼ 도 방향 보기] 블록을 드래그하여 '-90'으로 입력하고, [x: 0 y: 0 로 이동하기] 블록을 연결하고 'x: 190', 'y: 100'으로 입력합니다. [1 초 기다리기] 블록을 '0.5'로 입력하여 연결한 후, [도장찍기] 블록을 연결하여 아래 방향 첫 번째 화살표를 나타냅니다. [y좌표를 10 만큼 바꾸기] 블록을 연결하고 '-100'만큼으로 입력한 후 [도장찍기] 블록을 연결하여 아래 방향 두 번째 화살표를 나타냅니다.

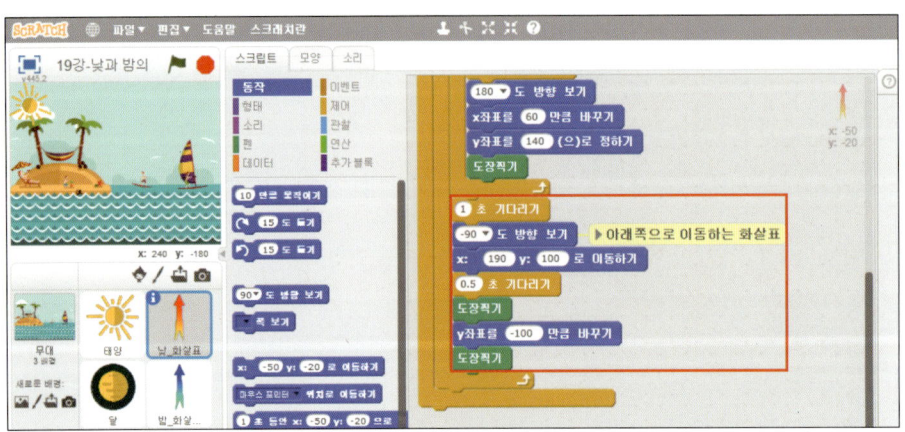

(6) 왼쪽으로 이동하는 화살표는 모두 4개이므로, [10 번 반복하기] 블록을 드래그하고 '4'를 입력하고, [1 초 기다리기] 블록을 연결하고 '0.5초로 입력한 후 [90 도 방향 보기] 블록을 연결하고 '0'을 입력해서 안으로 연결합니다. [x좌표를 10 만큼 바꾸기] 블록을 연결하고 '-60'을 입력해서 x좌표 값만 바꾸고, [y좌표를 0 (으)로 정하기] 블록을 연결하고 '-20'을 입력해서 y좌표 값은 고정한 후 [도장찍기] 블록도 안으로 연결하여 왼쪽 방향 4개의 화살표를 나타냅니다.

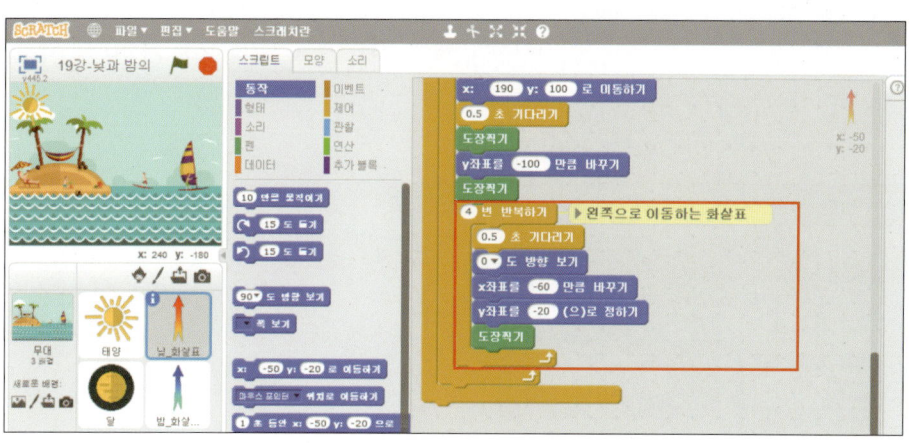

(7) [제어] 팔레트의 [1 초 기다리기] 블록을 연결하여 '3'초로 변경하고, [펜] 팔레트의 [지우기] 블록과 [형태] 팔레트의 [숨기기] 블록을 연결하여 '낮_화살표' 스프라이트(↑)와 [도장찍기]로 생긴 이미지를 각각 지웁니다. 낮화살표 이동의 2번 반복이 끝나면 [1 초 기다리기] 블록을 연결한 후, [이벤트] 팔레트의 [밤 방송하기] 블록을 연결합니다.

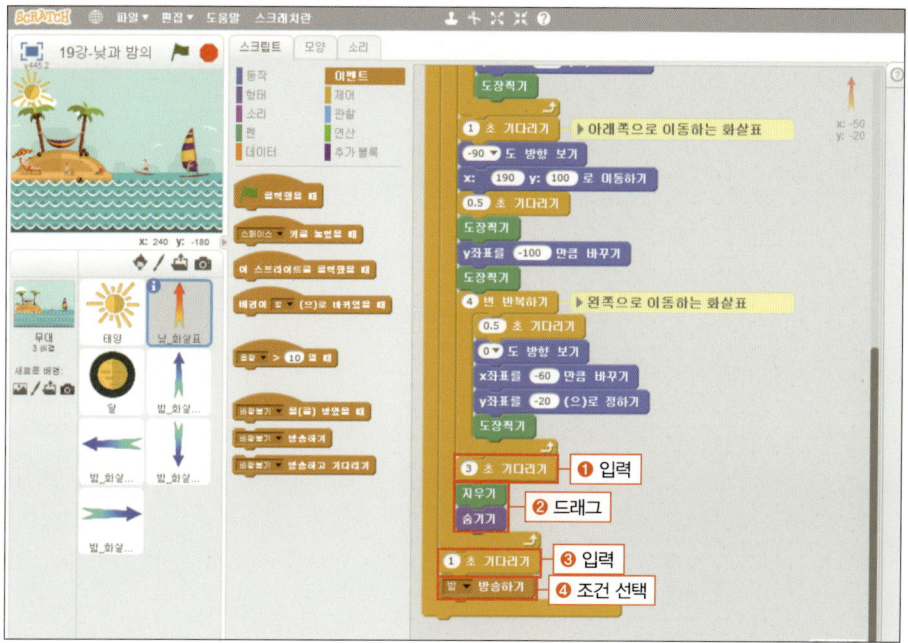

'낮_화살표' 스프라이트(⬆) 모두 감추기

① 지우기 블록 : 도장찍기 블록으로 생긴 이미지를 지웁니다.

② 숨기기 블록 : 스프라이트의 원래 이미지를 숨깁니다.

(8) '태양' 스프라이트(☀)를 선택한 후, 이벤트 팔레트의 배경이 밤 (으)로 바뀌었을 때 블록을 드래그하고, 형태 팔레트의 숨기기 블록을 연결합니다. [실행(🏳)] 버튼을 클릭하여 결과 화면을 확인합니다.

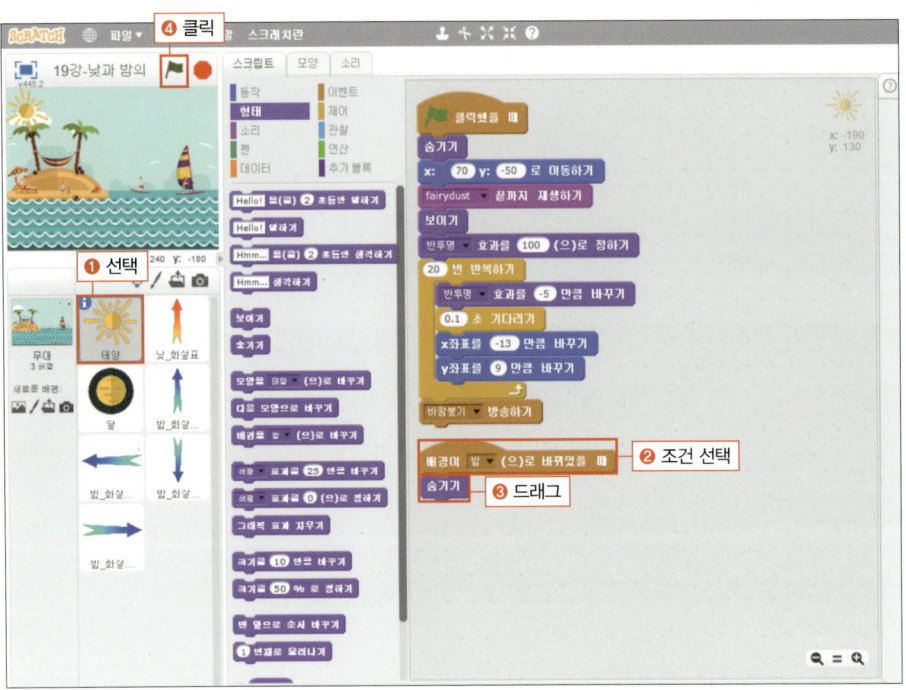

낮과 밤의 바람(2)

태양이 뜨고 낮의 바람을 화살표의 이동과 소리로 설명하고, 배경이 바뀌고 밤이 되면 달이 뜨고 밤의 바람을 화살표의 이동과 소리로 설명합니다. 20강에서는 밤의 바람 이동 스크립트를 작성합니다.

- 예제 파일 | 19강–낮과 밤의 바람(1)_완성.sb2
- 완성 파일 | 20강–낮과 밤의 바람(2)_완성.sb2
- 사용 방법 | 달이 뜨면 밤의 바람을 4개로 분리된 화살표의 이동과 소리로 설명합니다.

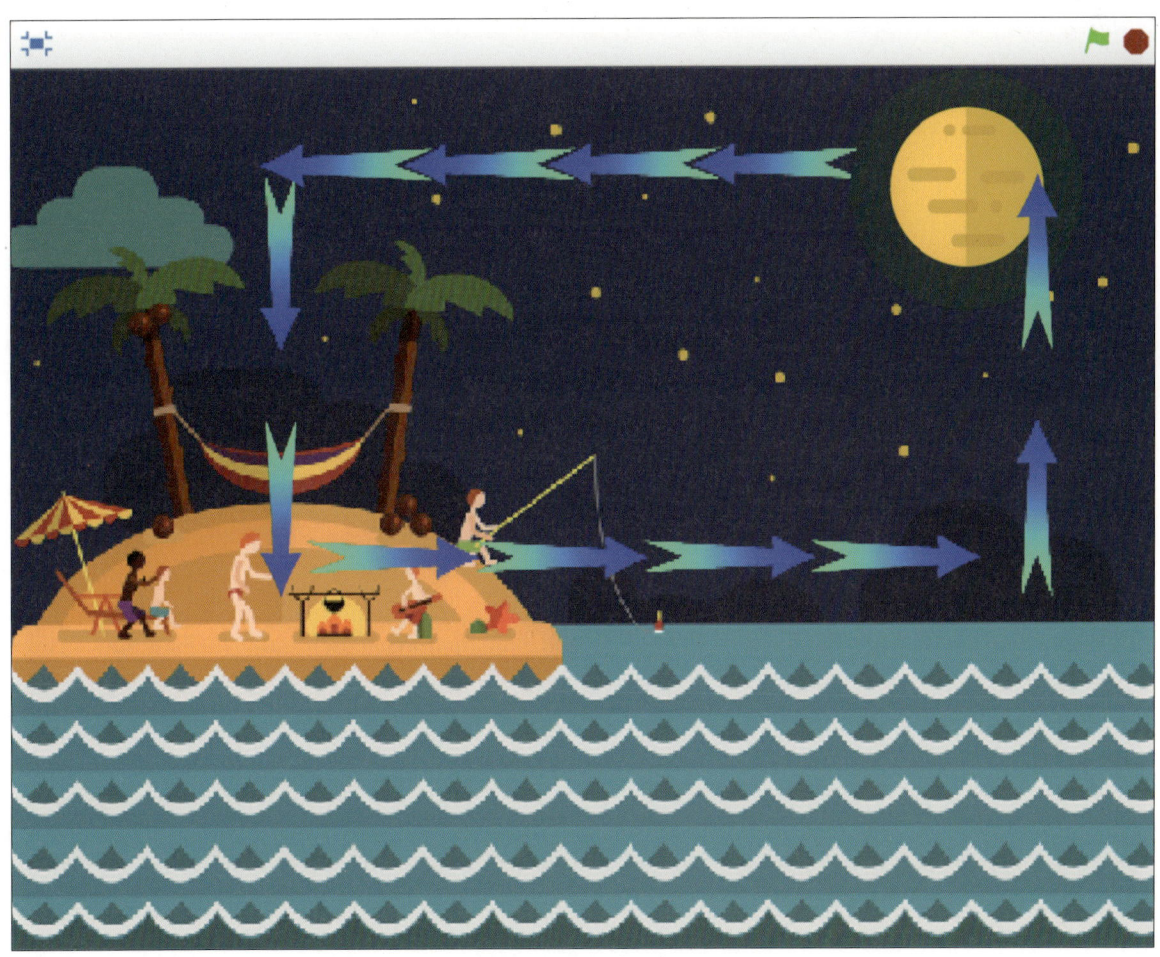

Point 01 교과 내용 파악하기

1 | 알고리즘

(1) [실행(🚩)] 버튼을 클릭하면 태양이 바다에서 하늘로 떠오르고, 낮에 부는 바람에 대한 설명이 재생되면서, 낮의 바람 이동을 2번 반복하여 나타냅니다.

(2) 낮의 바람 이동이 끝나면, 배경이 밤으로 바뀌고, 밤의 바람 이동을 2번 반복한 후 종료합니다.

2 | 순서도

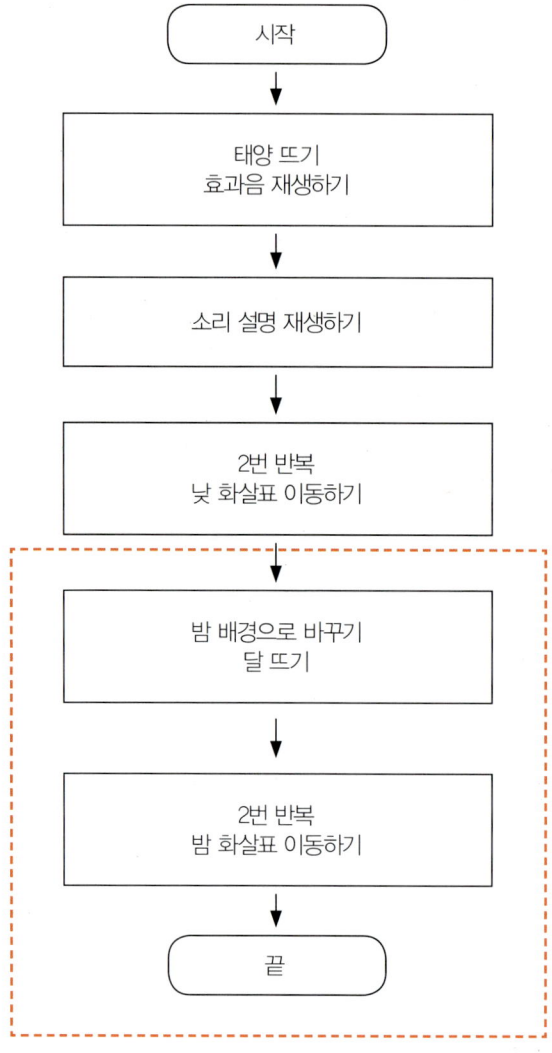

Point 02 프로젝트 시작하기

1 | 기본 설정하기

(1) '19강–낮과 밤의 바람(1)_완성.sb2' 파일을 엽니다. '무대'를 선택한 후, `이벤트` 팔레트의 `밤▼ 을(를) 받았을 때` 블록을 드래그하고, `형태` 팔레트의 `배경을 밤▼ (으)로 바꾸기` 블록을 연결합니다.

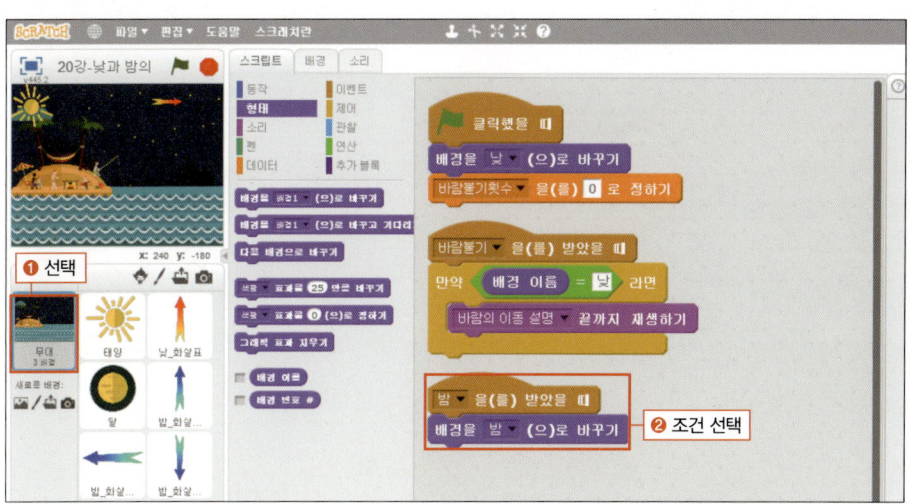

(2) '달' 스프라이트(◯)를 선택하고, `이벤트` 팔레트의 `클릭됐을 때` 블록을 드래그하고, `형태` 팔레트의 `숨기기` 블록을 연결하고, `이벤트` 팔레트의 `배경이 낮▼ (으)로 바뀌었을 때` 블록을 드래그한 후, `형태` 팔레트의 `숨기기` 블록을 연결합니다.

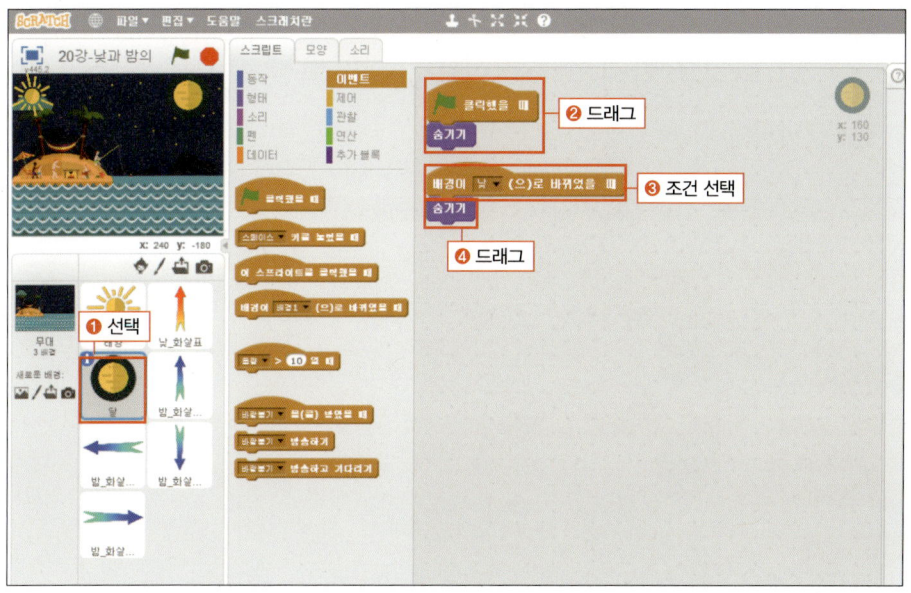

(3) 이벤트 팔레트의 배경이 밤 (으)로 바뀌었을 때 블록을 드래그하고, 동작 팔레트의 x: 0 y: 0 로 이동하기 블록을 연결하고 'x: 160', 'y: 130'으로 입력합니다. 데이터 팔레트의 바람불기횟수 을(를) 0 로 정하기 블록을 연결한 후, 형태 팔레트의 보이기 블록을 연결합니다. 제어 팔레트의 1 초 기다리기 블록을 연결하고 '4'초를 입력하고 이벤트 팔레트의 바람불기 방송하기 블록을 선택하고 연결합니다.

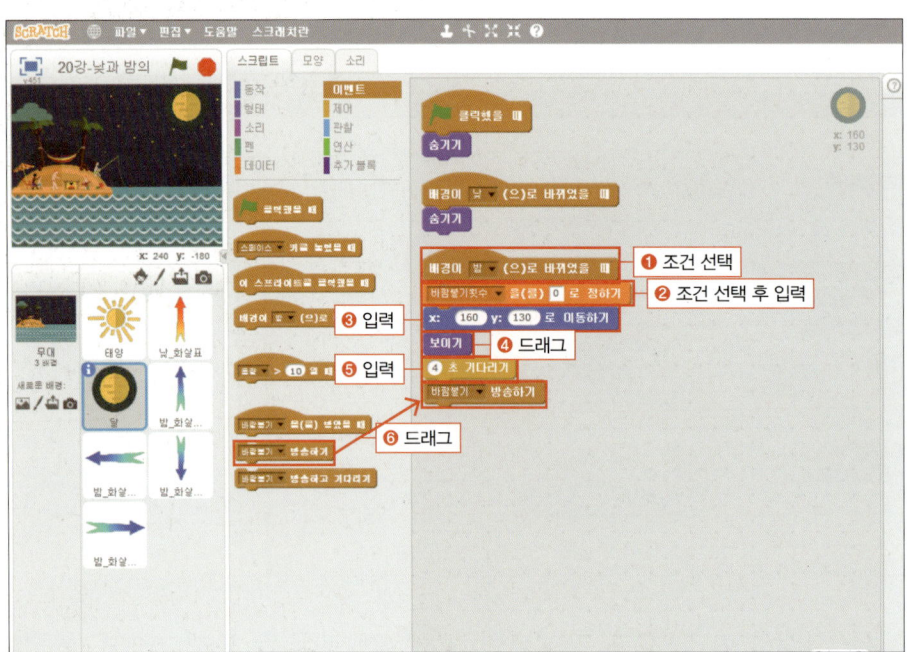

(4) '밤_화살표_위' 스프라이트(↑)를 선택한 후, 이벤트 팔레트의 클릭했을 때 블록을 드래그합니다. 펜 팔레트의 지우기 블록과 형태 팔레트의 숨기기 블록을 연결하고, 이벤트 팔레트의 바람불기 을(를) 받았을 때 블록을 드래그한 후, 지우기 블록과 숨기기 블록을 연결합니다. '밤_화살표_왼쪽' 스프라이트(←), '밤_화살표_아래' 스프라이트(↓), '밤_화살표_오른쪽' 스프라이트(→)도 동일하게 코딩합니다.

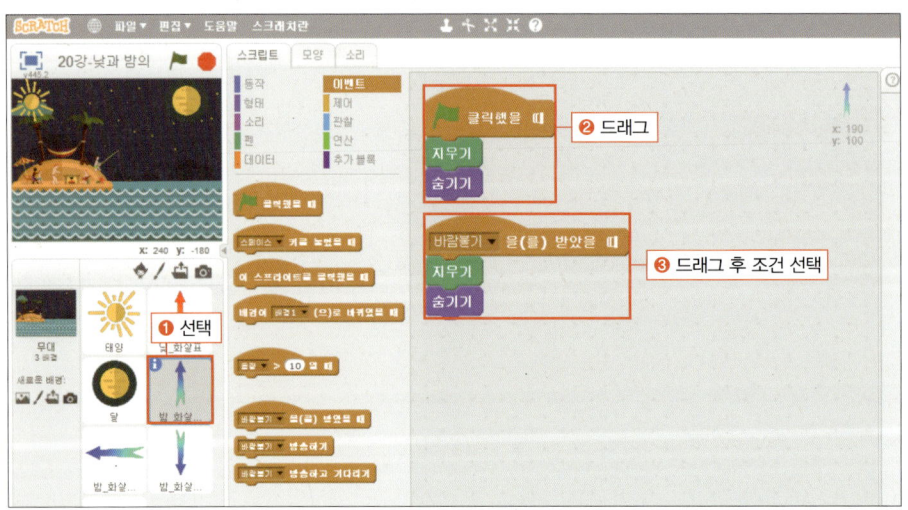

2 | 바람 불기(밤) : 위쪽 화살표 설정하기

(1) '밤_화살표_위' 스프라이트(⬆)를 선택한 후, 이벤트 팔레트의 바람불기 을(를) 받았을 때 블록을 드래
그합니다. 형태 팔레트의 배경 이름 블록을 연산 팔레트의 ⬜=⬜ 블록의 첫 번째 칸에
결합하고 두 번째 칸에는 '밤'을 입력해서, 제어 팔레트의 만약 라면 블록의 조건으로 만들어
연결합니다.

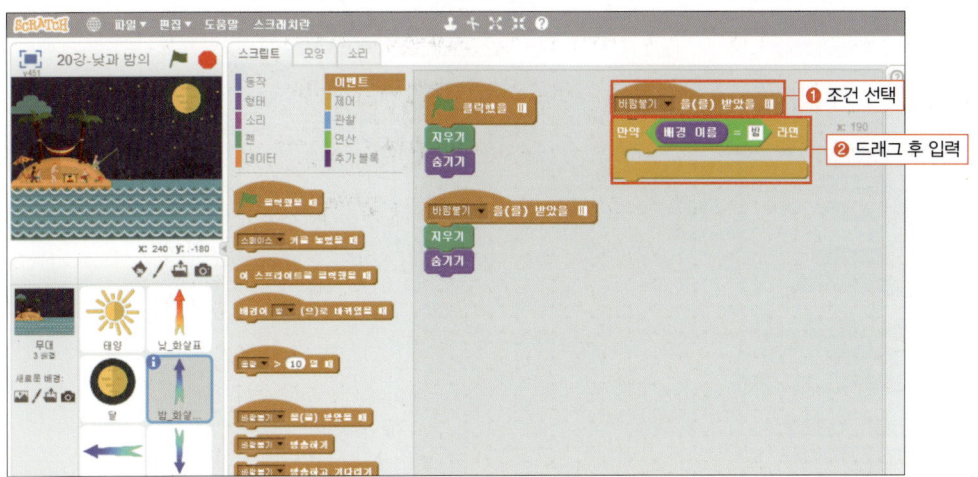

(2) 동작 팔레트의 x: 0 y: 0 로 이동하기 블록을 연결하고 'x: 190', 'y: 0'으로 입력한 후, 형태
팔레트의 보이기 블록과 제어 팔레트의 1 초 기다리기 블록을 연결하고 '0.5'초로 입력합
니다. 펜 팔레트의 도장찍기 블록을 연결하여 위 방향 첫 번째 화살표를 나타냅니다.
y좌표를 10 만큼 바꾸기 블록을 입력하고 '100'만큼으로 입력하여 위 방향 두 번째 화살표를 나타
내고, 1 초 기다리기 블록을 입력하고 '0.5'초로 입력한 후, 이벤트 팔레트의 밤_화살표_왼쪽 방송하기
블록을 연결합니다.

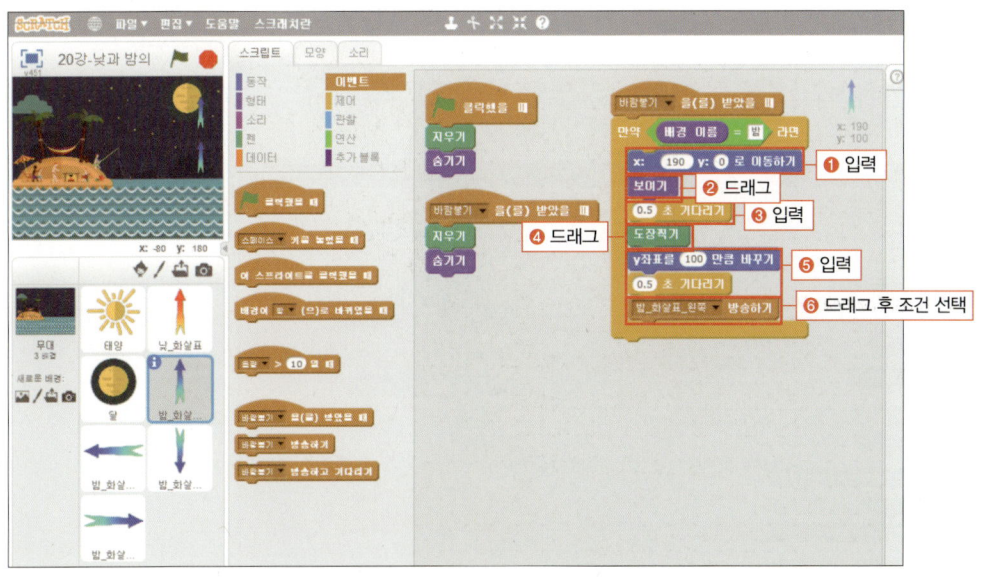

3 | 바람 불기(밤) : 왼쪽 화살표 설정하기

(1) '밤_화살표_왼쪽' 스프라이트(←)를 선택한 후, 이벤트 팔레트의 밤_화살표_왼쪽 ▼ 을(를) 받았을 때 블록을 드래그하고, 만약 배경 이름 = 밤 라면 블록을 연결한 후, 동작 팔레트의 x: 0 y: 0 로 이동하기 블록을 연결하고 'x: 140', 'y: 140'으로 입력합니다.

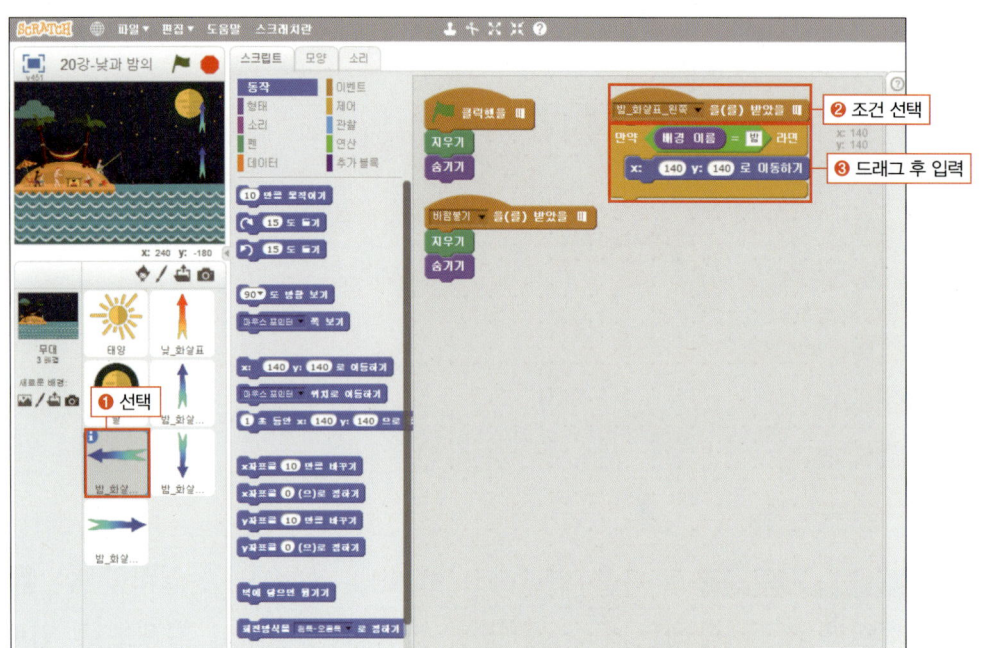

(2) 왼쪽으로 이동하는 화살표는 모두 4개이므로, 10 번 반복하기 블록을 드래그하고 '4'로 입력하고, 1 초 기다리기 블록을 연결하고 '0.5'초로 입력하고, x좌표를 10 만큼 바꾸기 블록을 연결하고 '−60'으로 입력하여 x좌표 값만 바꾸고, 도장찍기 블록과 보이기 블록을 안으로 연결하여 왼쪽 방향 4개의 화살표를 나타냅니다. 1 초 기다리기 블록을 '0.5'초로 입력한 후 4 번 반복하기 블록 아래에 연결하고, 이벤트 팔레트의 밤_화살표_아래쪽 ▼ 방송하기 블록을 연결합니다.

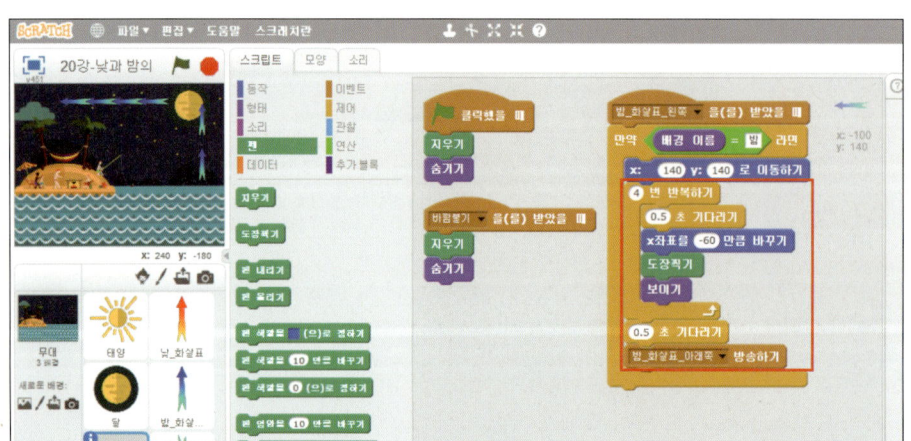

4 | 바람 불기(밤) : 아래쪽 화살표 설정하기

(1) '밤_화살표_아래' 스프라이트(　)를 선택한 후, 이벤트 팔레트의 밤_화살표_아래쪽 ▼ 을(를) 받았을 때 블록을 드래그하고, 만약 배경 이름 = 밤 라면 블록을 연결한 후, 동작 팔레트의 x: 0 y: 0 로 이동하기 블록을 연결하고 'x: –127', 'y: 100'으로 입력합니다. 보이기 블록과 1 초 기다리기 블록을 연결하고 '0.5' 초로 입력합니다. 도장찍기 블록을 연결하여 아래 방향 첫 번째 화살표를 나타냅니다.

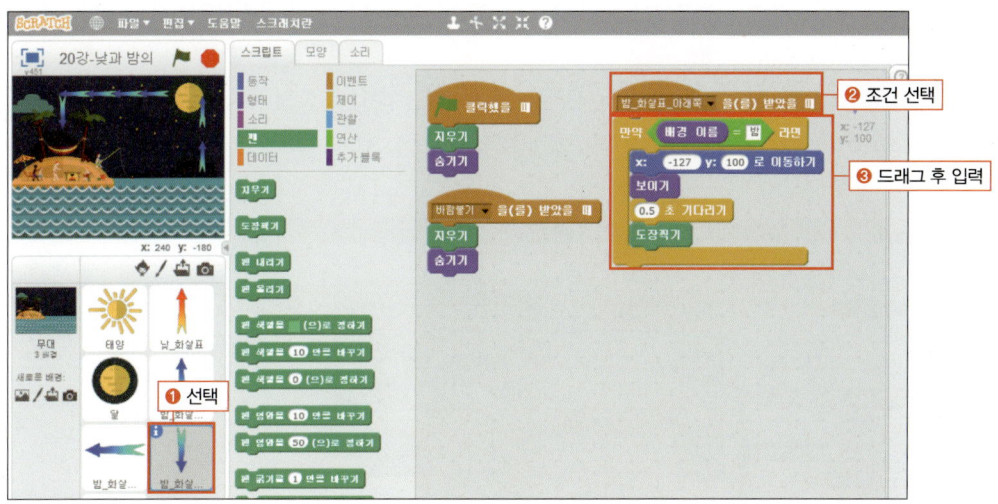

(2) y좌표를 10 만큼 바꾸기 블록을 연결하고 '–100'으로 입력하여 아래 방향 두 번째 화살표를 나타내고, 1 초 기다리기 블록을 연결하고 '0.5초로 입력한 후, 이벤트 팔레트의 밤_화살표_오른쪽 ▼ 방송하기 블록을 연결합니다.

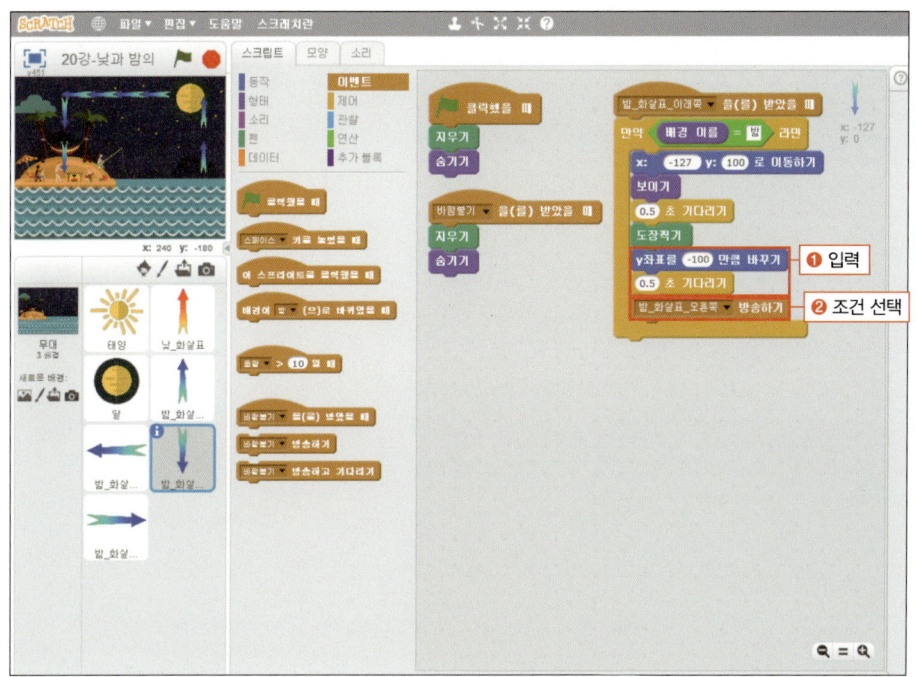

5 | 바람 불기(밤) : 오른쪽 화살표 설정하기

(1) '밤_화살표_오른쪽' 스프라이트(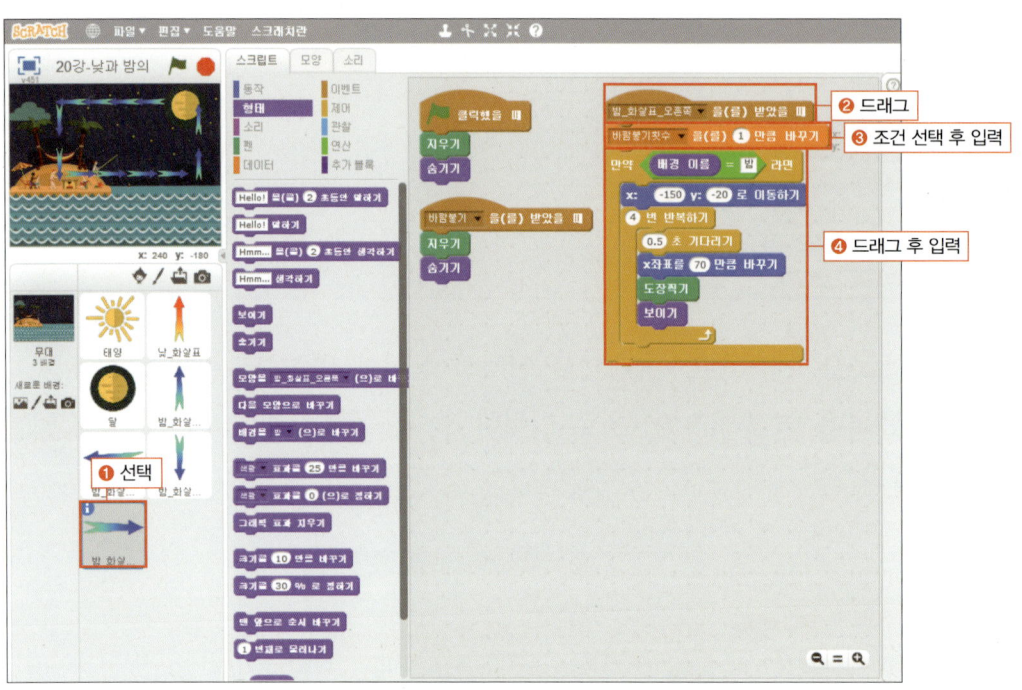)를 선택한 후, 이벤트 팔레트의 밤_화살표_오른쪽 ▼ 을(를) 받았을 때 블록을 드래그합니다. 데이터 팔레트의 바람불기횟수 ▼ 을(를) 1 만큼 바꾸기 블록을 연결하고, 만약 배경 이름 = 밤 라면 결합 블록을 연결한 후, 동작 팔레트의 x: 0 y: 0 로 이동하기 블록을 연결하고 'x: −150', 'y: −20'으로 입력합니다. 오른쪽으로 이동하는 화살표는 모두 4개이므로, 10 번 반복하기 블록을 드래그하고 '4'로 입력하고, 1 초 기다리기 블록을 연결하고 '0.5'초로 입력하고, x좌표를 10 만큼 바꾸기 블록을 연결하고 '70'만큼으로 입력하여 x좌표 값만 바꾸고, 도장찍기 블록과 보이기 블록을 안으로 연결하여 오른쪽 방향 4개의 화살표를 나타냅니다.

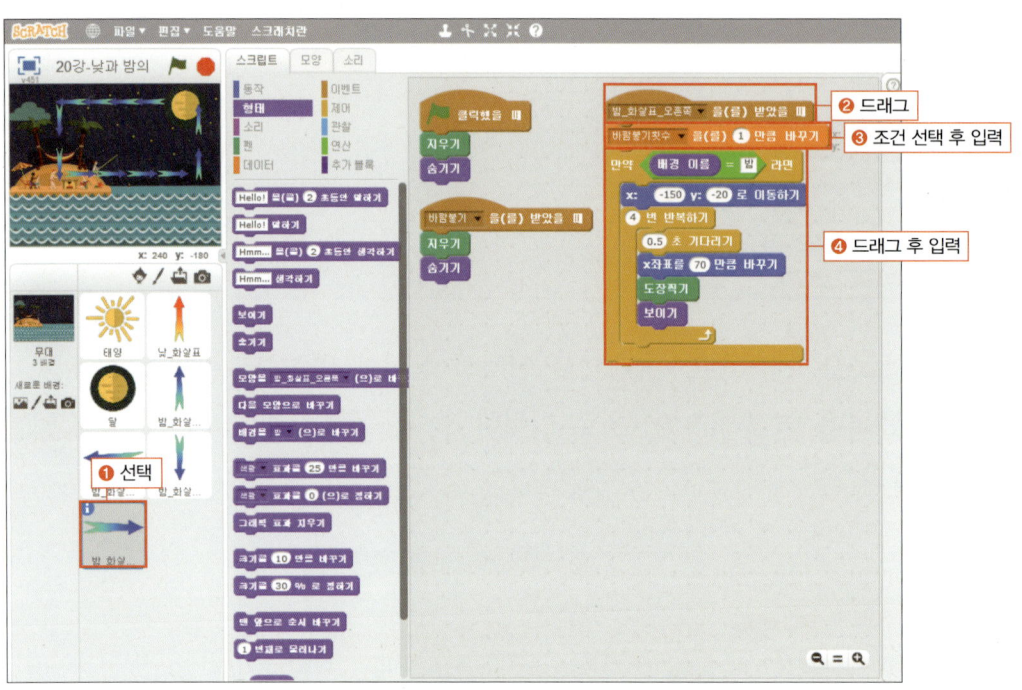

(2) 밤 바람의 이동을 2번 반복하기 위해 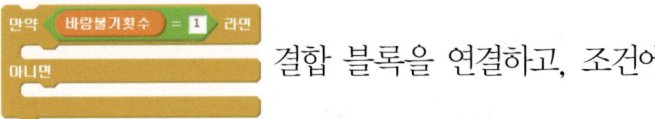 결합 블록을 연결하고, 조건에

맞으면 이벤트 팔레트의 바람불기▼ 방송하기 블록을 안으로 연결하고, 아니면 제어 팔레트의

1 초 기다리기 블록을 연결하고 '4'초를 입력한 후, 이벤트 팔레트의 종료▼ 방송하기 블록을 연결

합니다.

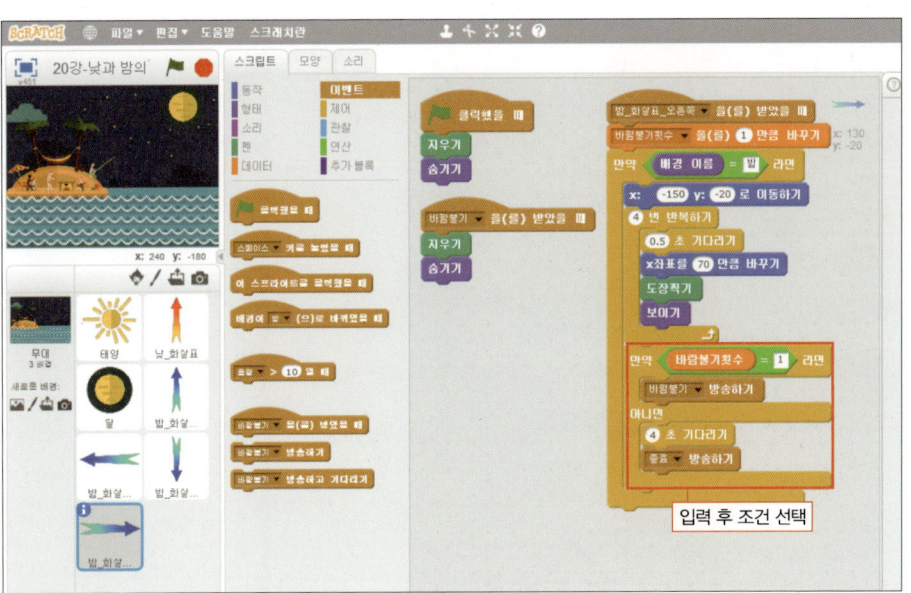

6 | 종료하기

(1) '무대'를 선택한 후, 이벤트 팔레트의 종료▼ 을(를) 받았을 때 블록을 드래그하고, 제어 팔레트의

모두▼ 멈추기 블록의 ▼를 클릭하여 [모두]를 선택하고 연결합니다.

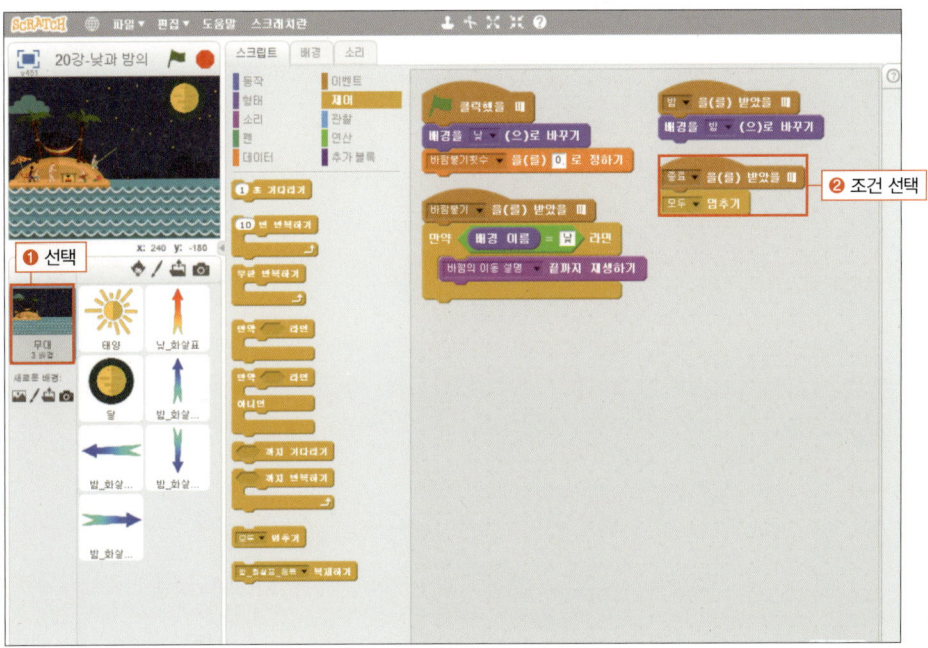

(2) '밤_화살표_위' 스프라이트(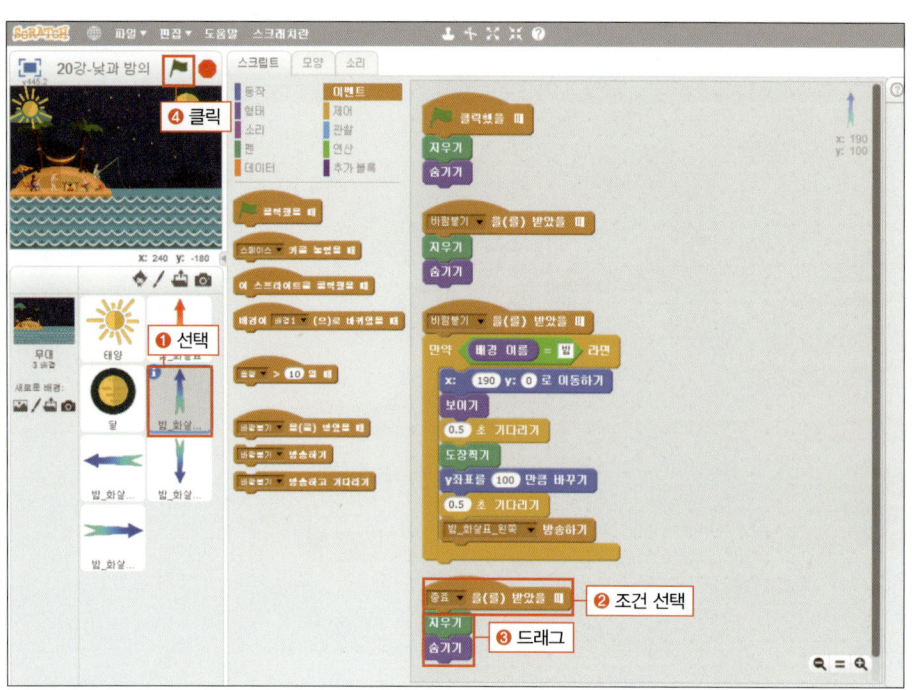)를 선택한 후, 이벤트 팔레트의 [종료▼ 을(를) 받았을 때] 블록을 드래그하고, 펜 팔레트의 지우기 블록을 연결한 후 형태 팔레트의 숨기기 블록을 연결합니다. (←), (↕), (→)도 (↕)의 [종료▼ 을(를) 받았을 때] 블록과 같이 코딩합니다. [실행(▶)] 버튼을 클릭하여 결과 화면을 확인합니다.

사고력 향상 문제

○ 예제 파일 l 20강–낮과 밤의 바람(2)_완성.sb2
○ 완성 파일 l 20강–낮과 밤의 바람(2)_사고력향상_완성.sb2

1 '달' 스프라이트(◯)를 선택한 후, '태양' 스프라이트(☀)와 같이 무대 중앙에서 오른쪽 위로 달이 떠오르는 것처럼 이동하는 스크립트를 추가합니다.

2 '달' 스프라이트(◯)가 위와 같이 이동할 때, 처음에는 보이지 않다가 서서히 선명해지는 효과를 표현합니다.

> HINT
>
> **1** 동작 팔레트의 `x좌표를 10 만큼 바꾸기` 블록과 `y좌표를 10 만큼 바꾸기` 블록을 이용합니다.
>
> '19강–낮과 밤의 바람(1): 태양 뜨기' 참조
>
> **2** 형태 팔레트의 `색깔▾ 효과를 ◯(으)로 정하기` 블록의 [반투명] 효과를 이용합니다.
>
> '19강–낮과 밤의 바람(1): 태양 뜨기' 참조

21 세포 게임(1)

세포 게임은 세포가 영양분에 닿으면 세포크기와 점수가 증가하며 일정한 크기가 되면 분열을 하여 세포 수를 늘리고, 세균은 영양분에 닿으면 세균크기와 점수가 감소합니다. 세포와 세균이 닿으면 점수를 비교하여 우승을 가리게 됩니다. 21강에서는 '영양분' 스프라이트(●)와 '세균' 스프라이트(●)의 동작을 코딩해봅니다.

- **예제 파일 |** 21강-세포 게임(1)_예제.sb2
- **완성 파일 |** 21강-세포 게임(1)_완성.sb2
- **사용 방법 |** 영양분은 다양한 색으로 복제되고, 세균은 자동으로 움직여 세균점수를 감소시키고 영양분은 삭제합니다.

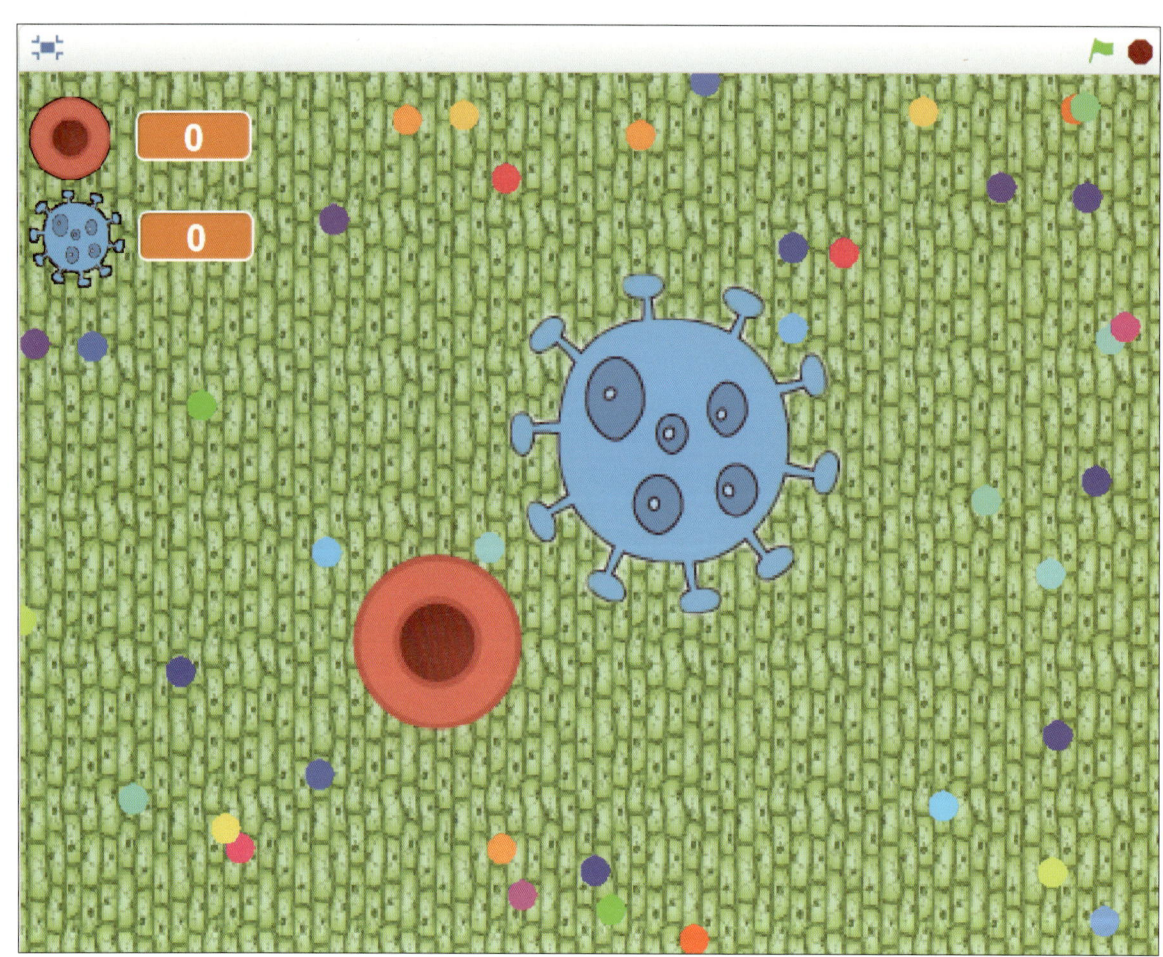

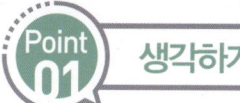

Point 01 생각하기

1 | 알고리즘

(1) [실행(🏳)] 버튼을 클릭하면 영양분(●)은 배경에 다양한 색으로 복제되고, 세포에 닿으면 세포점수를 증가하면서 삭제되고, 세균에 닿으면 감소하면서 삭제됩니다.

(2) 세균(●)은 자동으로 움직이며 영양분에 닿으면 세균크기와 점수가 감소하고, 세균점수가 '0'이면 'game over' 배경이 나오면서 게임이 멈춥니다.

(3) 세포(●)는 마우스 포인터로 움직여 영양분에 닿으면 크기와 점수가 증가하며 일정한 크기가 되면 분열을 하고, 세포와 세균이 닿으면 서로 점수를 비교하여 세포점수가 많으면 'win' 배경이 나오고, 아니면 'game over' 배경이 나오면서 게임이 멈춥니다.

2 | 순서도

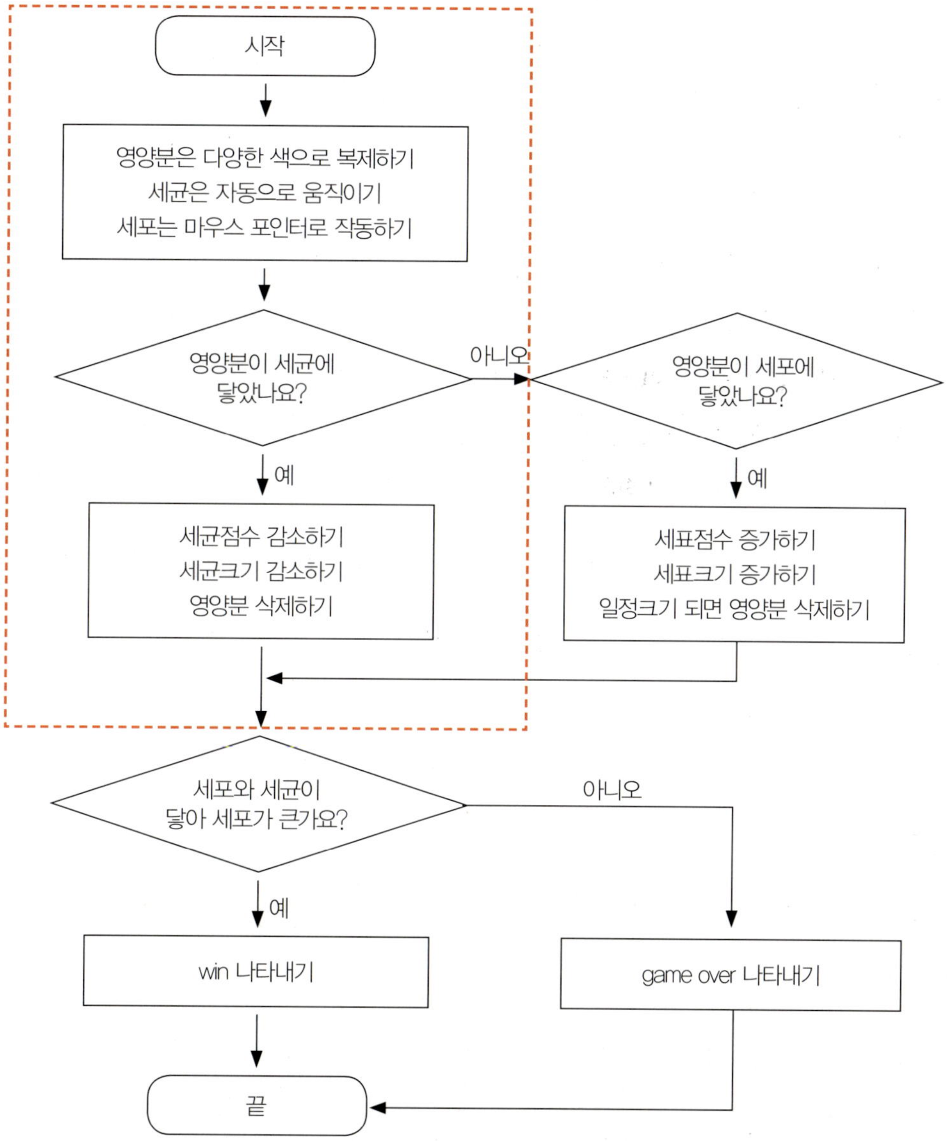

프로젝트 시작하기

1 | 복제하고 점수 넣기

(1) '21강–세포 게임(1)_예제.sb2' 파일을 엽니다. '영양분' 스프라이트(●)를 선택한 후, 이벤트 팔레트의 클릭했을 때 블록을 드래그하고, 형태 팔레트의 배경을 배경 ▼ (으)로 바꾸기 블록과 숨기기 블록을 연결합니다. 제어 팔레트의 무한 반복하기 블록을 연결한 후 1 초 기다리기 블록을 연결하고, '0.5' 초를 입력한 후 나 자신 ▼ 복제하기 블록을 연결합니다.

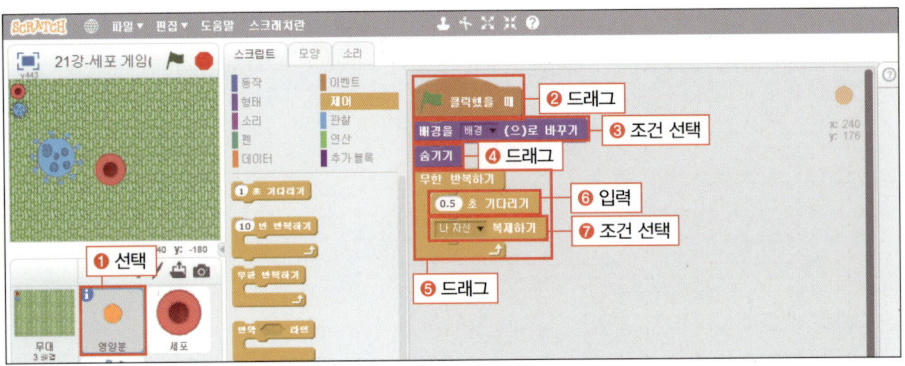

(2) 제어 팔레트의 복제되었을 때 블록을 연결한 후 동작 팔레트의 x: 0 y: 0 로 이동하기 블록을 연결하고, x에는 연산 팔레트의 1 부터 10 사이의 난수 블록을 드래그하고, 첫 번째 칸에는 '–240', 두 번째 칸에는 '240'을 입력합니다. y에는 1 부터 10 사이의 난수 블록을 드래그한 후 첫 번째 칸에는 '–180', 두 번째 칸에는 '180'을 입력합니다. 형태 팔레트의 색깔 ▼ 효과를 25 만큼 바꾸기 블록을 연결하고, 연산 팔레트의 1 부터 10 사이의 난수 블록을 드래그한 후 첫 번째 칸에는 '0', 두 번째 칸에는 '200'을 입력합니다. 제어 팔레트의 무한 반복하기 블록을 연결하고, 형태 팔레트의 보이기 블록을 연결합니다.

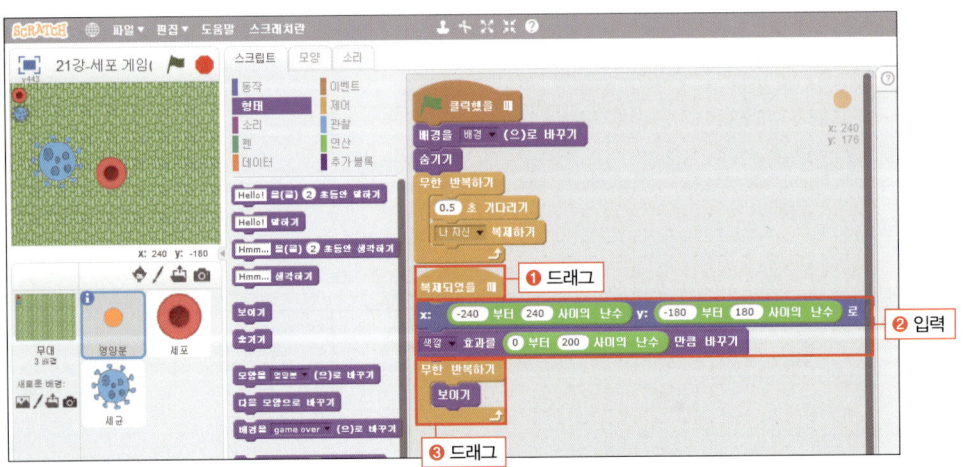

(3) 제어 팔레트의 만약 라면 블록을 연결하고, 관찰 팔레트의 ▼에 닿았는가? 블록을 드래그한 후, ▼를 클릭하여 [세포]를 선택합니다. 데이터 팔레트의 변수 만들기(변수 만들기)를 클릭하여 [세포점수], [세균점수] 변수를 만들고, 세포점수 을(를) 1 만큼 바꾸기 블록을 연결하고, 제어 팔레트의 이 복제본 삭제하기 블록을 연결합니다. 만약 세포 ▼에 닿았는가? 라면 블록 위에 마우스오른쪽 버튼을 클릭하여 [복사]를 선택하여 아래에 연결하고, 세균에 닿았을 때 명령을 실행하기 위해 선택은 [세균]으로, 세균점수는 '−1'로 변경합니다.

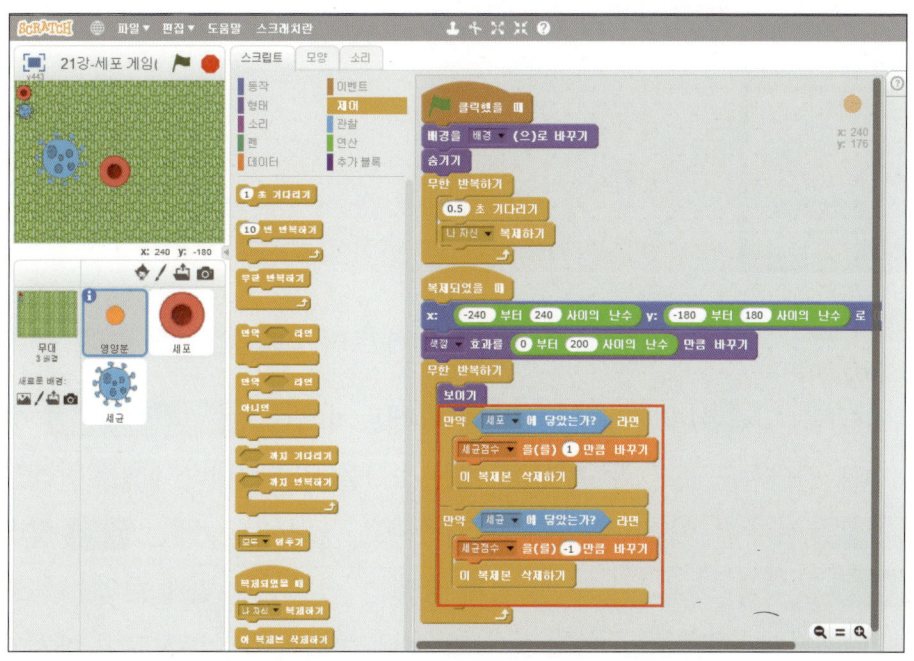

2 | 세균크기와 세균박멸 방송하기

(1) '세균' 스프라이트(🦠)를 선택한 후, **이벤트** 팔레트의 [클릭했을 때] 블록을 드래그합니다. **데이터** 팔레트의 [세포점수 을(를) 0 로 정하기] 블록을 연결한 후 ▼를 클릭하여 [세균점수]를 선택하고, '50' 을 입력하고, **형태** 팔레트의 [크기를 100 % 로 정하기] 블록을 연결하고, [보이기] 블록을 연결합니다.

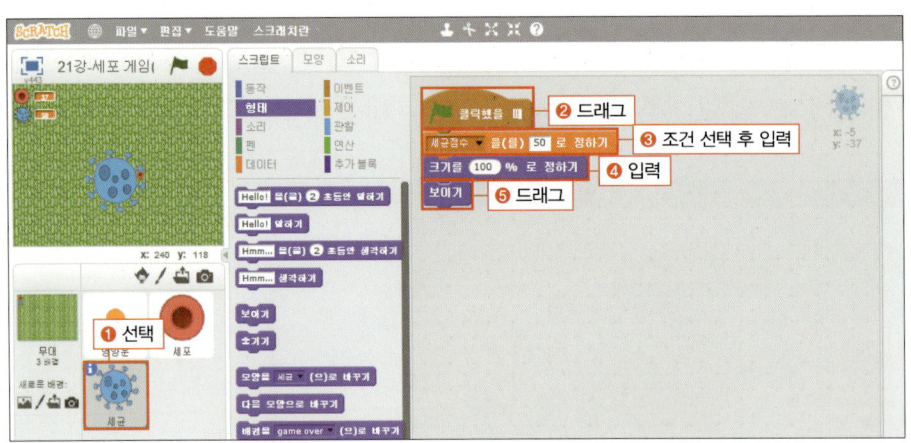

(2) **제어** 팔레트의 [무한 반복하기] 블록을 연결한 후, **동작** 팔레트의 [x: 0 y: 0 로 이동하기] 블록을 연결하고, x에는 '-240'을 입력합니다. y에는 **연산** 팔레트의 [1 부터 10 사이의 난수] 블록을 드래그하고, 첫 번째 칸에는 '-180', 두 번째 칸에는 '180'을 입력합니다. **동작** 팔레트의 [1 초 동안 x: 0 y: 0 으로 움직이기] 블록을 연결하여 '3'초로 입력하고, 'x: 240', y에는 **연산** 팔레트 의 [1 부터 10 사이의 난수] 블록을 드래그하고, 첫 번째 칸에는 '-180', 두 번째 칸에는 '180'을 입력합니다. **이벤트** 팔레트의 [메시지1 ▼ 방송하기] 블록의 ▼를 클릭하여 [세균크기] 메시지를 만들고, 선택합니다. 같은 방법으로 [세균박멸] 메시지를 만들고, 선택합니다.

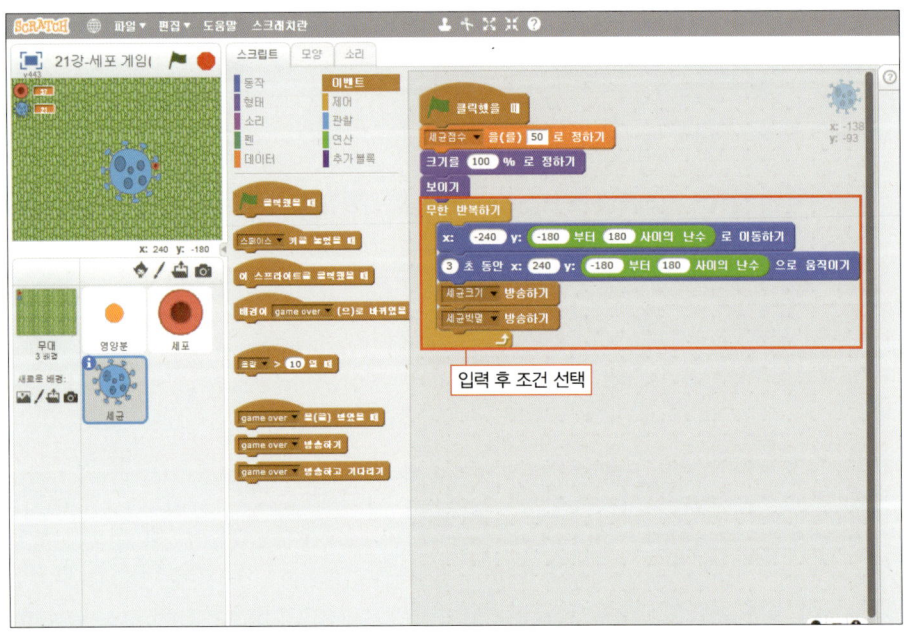

3 | 세균크기 감소와 게임 끝내기

(1) '세균크기'를 받았을 때는 이벤트 팔레트의 메시지1 ▼ 을(를) 받았을 때 블록을 드래그한 후 ▼를 클릭하여 [세균크기]를 선택하고, 제어 팔레트의 무한 반복하기 블록을 연결합니다. 만약 라면 블록을 연결하고, 관찰 팔레트의 ▼ 에 닿았는가? 블록을 드래그한 후 ▼를 클릭하여 [영양분]을 선택하고, 형태 팔레트의 크기를 10 만큼 바꾸기 블록을 연결한 후 '–2'로 입력합니다.

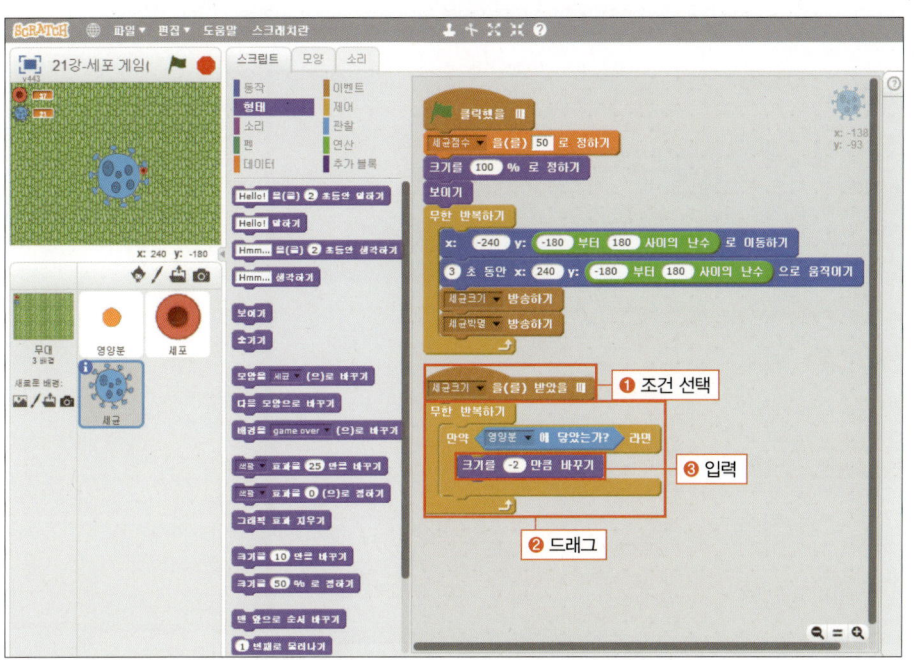

(2) [세균박멸]을 받았을 때 'win'으로 방송하기 위해 **이벤트** 팔레트의 ⬭ 메시지1 ▼ 을(를) 받았을 때 블록을 드래그한 후 ▼를 클릭하여 [세균박멸]을 선택합니다. **제어** 팔레트의 ⬭ 만약 ◇ 라면 블록을 연결한 후 **연산** 팔레트의 ◁ = ▷ 블록을 드래그하고, 첫 번째 칸에는 **데이터** 팔레트 의 ⬭ 세균점수 블록을 드래그하고, 두 번째 칸에는 '0'으로 입력한 후 **이벤트** 팔레트의 ⬭ 메시지1 ▼ 방송하기 블록의 ▼를 클릭하여 [win] 메시지를 만들고, 선택합니다.

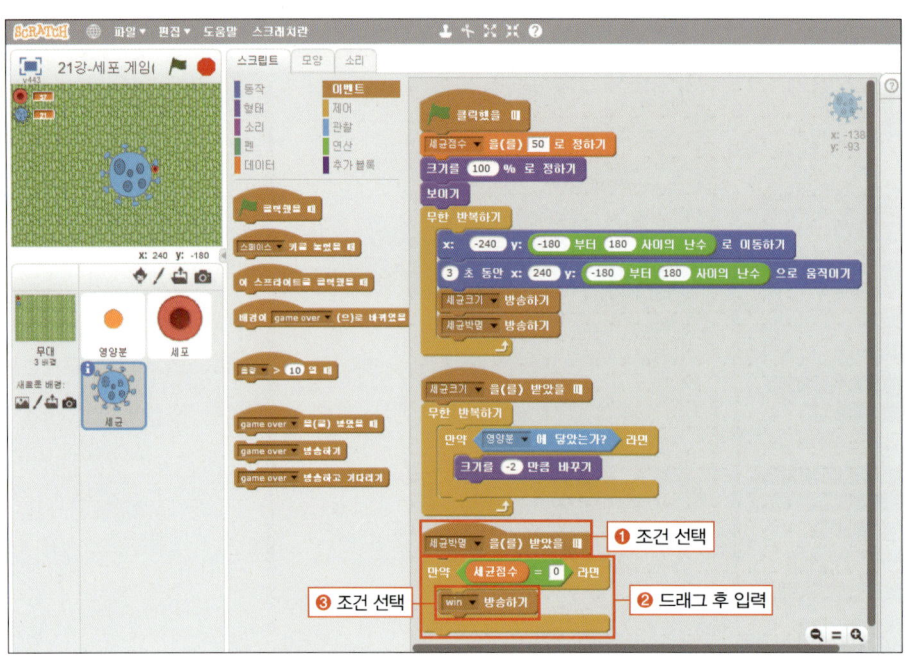

(3) **이벤트** 팔레트의 ⬭ 메시지1 ▼ 을(를) 받았을 때 블록을 드래그한 후 ▼를 클릭하여 [게임끝]을 메시지를 만들고, 선택한 후 **형태** 팔레트의 ⬭ 숨기기 블록을 연결한 후 **제어** 팔레트의 ⬭ 모두 ▼ 멈추기 블록을 연결합니다. [실행(🚩)] 버튼을 클릭하여 결과 화면을 확인합니다.

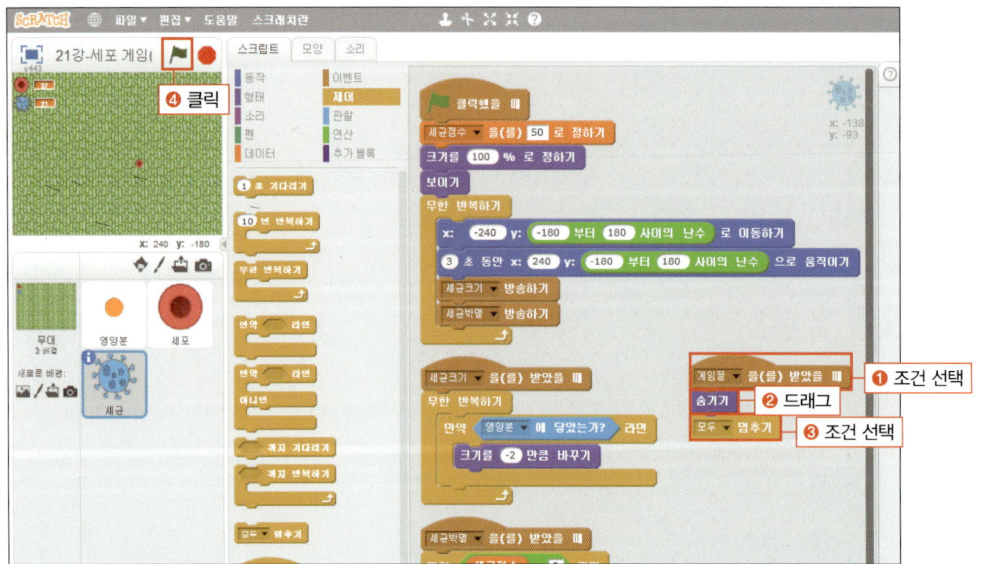

22 세포 게임(2)

세포 게임은 세포가 영양분에 닿으면 세포크기와 점수가 증가하며 일정한 크기가 되면 분열을 하여 세포 수를 늘리고, 세균은 영양분에 닿으면 세균크기와 점수가 감소합니다. 세포와 세균이 닿으면 점수를 비교하여 우승을 가리게 됩니다. 22강에서는 '세포' 스프라이트(◉)의 동작을 코딩해봅니다.

- **예제 파일 l** 22강–세포 게임(2)_예제.sb2
- **완성 파일 l** 22강–세포 게임(2)_완성.sb2
- **사용 방법 l** 세포가 영양분에 닿으면 크기가 증가하고 분열합니다.

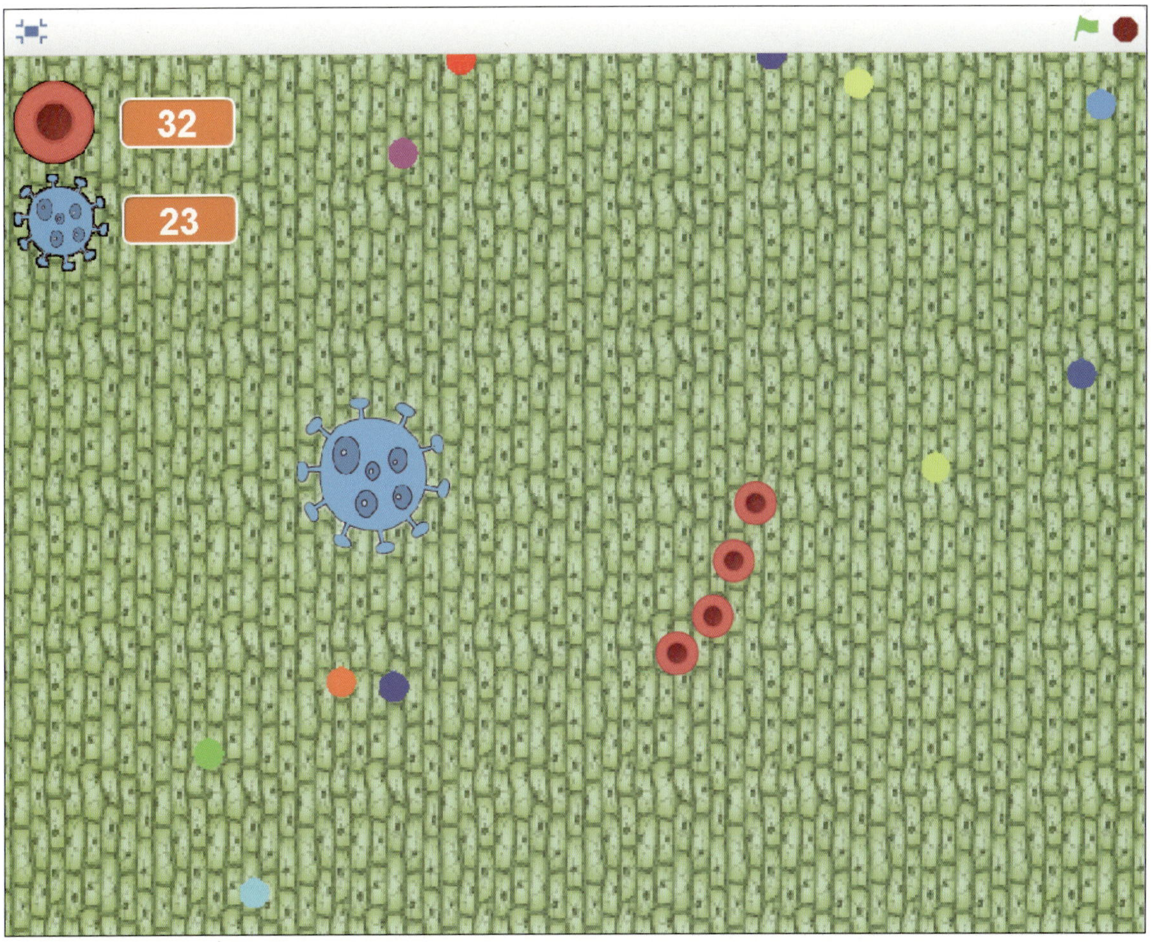

1 | 알고리즘

(1) [실행(🏳)] 버튼을 클릭하면 영양분(🟠)은 배경에 다양한 색으로 복제되고, 세포에 닿으면 세포점수를 증가하면서 삭제되고, 세균에 닿으면 감소하면서 삭제됩니다.

(2) 세균(🦠)은 자동으로 움직이며 영양분에 닿으면 세균크기와 점수가 감소하고, 세균점수가 '0'이면 'game over' 배경이 나오면서 게임이 멈춥니다.

(3) 세포(🔴)는 마우스 포인터로 움직여 영양분에 닿으면 크기와 점수가 증가하며 일정한 크기가 되면 분열을 하고, 세포와 세균이 닿으면 서로 점수를 비교하여 세포점수가 많으면 'win' 배경이 나오고, 아니면 'game over' 배경이 나오면서 게임이 멈춥니다.

2 | 순서도

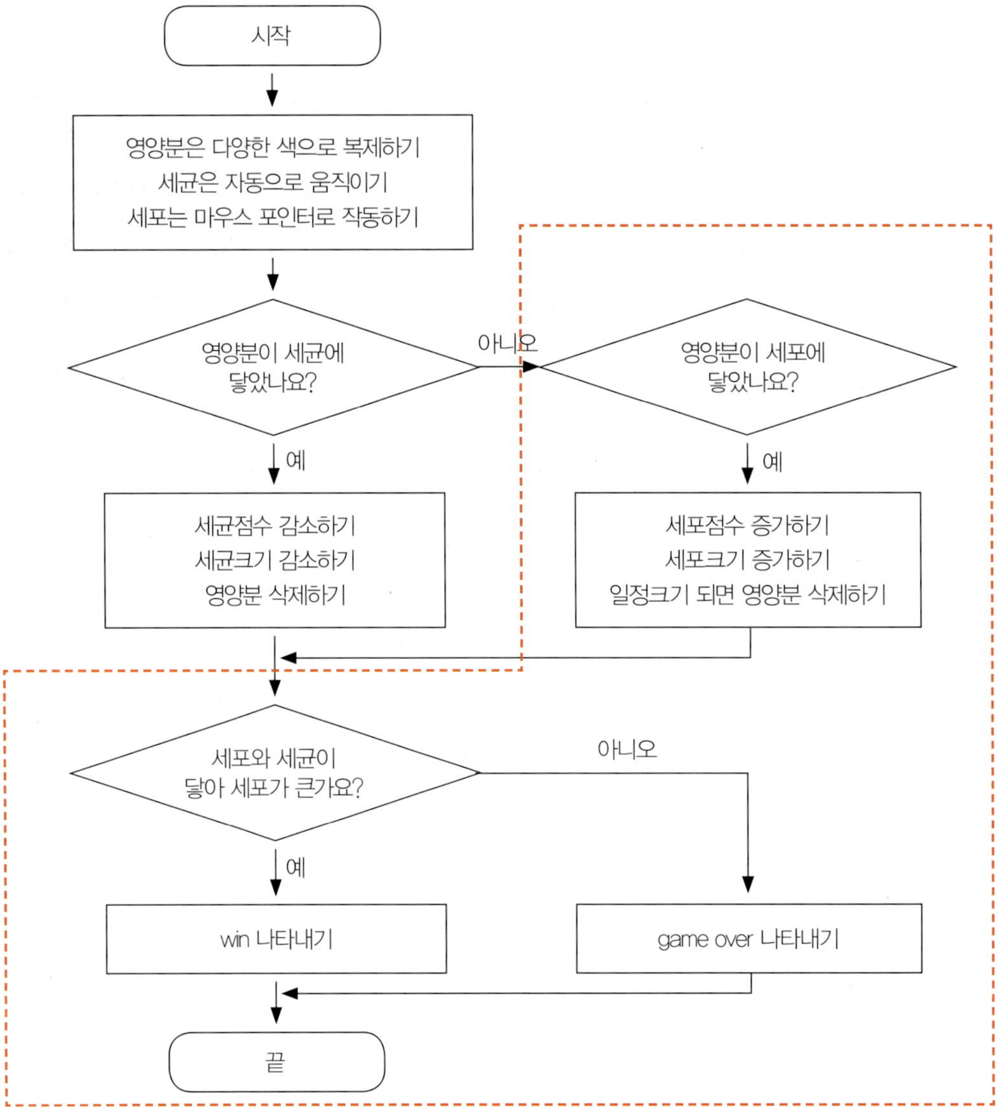

```
                    ┌──────────┐
                    │   시작   │
                    └──────────┘
                          │
          ┌───────────────────────────────┐
          │   영양분은 다양한 색으로 복제하기 │
          │   세균은 자동으로 움직이기        │
          │   세포는 마우스 포인터로 작동하기  │
          └───────────────────────────────┘
                          │
          ◇ 영양분이 세균에 ◇  ─ 아니오 →  ◇ 영양분이 세포에 ◇
            닿았나요?                        닿았나요?
                │ 예                            │ 예
    ┌─────────────────┐              ┌──────────────────────┐
    │ 세균점수 감소하기  │              │ 세포점수 증가하기       │
    │ 세균크기 감소하기  │              │ 세포크기 증가하기       │
    │ 영양분 삭제하기    │              │ 일정크기 되면 영양분 삭제하기│
    └─────────────────┘              └──────────────────────┘

          ◇ 세포와 세균이 ◇  ─ 아니오 ─────────────┐
            닿아 세포가 큰가요?                      │
                │ 예                                │
    ┌─────────────────┐              ┌──────────────────────┐
    │   win 나타내기    │              │  game over 나타내기    │
    └─────────────────┘              └──────────────────────┘
                          │
                    ┌──────────┐
                    │    끝    │
                    └──────────┘
```

Point 02 프로젝트 시작하기

1 | 조건이 참일 때 세포 복제하기

(1) '22강–세포 게임(2)_예제.sb2' 파일을 엽니다. '세포' 스프라이트(●)를 선택한 후, 이벤트 팔레트의 클릭했을 때 블록을 드래그하고, 데이터 팔레트의 세포점수 ▼ 변수 보이기 블록을 연결합니다. 세포점수 ▼ 변수 보이기 블록을 연결한 후 ▼를 클릭하여, [세균점수]를 선택하고, 세포점수 ▼ 을(를) 0 로 정하기 블록을 연결하여, '10'을 입력합니다. 형태 팔레트의 크기를 100 % 로 정하기 블록을 연결하여 크기를 '50'%를 입력하고, 보이기 블록을 연결합니다.

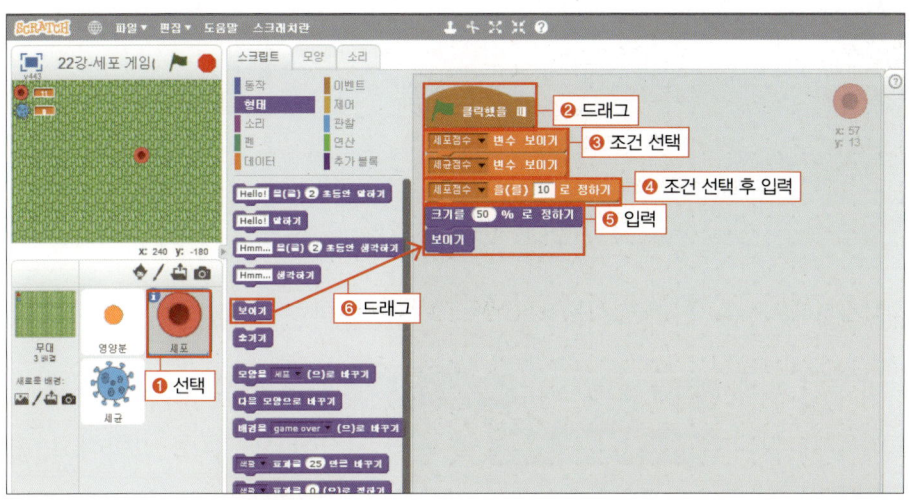

(2) 제어 팔레트의 무한 반복하기 블록을 연결하고, 동작 팔레트의 ▼쪽 보기 블록을 연결한 후 ▼를 클릭하여 [마우스 포인터]를 선택하고, 10 만큼 움직이기 블록을 연결합니다.

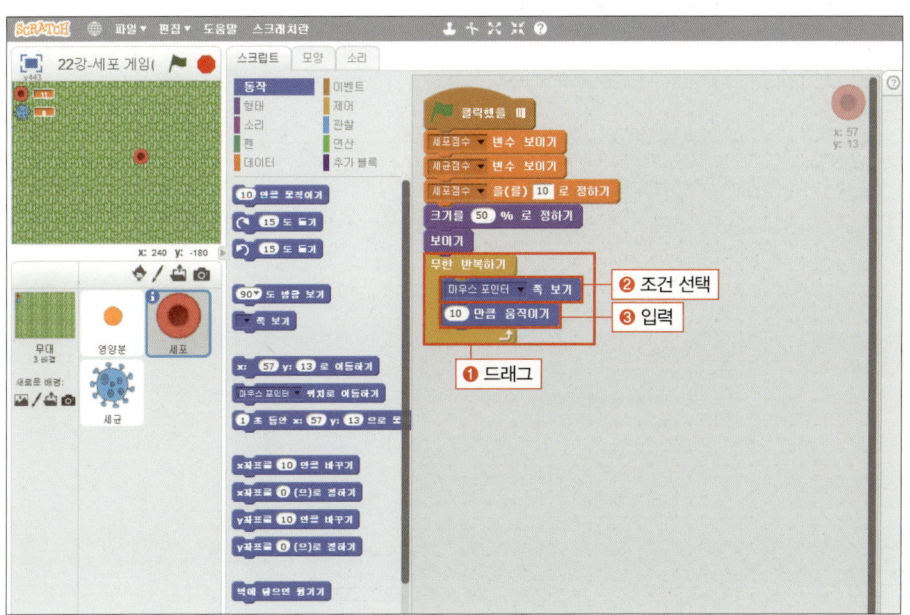

(3) 제어 팔레트의 만약 라면 블록을 연결하고, 연산 팔레트의 > 블록을 드래그한 후 첫 번째 칸에는 데이터 팔레트의 세포점수 블록을 드래그하고, 두 번째 칸에는 '30'을 입력합니다. 형태 팔레트의 크기를 100 % 로 정하기 블록을 연결하여 크기를 '25'%를 입력하고, 제어 팔레트의 나 자신 복제하기 블록을 연결합니다.

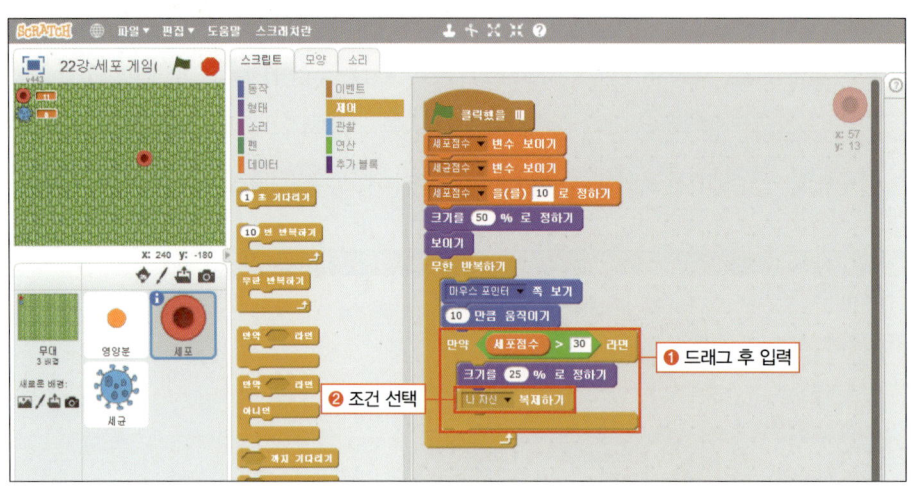

(4) 제어 팔레트의 복제되었을 때 블록을 드래그하고, 10 번 반복하기 블록을 연결하여, '3'번으로 입력합니다. x좌표를 바꾸기 위해 동작 팔레트의 x좌표를 10 만큼 바꾸기 블록을 연결한 후 '15'로 입력하고, y좌표를 바꾸기 위해 y좌표를 10 만큼 바꾸기 블록을 연결한 후 '15'로 입력하고, 제어 팔레트의 이 복제본 삭제하기 블록을 연결합니다.

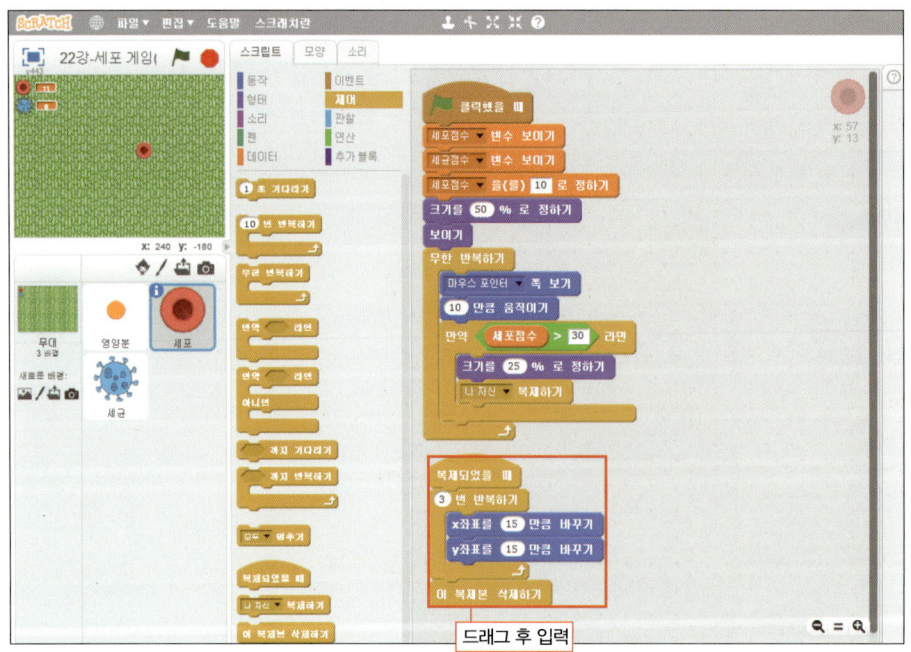

2 | 세포크기 증가하기

(1) [세포크기]를 방송하기 위해 이벤트 팔레트의 메시지1 ▼ 방송하기 블록의 ▼를 클릭하여 [세포크기] 메시지를 만들고 선택합니다.

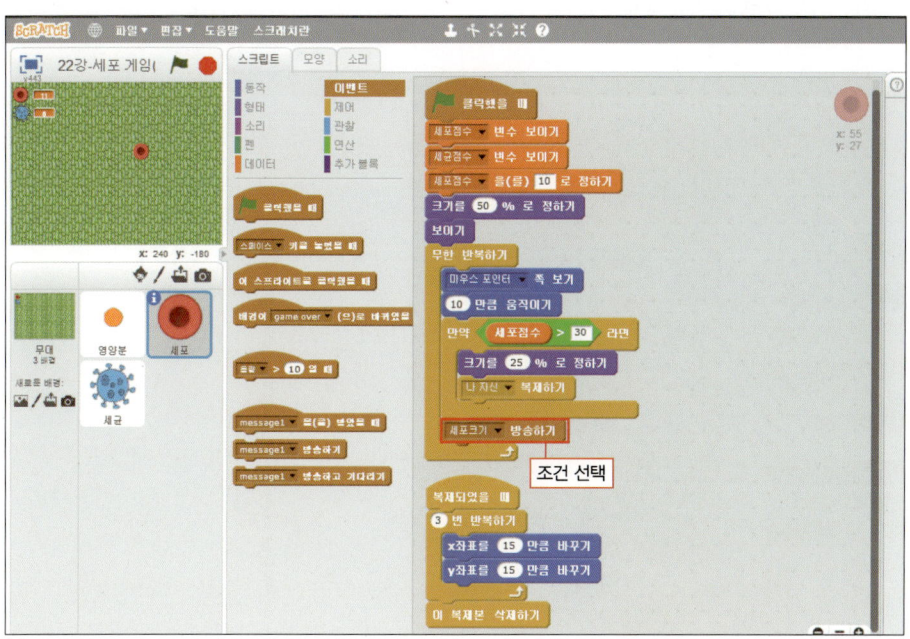

(2) '세포크기'를 받았을 때는 이벤트 팔레트의 메시지1 ▼ 을(를) 받았을 때 블록을 드래그하고, ▼를 클릭하여 [세포크기]를 선택합니다. 제어 팔레트의 무한 반복하기 블록을 연결한 후 만약 라면 블록을 연결하고, 관찰 팔레트의 ▼ 에 닿았는가? 블록을 드래그하고, ▼를 클릭하여 [영양분]을 선택하고, 형태 팔레트의 크기를 10 만큼 바꾸기 블록을 연결한 후 크기를 '1'로 입력합니다.

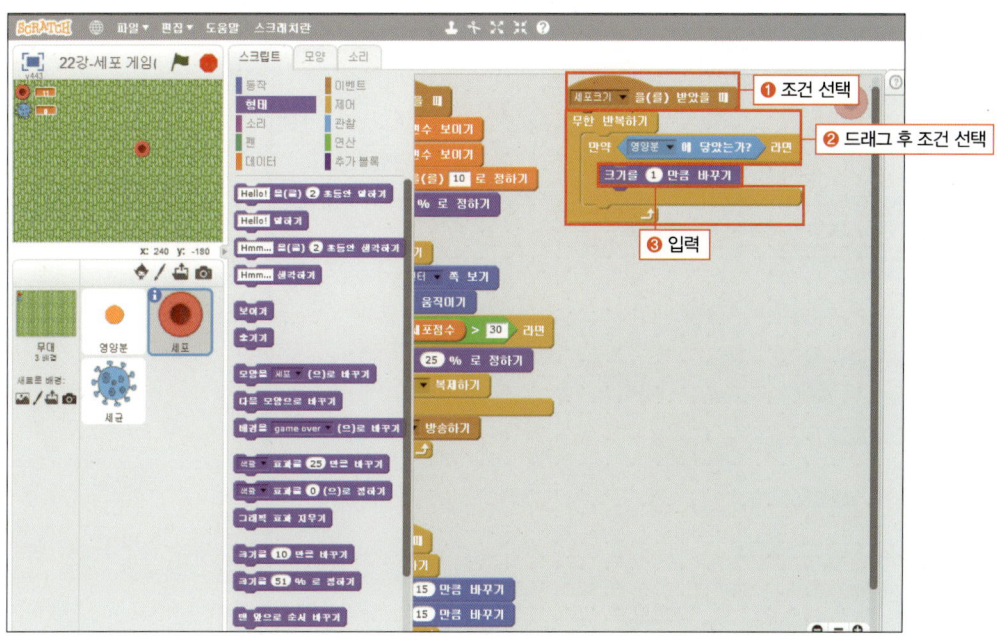

3 | 세균과 닿았을 때 방송하고 끝내기

(1) '세균감염'을 방송하기 위해 세포크기 ▼ 방송하기 블록 아래에 이벤트 팔레트의 메시지1 ▼ 방송하기 블록의 ▼를 클릭하여 [세균감염] 메시지를 만들고 선택합니다. 메시지1 ▼ 방송하기 블록을 연결한 후 ▼를 클릭하여 [세균박멸]을 선택합니다.

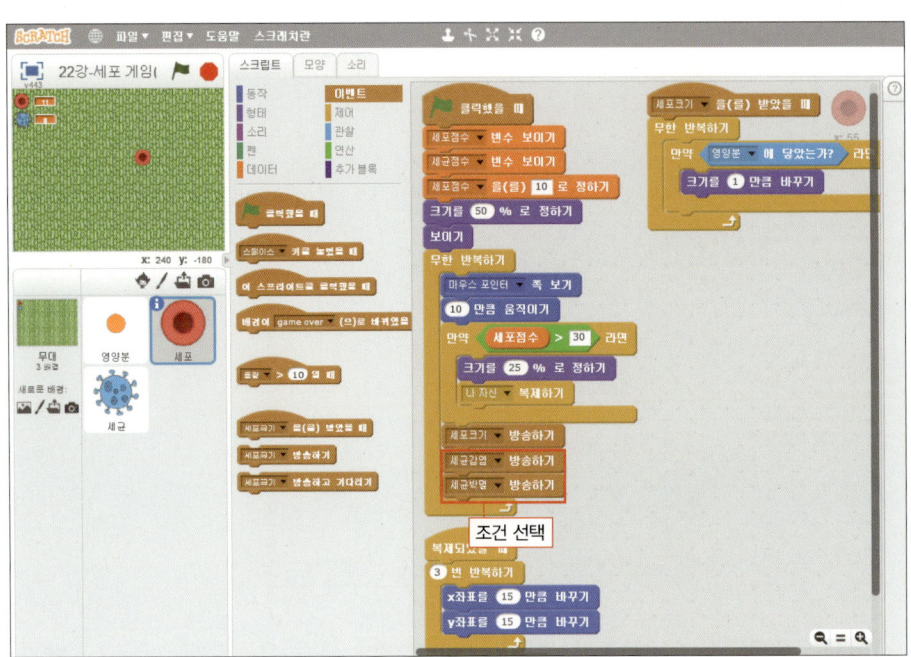

(2) '세균감염'을 받았을 때는 이벤트 팔레트의 메시지1 ▼ 을(를) 받았을 때 블록을 드래그하고, ▼를 클릭하여 [세균감염]을 선택하고, 제어 팔레트의 만약 ◯ 라면 블록을 연결한 후 관찰 팔레트의 ▼ 에 닿았는가? 블록을 드래그하고, ▼를 클릭하여 [세균]을 선택합니다.

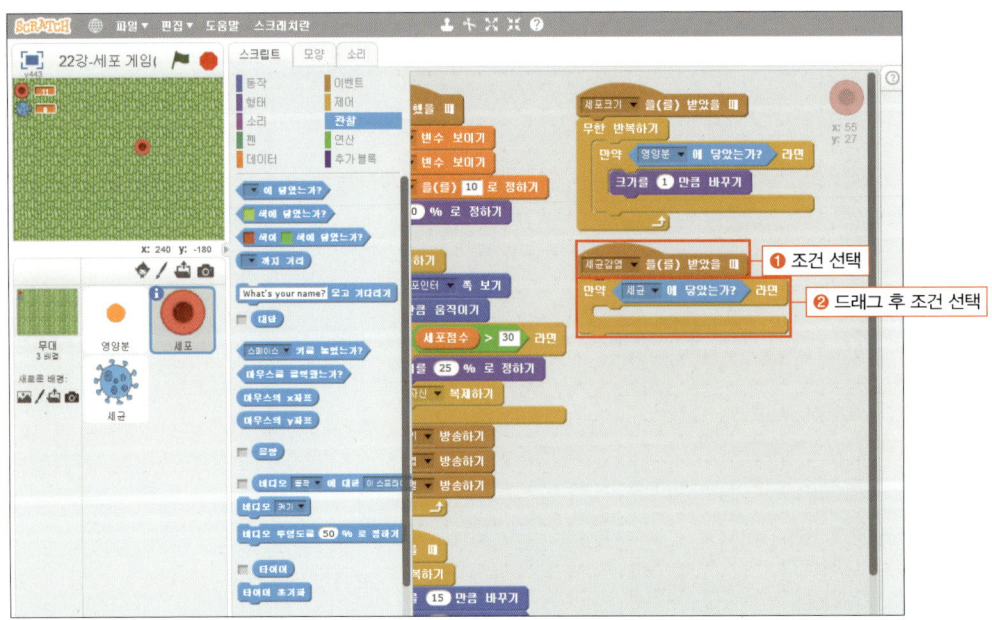

4 | 점수 비교하여 멈추기

(1) '세균점수'와 '세포점수'를 비교하기 위해 제어 팔레트의 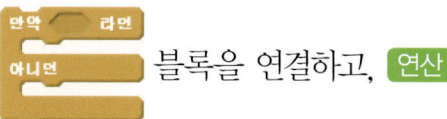 블록을 연결하고, 연산 팔레트의 █<█ 블록을 드래그한 후 첫 번째 칸에는 데이터 팔레트의 세균점수 블록을 드래그하고, 두 번째 칸에는 세포점수 블록을 드래그 합니다. 참일 때 'win'을 방송하기 위해 이벤트 팔레트의 메시지1 ▼ 방송하기 블록의 ▼를 클릭하여 [win]으로 선택합니다. 거짓일 때 'game over'로 방송하기 위해 [game over] 메시지를 만들고 선택합니다.

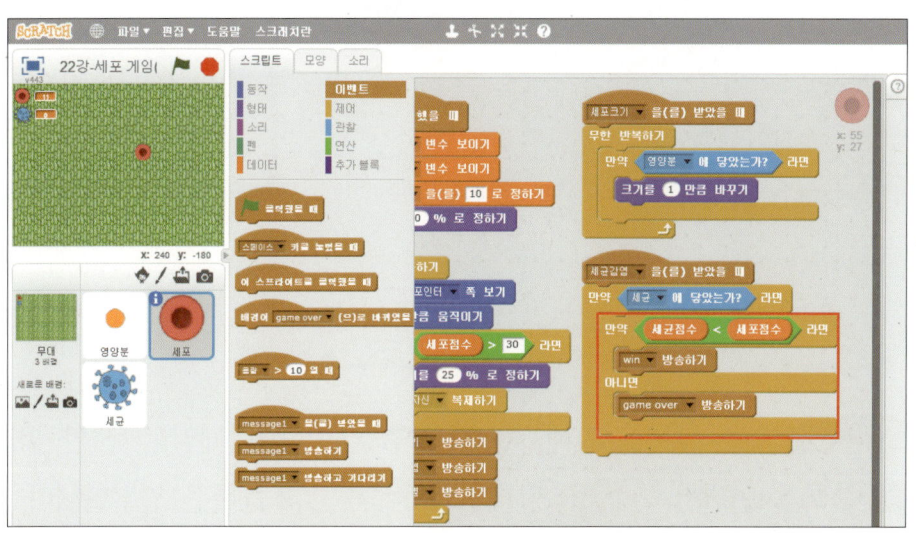

(2) 'win'을 받았을 때는 이벤트 팔레트의 메시지1 ▼ 을(를) 받았을 때 블록을 드래그한 후 ▼를 클릭하여 [win]을 선택하고, 형태 팔레트의 배경을 배경 ▼ (으)로 바꾸기 블록을 연결한 후 [win]을 선택합니다. 데이터 팔레트의 세포점수 ▼ 변수 숨기기 블록을 연결한 후 세포점수 ▼ 변수 숨기기 블록을 연결하고, ▼를 클릭하여 [세균점수]를 선택하고, 이벤트 팔레트의 메시지1 ▼ 방송하기 블록의 ▼를 클릭하여 [게임끝]을 선택합니다.

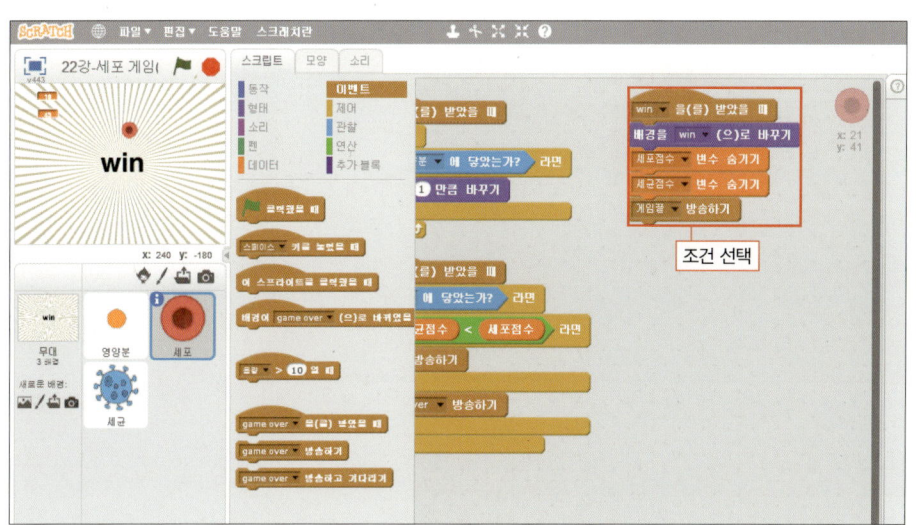

(3) win ▼ 을(를) 냈었을 때 블록 위에 마우스 오른쪽 버튼을 클릭하여 [복사]를 선택하고, 새 메시지는 [game over]로, 배경은 [game over]로 변경합니다.

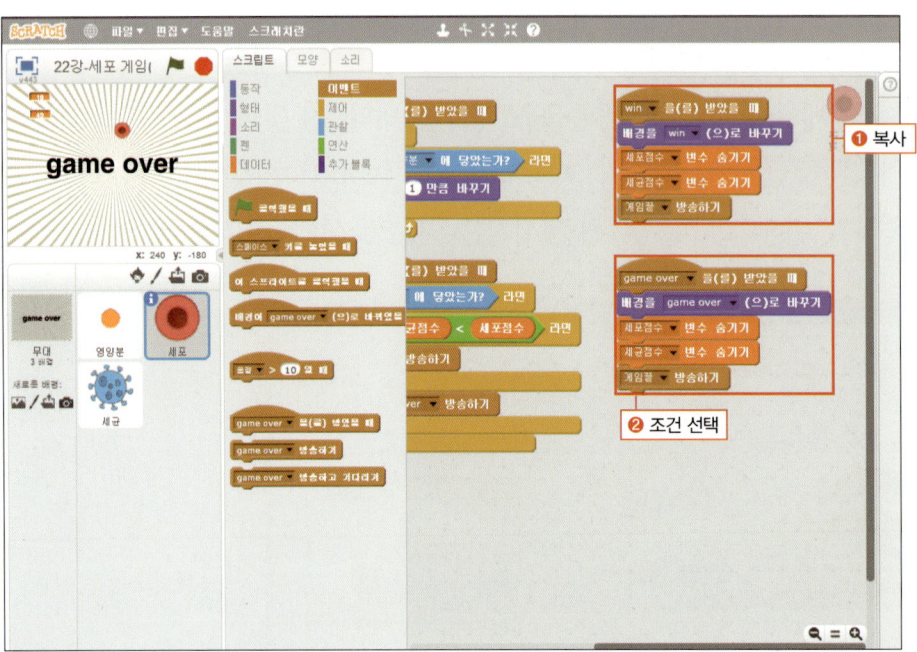

(4) 이벤트 팔레트의 메시지1 ▼ 을(를) 받았을 때 블록을 드래그한 후 ▼를 클릭하여 [게임끝]을 선택하고, 형태 팔레트의 숨기기 블록을 연결한 후 제어 팔레트의 모두 ▼ 멈추기 블록을 연결합니다. [실행(▶)] 버튼을 클릭하여 결과 화면을 확인합니다.

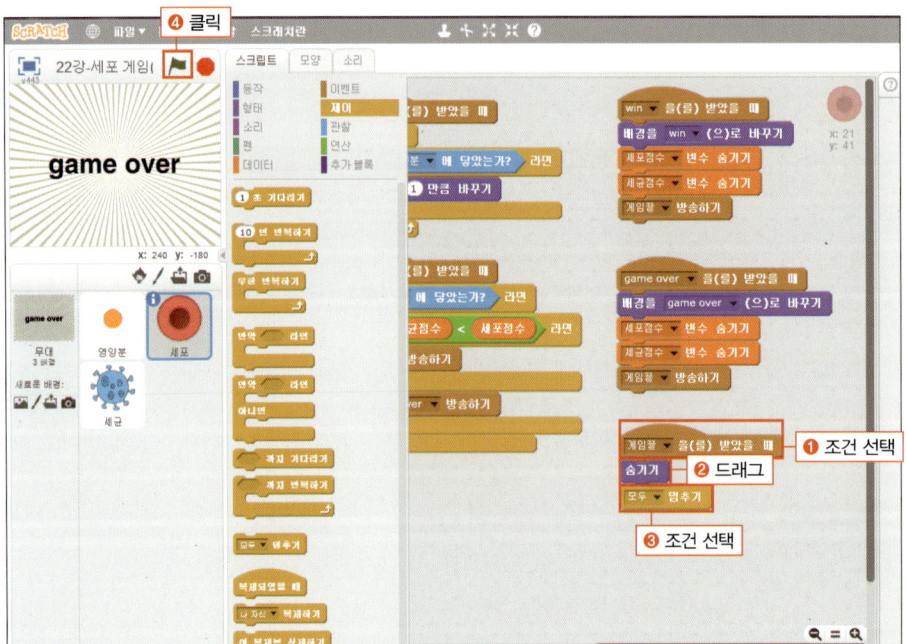

사고력 향상 문제

○ 예제 파일 I 22강–세포 게임(2)_완성.sb2
○ 완성 파일 I 22강–세포 게임(2)_사고력향상_완성.sb2

1 배경에 배경 음악을 반복하여 재생시켜봅니다.

2 세포와 세균에 효과음을 재생시켜봅니다.

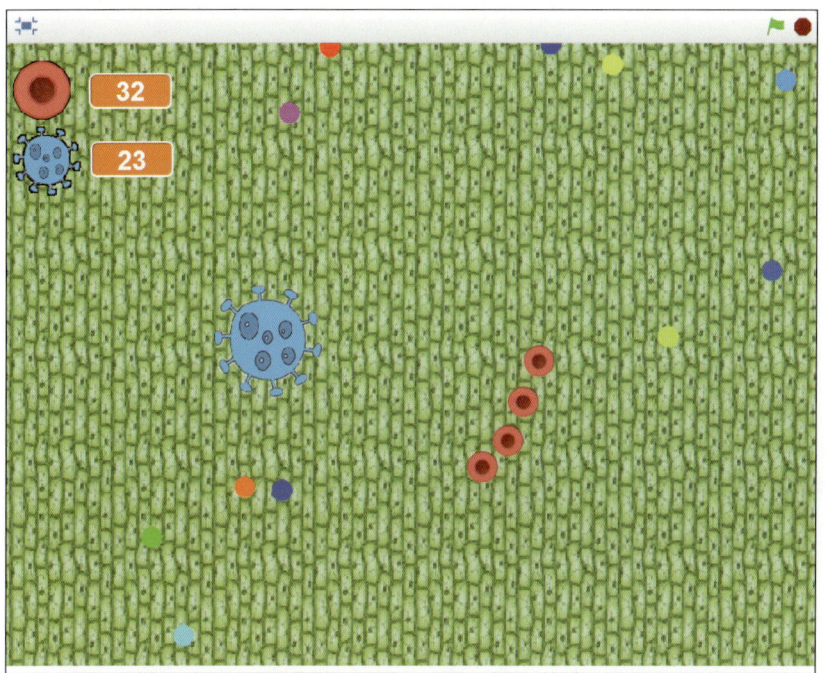

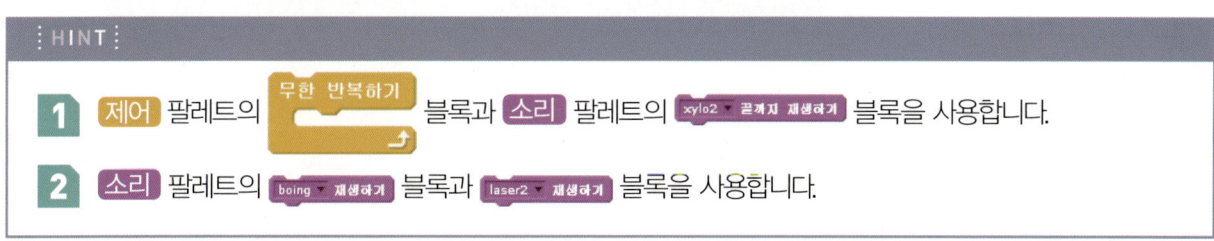

HINT

1 제어 팔레트의 무한 반복하기 블록과 소리 팔레트의 xylo2 ▾ 끝까지 재생하기 블록을 사용합니다.

2 소리 팔레트의 boing ▾ 재생하기 블록과 laser2 ▾ 재생하기 블록을 사용합니다.

23 과학 퀴즈(1)

과학 퀴즈는 퀴즈문제, 퀴즈보기, 퀴즈정답을 리스트에 저장한 다음 사회자는 퀴즈에 대한 소개를 하고, 퀴즈출제자는 퀴즈문제와 보기를 설명합니다. 학생은 퀴즈를 보고 퀴즈정답을 맞추는 방식입니다. 23강에서는 인사말, 퀴즈문제, 퀴즈보기, 퀴즈정답을 설정하고 사회자가 인사말을 하고 퀴즈에 대해 소개하는 부분을 코딩해봅니다.

- **예제 파일 |** 23강–과학 퀴즈(1)_예제.sb2
- **완성 파일 |** 23강–과학 퀴즈(1)_완성.sb2
- **사용 방법 |** 인사말, 퀴즈문제, 퀴즈보기, 퀴즈정답을 리스트 변수에 저장하고 그 값을 이용하여 사회자가 인사말을 하고 퀴즈에 대해서 설명합니다.

 **생각하기**

1 | 알고리즘

(1) [실행(🚩)] 버튼을 클릭하면 '사회자' 스프라이트(👤)가 인사말로 퀴즈에 대한 소개를 합니다.

(2) 이때 배경에는 배경 음악이 끝까지 재생됩니다.

(3) 'QUIZ' 글자를 보여줍니다.

(4) 인사말과 퀴즈문제, 퀴즈보기, 퀴즈정답을 초기화합니다.

2 | 순서도

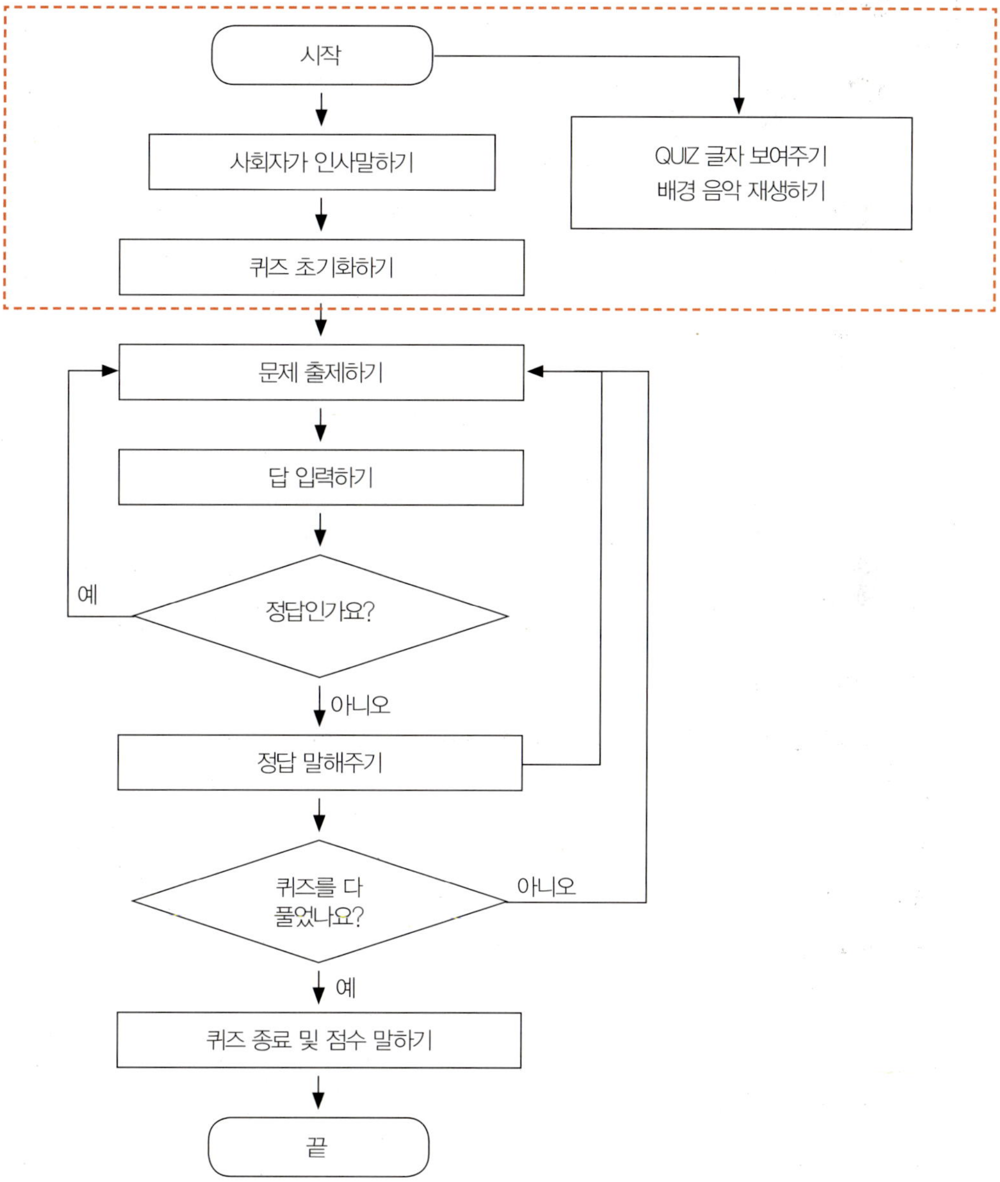

```
                        시작
                          │                    │
                          ▼                    ▼
                  사회자가 인사말하기       QUIZ 글자 보여주기
                          │                배경 음악 재생하기
                          ▼
                   퀴즈 초기화하기
                          │
          ┌───────────────▼────────────────┐
          │          문제 출제하기          │◄──────┐
          │               │                │       │
          │               ▼                │       │
          │           답 입력하기           │       │
          │               │                │       │
    예    │          정답인가요?           │       │
          └───────────────┤                │       │
                          │ 아니오          │       │
                          ▼                        │
                     정답 말해주기 ─────────────────┘
                          │
                          ▼
                      퀴즈를 다        아니오
                      풀었나요? ──────────
                          │
                          ▼ 예
                  퀴즈 종료 및 점수 말하기
                          │
                          ▼
                          끝
```

1 | 사회자 : 인사말하기

(1) '23강-과학 퀴즈(1)_예제.sb2' 파일을 엽니다. 프로젝트에 사용될 변수와 리스트를 데이터 팔레트의 변수 만들기(변수 만들기)와 리스트 만들기(리스트 만들기)를 클릭하여 생성한 후 체크 상자(✔)의 체크를 해제하여 무대에서 보이지 않게 설정합니다.

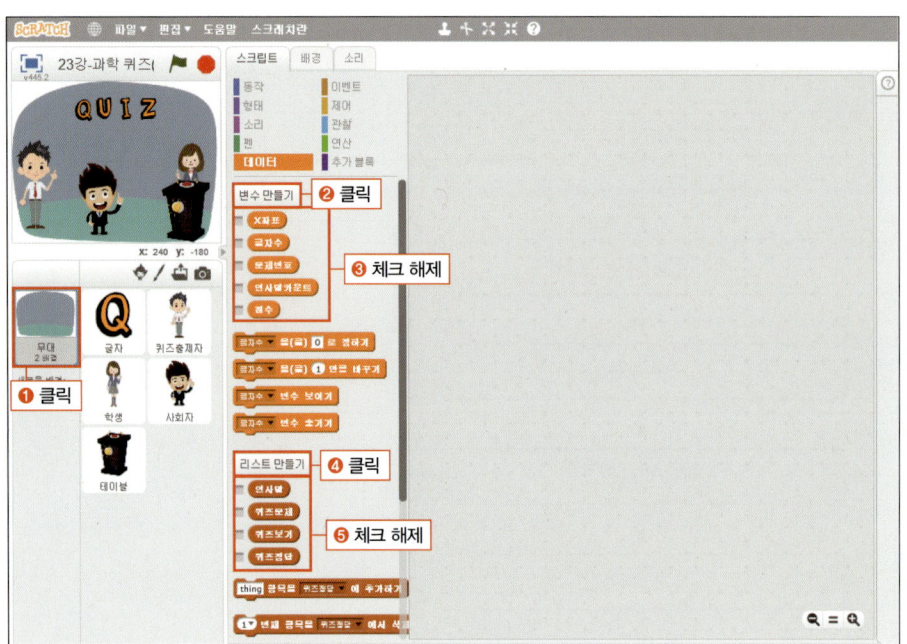

TIP

생성하는 변수와 리스트

생성하는 변수 이름	생성하는 리스트 이름
– X좌표	– 인사말
– 글자수	– 퀴즈문제
– 문제번호	– 퀴즈보기
– 인사말 카운트	– 퀴즈정답
– 점수	

(2) '사회자' 스프라이트(   )를 선택하여 처음 위치와 처음 모양을 지정하고 인사말을 초기화하기 위해 **이벤트** 팔레트의 `메시지1 ▼ 방송하고 기다리기` 블록을 연결한 후, ▼를 클릭하여 [인사말 초기화] 메시지를 만들고 선택합니다. **데이터** 팔레트의 `인사말카운트 ▼ 을(를) 0 로 정하기` 블록을 연결한 후 '1'을 입력하고, **관찰** 팔레트의 `타이머 초기화` 블록을 연결하여 타이머를 초기화합니다.

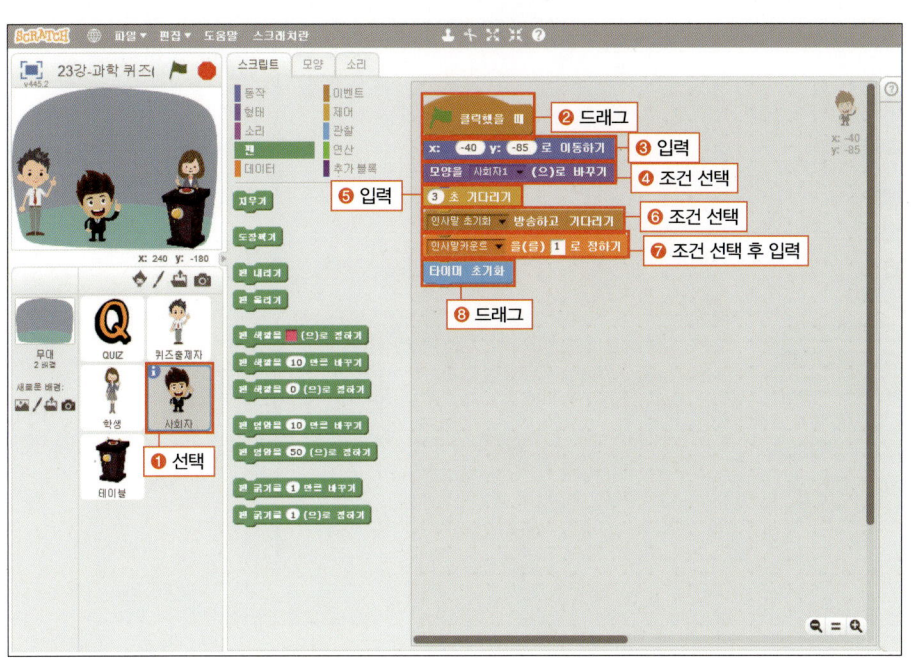

(3) **제어** 팔레트의 `10 번 반복하기` 블록을 연결하고 **데이터** 팔레트의 `인사말 ▼ 리스트의 항목 수` 블록을 연결합니다. **제어** 팔레트의 `까지 기다리기` 블록을 안에 연결하고 **연산** 팔레트의 `또는` 블록을 연결한 후 첫번째 칸에는 **관찰** 팔레트의 `스페이스 ▼ 키를 눌렀는가?` 블록을 연결합니다. 두 번째 칸에는 `> ` 블록을 연결하고 첫번째 칸에는 **관찰** 팔레트의 `타이머` 를, 두 번째 칸에는 '3'을 입력합니다.

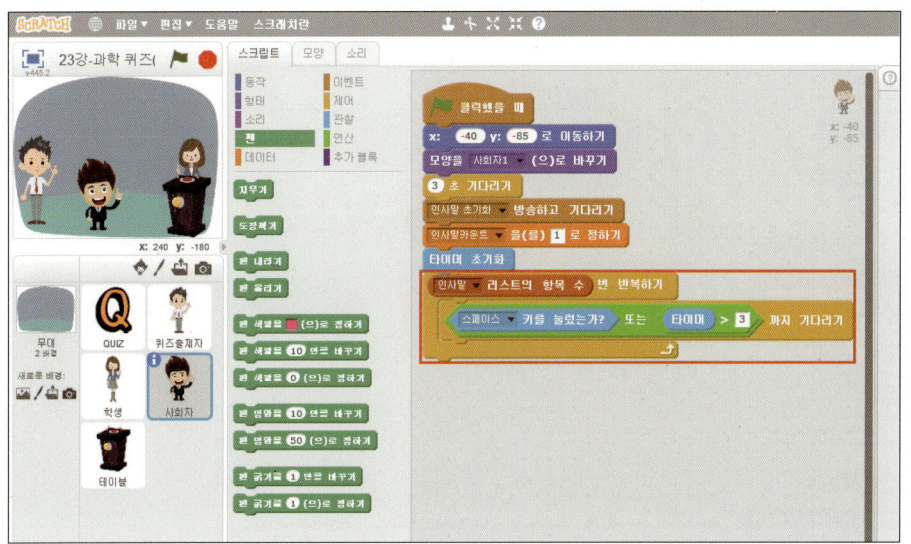

(4) 형태 팔레트의 Hello! 말하기 블록을 연결하고 데이터 팔레트의 1▼ 번째 인사말▼ 항목 블록을
연결한 후 첫 번째 칸에는 인사말카운트 블록을 연결합니다. 제어 팔레트의 1 초 기다리기 을
연결하고 '0.5'으로 입력하고 관찰 팔레트의 타이머 초기화 블록을 연결하여 타이머를 초기화합
니다. 데이터 팔레트의 인사말카운트▼ 을(를) 1 만큼 바꾸기 블록을 연결합니다.

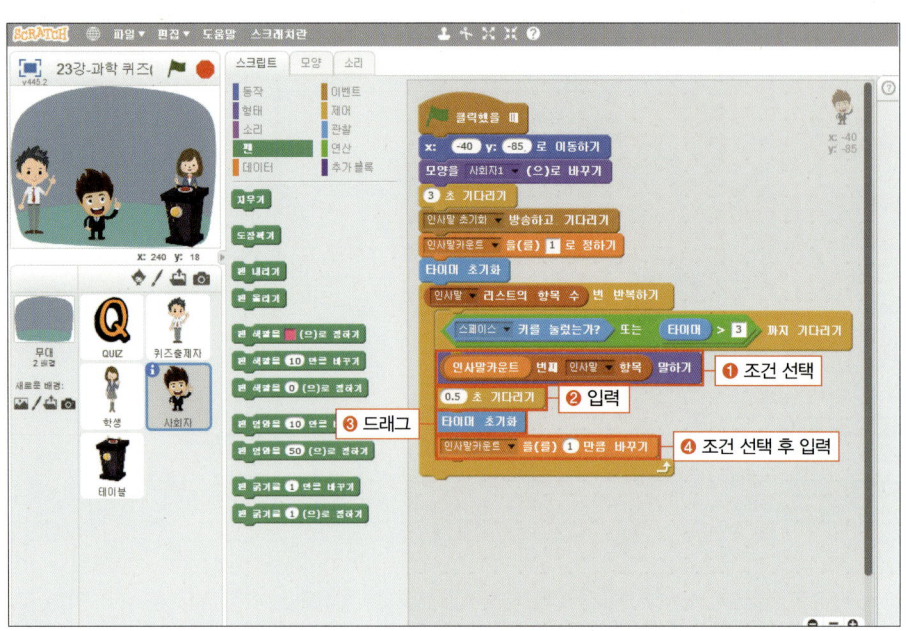

(5) 형태 팔레트의 Hello! 말하기 블록을 연결하고 값에는 Space Bar 를 1번 입력합니다. 이벤트 팔
레트의 메시지1▼ 방송하고 기다리기 블록을 연결한 후, ▼를 클릭하여 [퀴즈 초기화] 메시지를 만들
고 선택합니다. 제어 팔레트의 1 초 기다리기 블록을 연결하고 '2'를 입력하고 이벤트 팔레트의
메시지1▼ 방송하기 블록을 연결한 후, ▼를 클릭하여 [퀴즈시작] 메시지를 만들고 선택합니다.

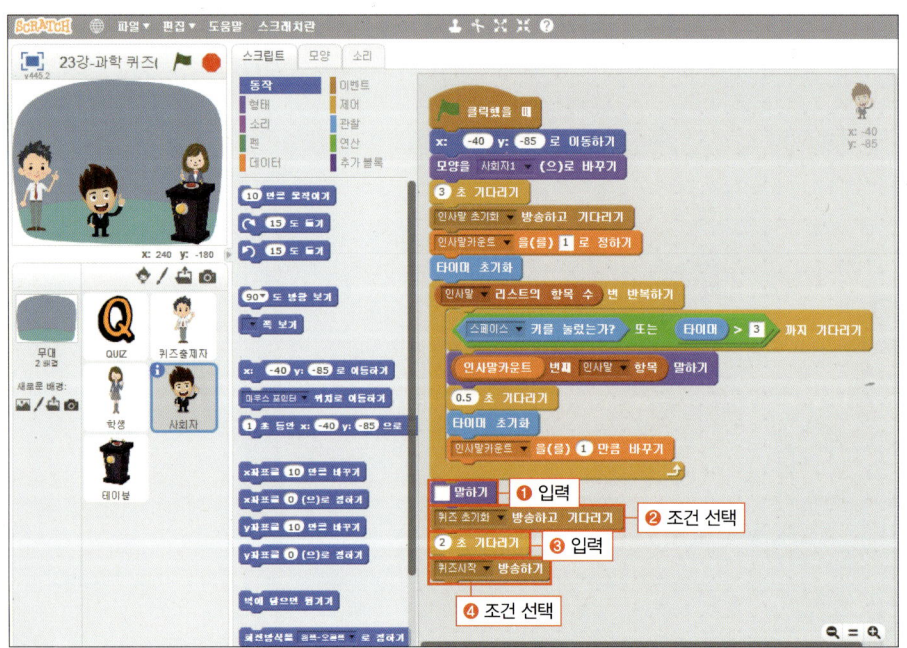

2 | 배경 음악 재생하기

(1) 소리를 무대에 넣기 위해서 무대를 선택한 후 [소리] 탭을 클릭한 다음 [저장소에서 소리 선택(🔊)]을 클릭하고 'guitar chords2' 파일을 선택하여 [확인] 버튼을 클릭합니다.

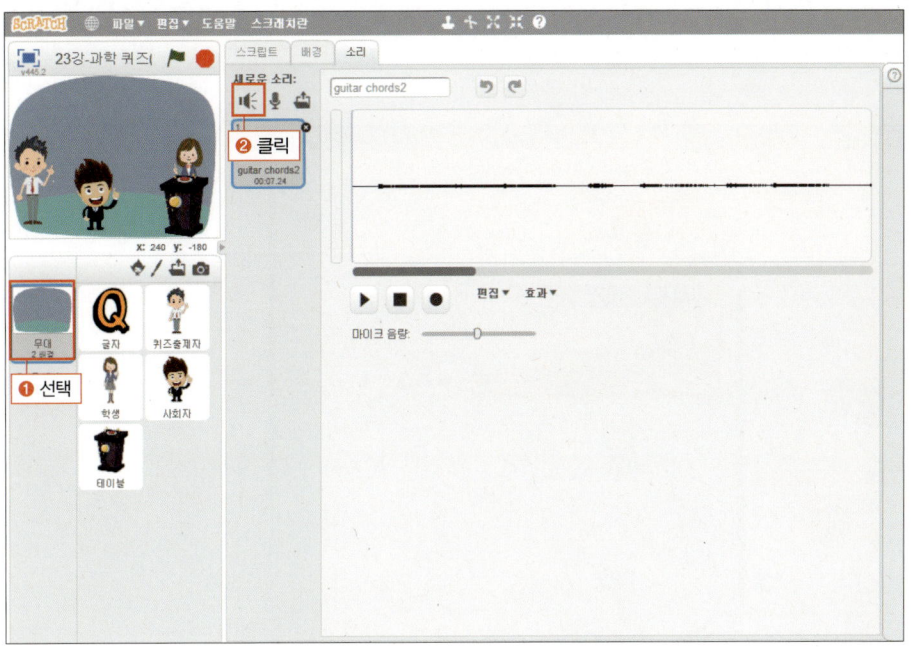

(2) 이벤트 팔레트의 클릭했을 때 블록을 드래그하고 형태 팔레트의 배경을 배경 ▼ (으)로 바꾸기 블록을 연결합니다. 제어 팔레트의 무한 반복하기 블록을 연결하고, 소리 팔레트의 guitar chords2 ▼ 끝까지 재생하기 블록을 안에 연결한 후, ▼를 클릭하여 [guitar chords2]를 선택합니다.

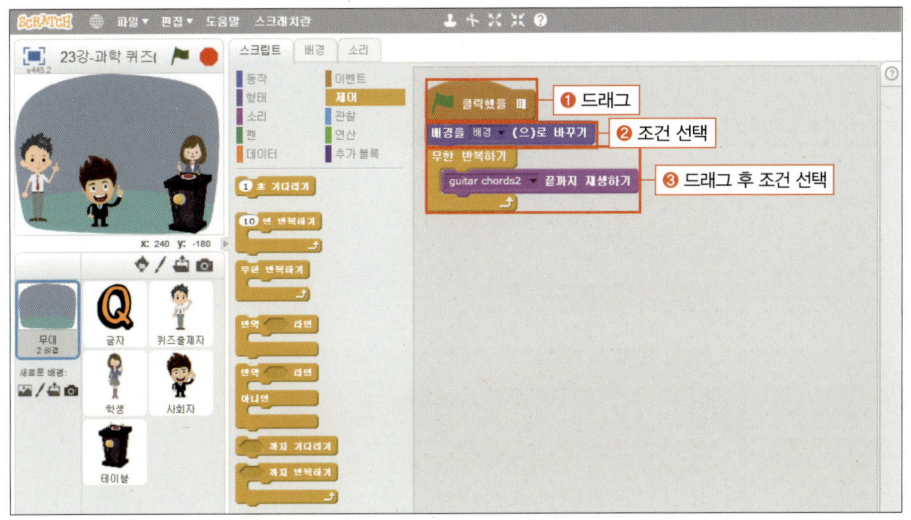

3 | 인사말과 퀴즈 초기화하기

(1) 무대를 선택한 후 이벤트 팔레트의 인사말 초기화▼ 을(를) 받았을 때 블록을 드래그하고 ▼를 클릭하여 [인사말 초기화]를 선택합니다. 데이터 팔레트의 1▼ 번째 항목을 인사말▼ 에서 삭제하기 블록을 연결하고 첫 번째 칸은 ▼를 클릭하여 [모두]를 선택하고, 두 번째 칸은 ▼를 클릭하여 [인사말]을 선택합니다.

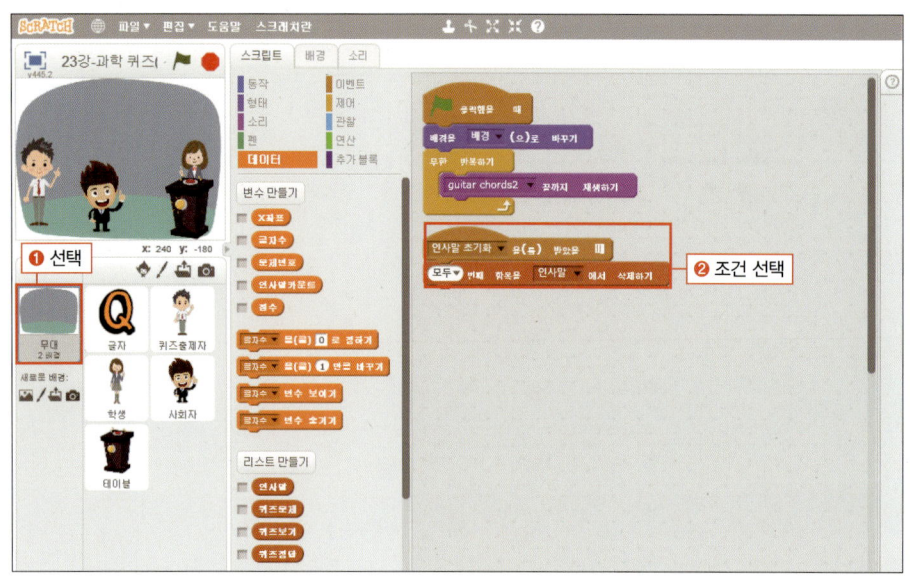

(2) 인사말을 3번에 나눠서 하기 위해 데이터 팔레트의 thing 항목을 인사말▼ 에 추가하기 블록을 3개 연결하고 각각의 값에 인사말을 다음과 같이 입력합니다.

> ① 안녕하세요. 창의력 쑥쑥 과학 퀴즈에 오신 것을 환영합니다.
> ② 지금까지 공부한 내용이니 문제를 잘 보고 정답을 [숫자]로 정확하게 입력해주세요.
> ③ 자! 그럼 준비됐죠? Ready~~Go!!

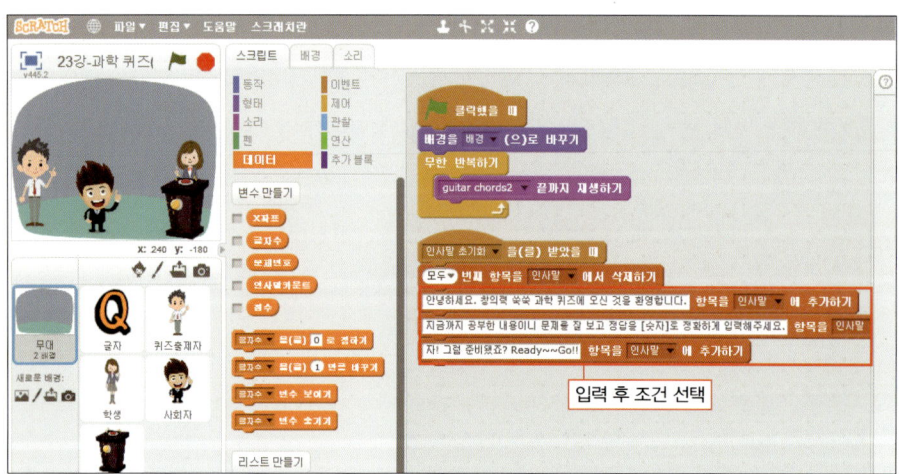

(3) 퀴즈문제와 퀴즈보기, 퀴즈정답도 다음과 같이 코딩합니다.

〈 퀴즈문제 〉

① 문제1) 달의 모양과 달이 뜨는 위치가 다른 것은 무엇때문인가요?

② 문제2) 우리 주변에서 고체 상태인 것은 무엇일까요?

③ 문제3) 잎이 물 위로 뻗어서 사는 식물은 무엇일까요?

④ 문제4) 다음 중 우리 몸의 소화 기관에 해당하지 않는 것은 어느 것입니까?

⑤ 문제5) 다음 중 염기성인 물질은 어느 것입니까?

⑥ 문제6) 어떤 장소에 살면서 환경을 구성하는 생물적 환경 요인과 이를 둘러 싼 비생물적 환경 요인이 상호 작용하는 것을 무엇이라 하나요?

〈 퀴즈보기 〉

① 1.지구의 자전 2.지구의 공전 3.달의 자전 4.달의 공전

② 1.생수 2.수영장의 물 3.비올 때 4.얼음 5.가습기

③ 1.수련 2.부들 3.검정말 4.개구리밥 5.부레옥잠

④ 1.입 2.폐 3.소장 4.위 5.항문

⑤ 1.비누 2.사이다 3.요구르트 4.오렌지 5.김치

⑥ 1.먹이 사슬 2.먹이 그물 3.생태계 피라미드 4.생태계

〈 퀴즈정답 〉

① 4   ② 4   ③ 2   ④ 2   ⑤ 1   ⑥ 4

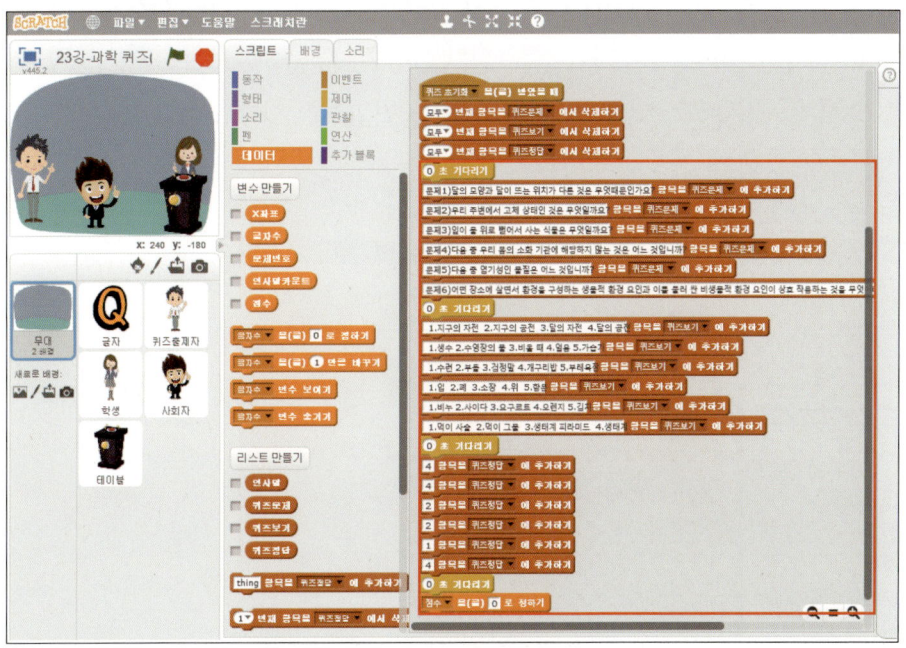

4 | 'QUIZ' 글자 나타내기

(1) 'QUIZ' 스프라이트(**Q**)를 선택한 후, 이벤트 팔레트의 클릭했을 때 블록을 드래그하고, 형태 팔레트의 숨기기 블록과 펜 팔레트의 지우기 블록과 제어 팔레트의 1 초 기다리기 를 순서대로 연결합니다.

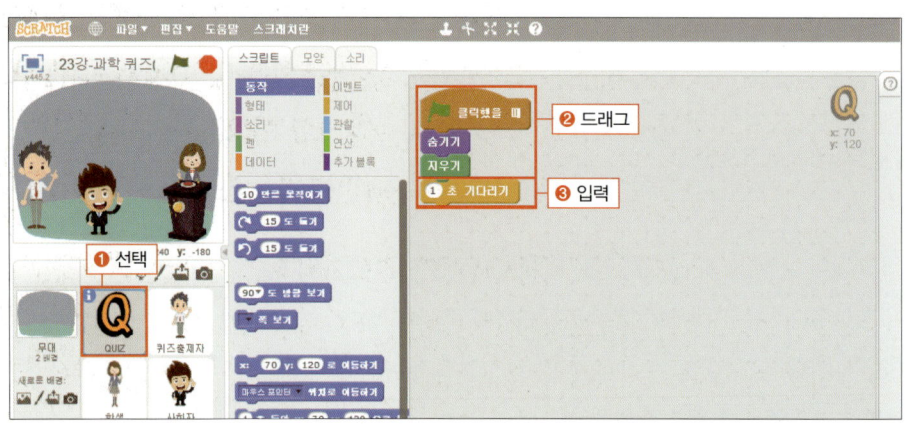

TIP

'QUIZ' 스프라이트(Q) 스프라이트에 여러 모양 추가하기

① 스프라이트를 선택 후 [모양] 탭을 클릭합니다.

② 스프라이트에 모양을 추가하기 위해 [저장소에서 모양 선택(**♦**)]을 클릭합니다.

---

(2) 변수인 '글자수'와 'X좌표' 값을 초기화하기 위해서 데이터 팔레트의 글자수 을(를) 0 로 정하기 블록을 연결하고, ▼를 클릭하여 [글자수]를 선택한 후 값을 '0'으로 초기화합니다. 글자수 을(를) 0 로 정하기 블록을 복사한 후 ▼를 클릭하여 [X좌표]를 선택하여 '-130'을 입력하고 크기를 '60%'로 줄여서 보여줍니다.

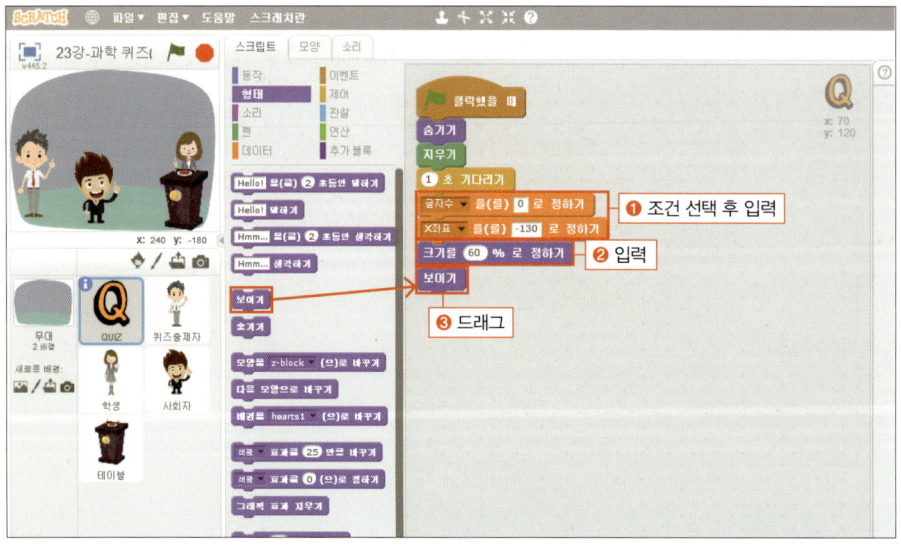

(3) 4개의 글자 스프라이트를 일정한 간격으로 배치하기 위해서 제어 팔레트의
블록을 연결한 후 '4'를 입력하고, 데이터 팔레트의 글자수▼ 을(를) 1 만큼 바꾸기 블록을 안에
연결합니다. 형태 팔레트의 모양을 z-block▼ (으)로 바꾸기 블록을 연결하고 값에 데이터 팔레트의
변수 글자수 블록을 연결합니다. 글자수▼ 을(를) 0 로 정하기 블록을 연결하고 ▼를 클릭
하여 [X좌표]로 선택하고 연산 팔레트의 ◯+◯ 블록의 첫 번째 칸에는 데이터
팔레트의 X좌표 블록을 연결하고 두 번째 칸에는 '50'을 입력하여 연결합니다.

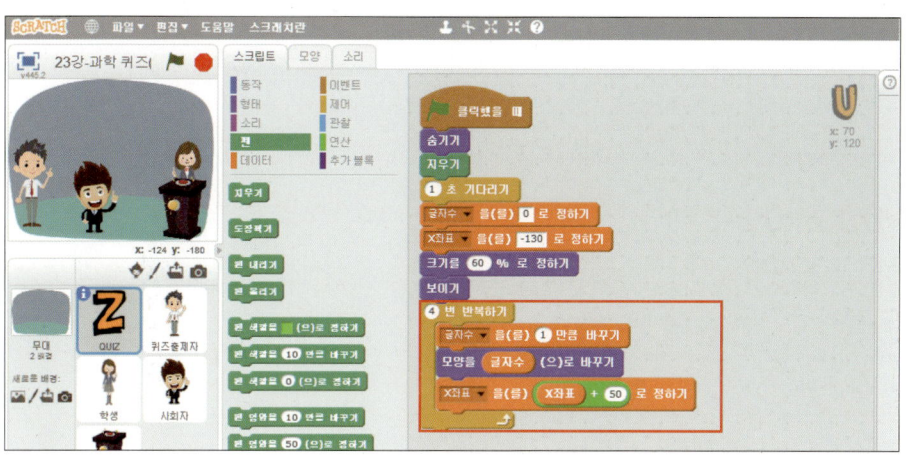

(4) 4개의 글자를 임의의 곳에서 나타나게 하기 위해서 동작 팔레트의 x: 0 y: 0 로 이동하기 블록
을 연결하고 'x'에는 연산 팔레트의 1 부터 10 사이의 난수 블록을 연결한 후 각각 '−235'와
'235'를 입력합니다. 'y'에도 1 부터 10 사이의 난수 블록을 연결한 후 각각 '−175'와 '175'를 입
력합니다. 동작 팔레트의 1 초 동안 x: 0 y: 0 으로 움직이기 블록을 연결하고 '0.5초로 입력하고 'x:
X좌표', 'y: 120'으로 변경합니다. 펜 팔레트의 도장찍기 블록을 입력합니다. [실행(▶)] 버튼
을 클릭하면 배경 음악이 재생되면서 'QUIZ' 글자가 나타나고 '사회자' 스프라이트(🙋)가 인
사말로 퀴즈에 대한 소개를 합니다.

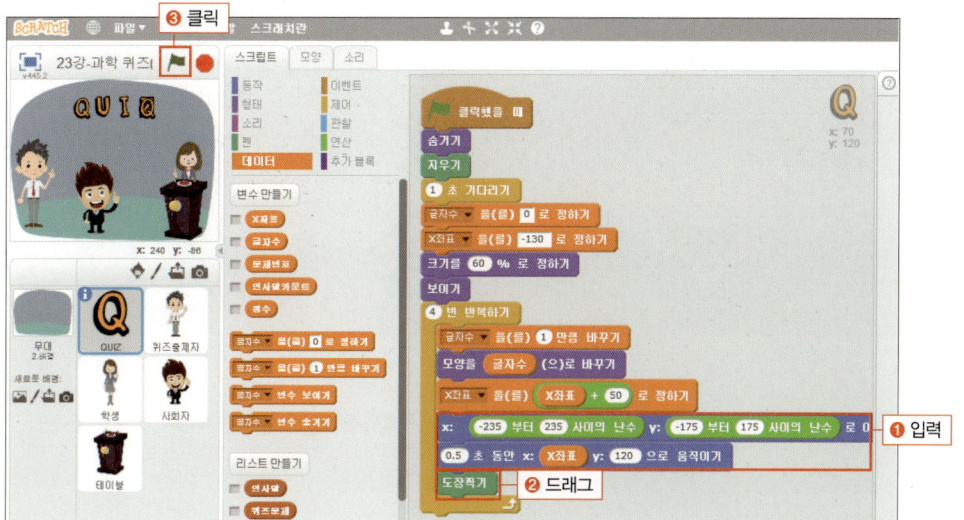

24 과학 퀴즈(2)

과학 퀴즈는 퀴즈문제, 퀴즈보기, 퀴즈정답을 리스트에 저장한 다음 사회자는 퀴즈에 대한 소개를 하고, 퀴즈출제자는 퀴즈문제와 보기를 설명합니다. 학생은 퀴즈를 보고 퀴즈정답을 맞추는 방식입니다. 24강에서는 퀴즈출제자가 퀴즈문제를 설명하고 학생이 문제의 답을 입력하면 사회자가 정답여부를 확인하는 과정을 코딩해봅니다.

- **예제 파일 |** 24강–과학 퀴즈(2)_예제.sb2
- **완성 파일 |** 24강–과학 퀴즈(2)_완성.sb2
- **사용 방법 |** 퀴즈출제자가 퀴즈문제를 순서대로 설명하면 학생이 답을 하고 사회자가 정답여부를 확인 후 퀴즈 문제를 모두 풀면 점수를 발표합니다.

1 | 알고리즘

(1) '퀴즈제출자' 스프라이트(　)가 준비된 퀴즈문제 수만큼 퀴즈문제와 보기를 설명합니다.

(2) 퀴즈문제와 보기를 보고 답을 입력하면 '학생' 스프라이트(　)는 입력한 답을 말합니다.

(3) '학생' 스프라이트(　)가 말한 답이 정답이면 다음 퀴즈문제로 넘어가고 정답이 아니면 사회자가 틀렸음을 말하고 정답을 말해주고 다음 퀴즈문제로 넘어가 준비된 퀴즈문제를 끝까지 진행합니다.

(4) 준비된 퀴즈문제를 모두 푼 경우 '사회자' 스프라이트(　)가 퀴즈의 종료와 점수를 말하고 퀴즈가 종료됩니다.

2 | 순서도

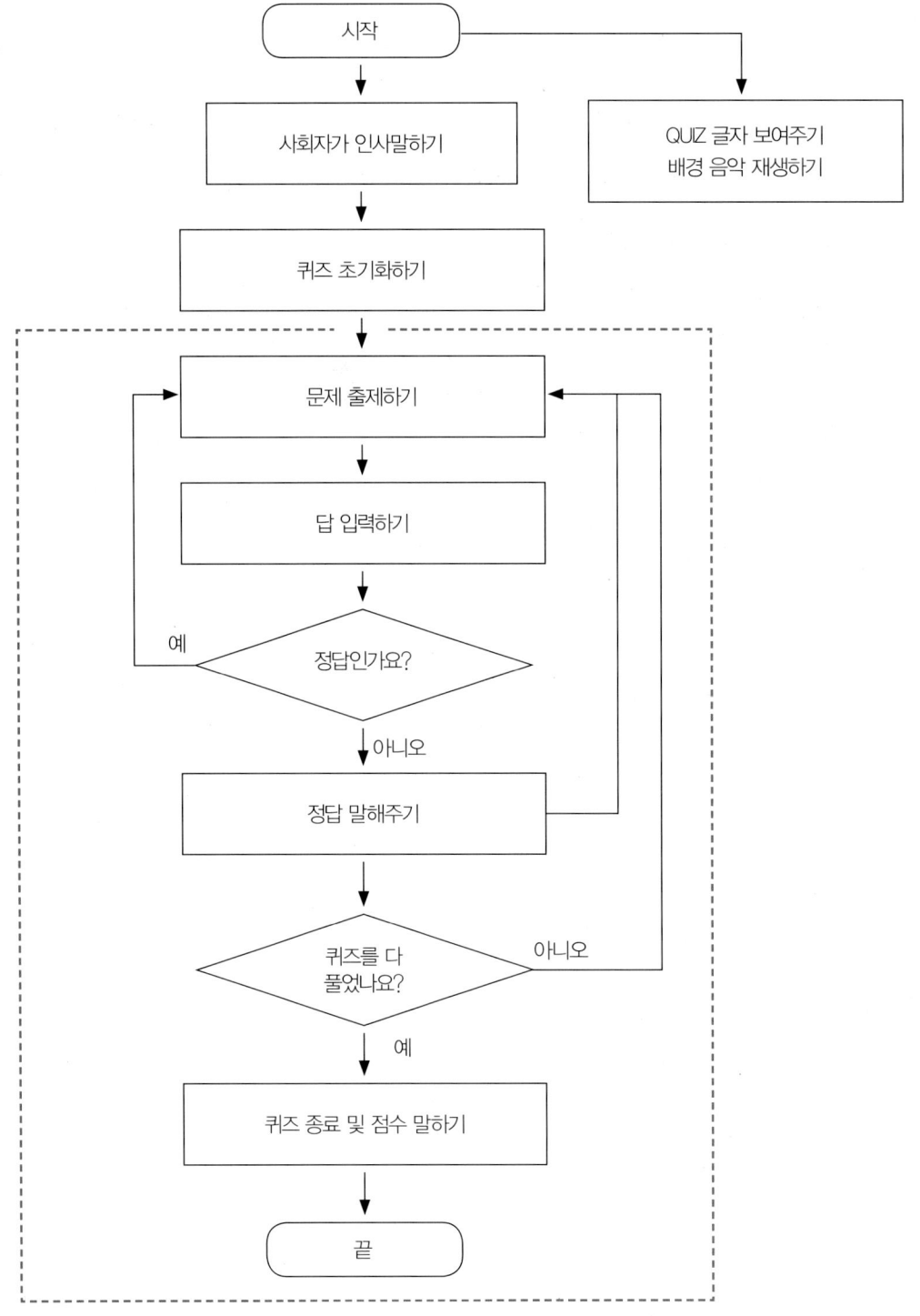

프로젝트 시작하기

1 | 퀴즈출제자 : 퀴즈출제하기

(1) '24강-과학 퀴즈(2)_예제.sb2' 파일을 엽니다. '퀴즈출제자' 스프라이트( )를 선택하여 처음 위치와 처음 모양을 설정한 후 이벤트 팔레트의 퀴즈시작 ▼ 을(를) 받았을 때 블록을 드래그한 후 ▼를 클릭하여 [퀴즈시작]으로 선택하고, 문제번호 값을 초기화하기 위해 데이터 팔레트의 문제번호 ▼ 을(를) 0 로 정하기 블록을 연결한 후, ▼를 클릭하여 [문제번호]로 선택하고 값을 '1'로 입력합니다.

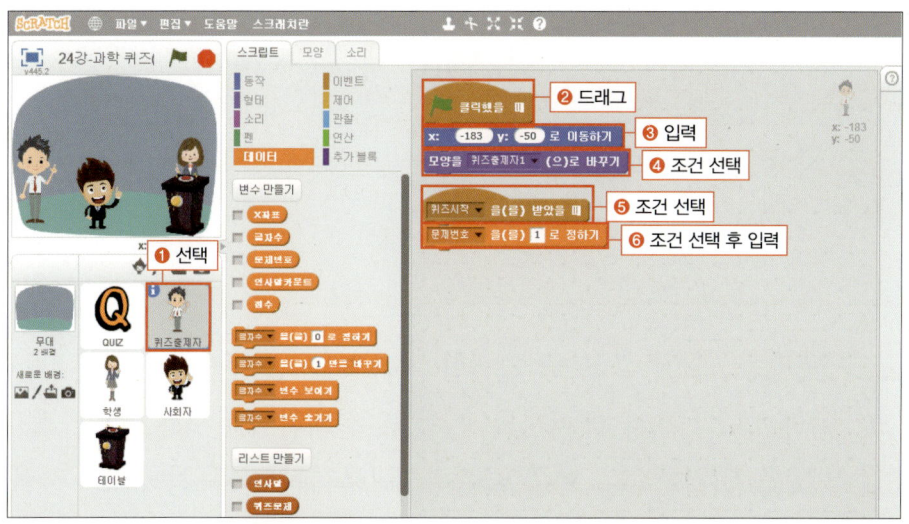

(2) 제어 팔레트의 10 번 반복하기 블록을 연결하고 데이터 팔레트의 인사말 ▼ 리스트의 항목 수 블록을 연결한 후 ▼를 클릭하여 [퀴즈문제]를 선택합니다. 이벤트 팔레트의 메시지1 ▼ 방송하고 기다리기 블록을 연결한 후, ▼를 클릭하여 [문제출제하기] 메시지를 만들고 선택합니다.

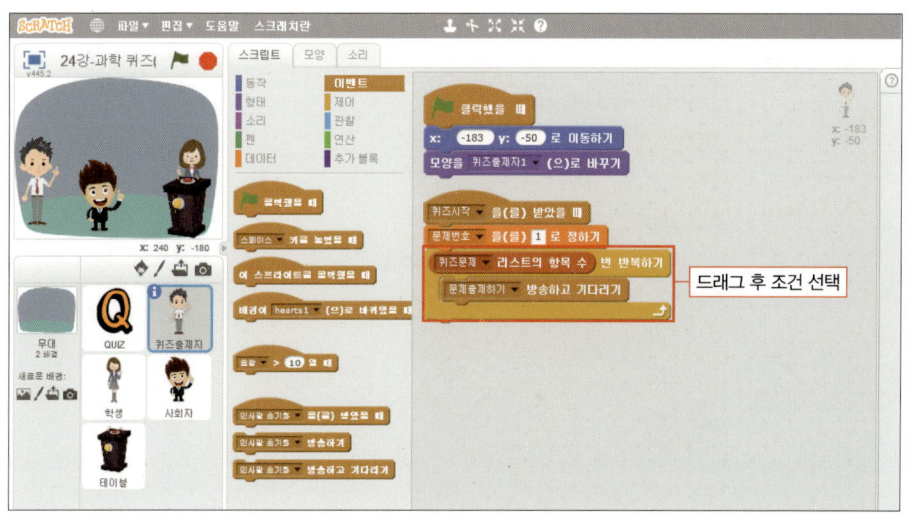

(3) 제어 팔레트의 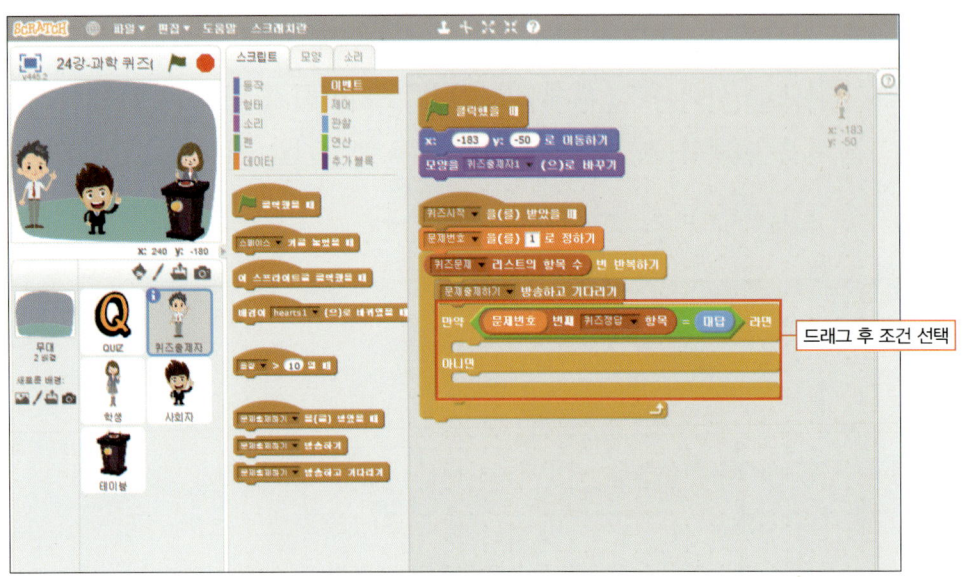 블록을 연결하고 연산 팔레트의 ◁ = ▷ 블록을 연결합니다.

첫 번째 칸에는 데이터 팔레트의 1▼ 번째 퀴즈정답▼ 항목 블록을 연결한 후 문제번호 블록
을 연결하고 두 번째 칸에는 관찰 팔레트의 대답 블록을 연결합니다.

(4) 이벤트 팔레트의 메시지1▼ 방송하고 기다리기 블록을 연결한 후, ▼를 클릭하여 [정답] 메시지
를 만들고 선택하고, 아래에도 [오답] 메시지를 만들고 선택합니다. 데이터 팔레트의
문제번호▼ 을(를) 1 만큼 바꾸기 블록을 연결한 후, ▼를 클릭하여 [문제번호]를 선택하고 값을 '1'
로 입력합니다. 형태 팔레트의 Hello! 말하기 블록을 연결하고 Space Bar 를 1번 입력합니다.
이벤트 팔레트의 메시지1▼ 방송하기 블록을 연결한 후, ▼를 클릭하여 [퀴즈종료] 메시지를 만들
고 선택합니다.

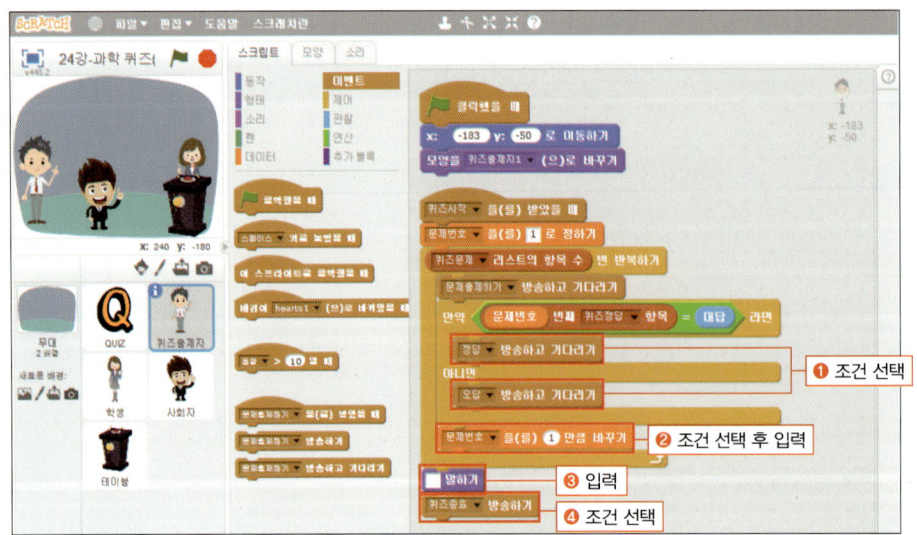

(5) 이벤트 팔레트의 퀴즈시작 ▼ 을(를) 받았을 때 블록을 드래그한 후 ▼를 클릭하여 [문제출제하기]를 선택하고, 제어 팔레트의 1 초 기다리기 블록을 연결합니다. 스프라이트의 모양을 바꾸기 위해서 형태 팔레트의 모양을 사회자1 ▼ (으)로 바꾸기 블록을 연결한 후, ▼를 클릭하여 [퀴즈출제자4]를 선택합니다.

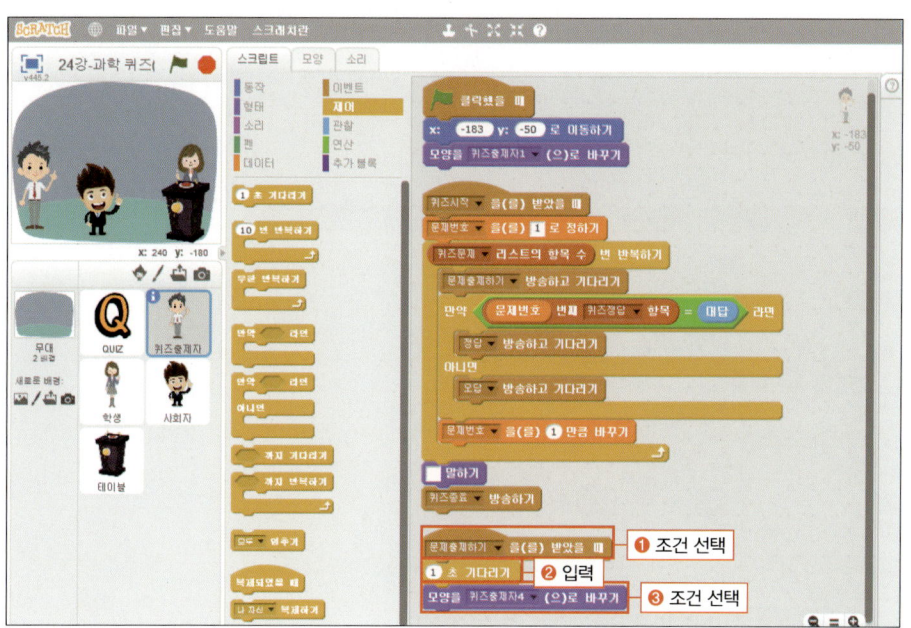

(6) 퀴즈문제와 보기를 묻고 기다리기 위해 관찰 팔레트의 What's your name? 묻고 기다리기 블록을 연결합니다. 퀴즈문제와 퀴즈보기 사이에 공백을 두어 구분하기 위해서 연산 팔레트의 hello 와 world 결합하기 블록을 2개 연결한 후 첫 번째 값을 데이터 팔레트의 문제번호 번째 퀴즈문제 ▼ 항목 블록을 연결하고 세 번째 값을 문제번호 번째 퀴즈보기 ▼ 항목 블록을 연결하고 가운데 값은 삭제합니다.

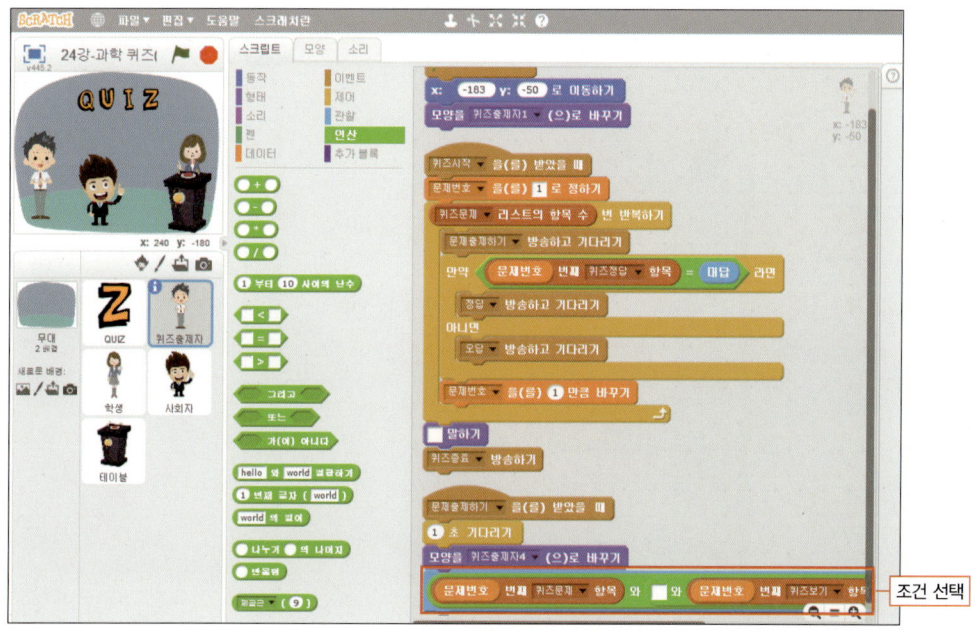

2 | 학생 : 퀴즈에 답하기

(1) '학생' 스프라이트( )를 선택하여 처음 위치와 처음 모양을 설정한 후 '테이블' 스프 라이트( ) 뒤에 보이게 하기 위해 `1 번째로 물러나기` 블록을 연결합니다. `이벤트` 팔레트 의 `문제출제하기 ▼ 을(를) 받았을 때` 블록을 드래그하고 `제어` 팔레트의 `1 초 기다리기` 블록을 연결하 여 '4'를 입력합니다. `형태` 팔레트의 `Hmm... 생각하기` 블록을 연결하고 '음...'을 입력하고 `모양을 사회자1 ▼ (으)로 바꾸기` 블록을 연결한 후, ▼를 클릭하여 [학생2]를 선택하여 생각하는 모습 으로 변경합니다.

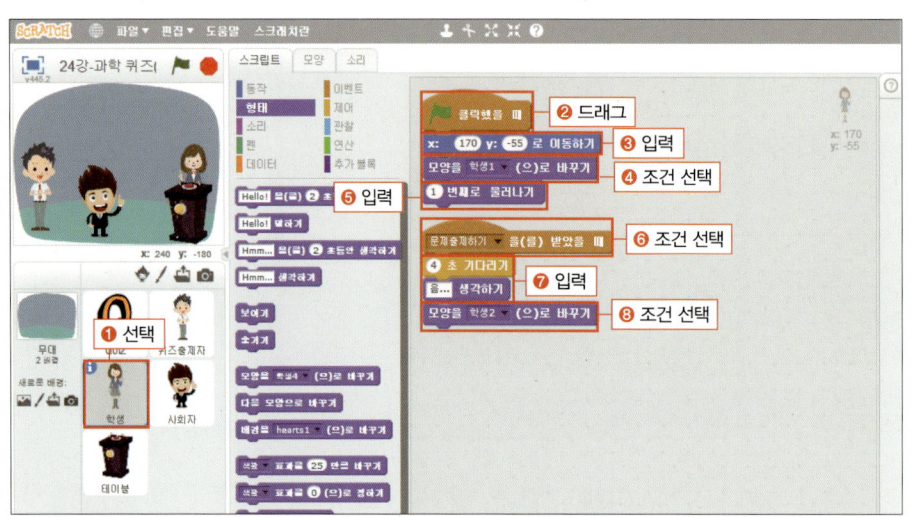

(2) `이벤트` 팔레트의 `문제출제하기 ▼ 을(를) 받았을 때` 블록을 드래그하고 ▼를 클릭하여 [정답]을 선택합니다. `형태` 팔레트의 `모양을 사회자1 ▼ (으)로 바꾸기` 블록을 연결한 후, ▼를 클릭하여 [학생1]을 선택하고 `Hello! 을(를) 2 초동안 말하기` 블록을 연결하고 `관찰` 팔레트의 `대답` 블록을 연결하고 '1'을 입력합 니다. `제어` 팔레트의 `1 초 기다리기` 블록을 연결합니다.

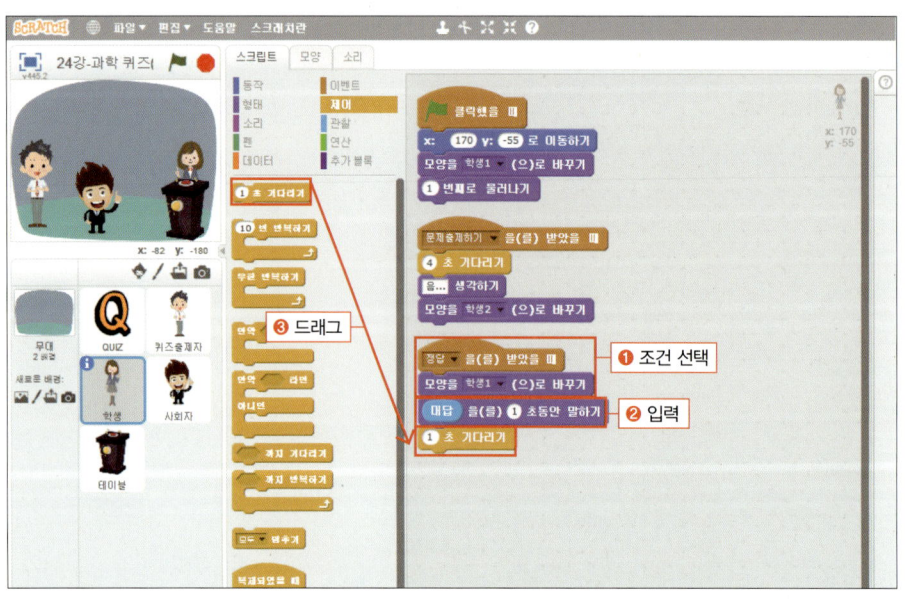

(3) 제어 팔레트의 10 번 반복하기 블록을 연결하고 '3'을 입력합니다. 형태 팔레트의 모양을 사회자1 ▼ (으)로 바꾸기 블록을 안에 연결한 후, ▼를 클릭하여 [학생4]와 [학생1] 을 선택하고 제어 팔레트의 1 초 기다리기 블록을 각각 연결하고 '0.2'를 입력합니다. 데이터 팔레트의 문제번호 ▼ 을(를) 1 만큼 바꾸기 블록을 연결한 후, ▼를 클릭하여 [점수]를 선택하고 값을 '1'을 입력합니다.

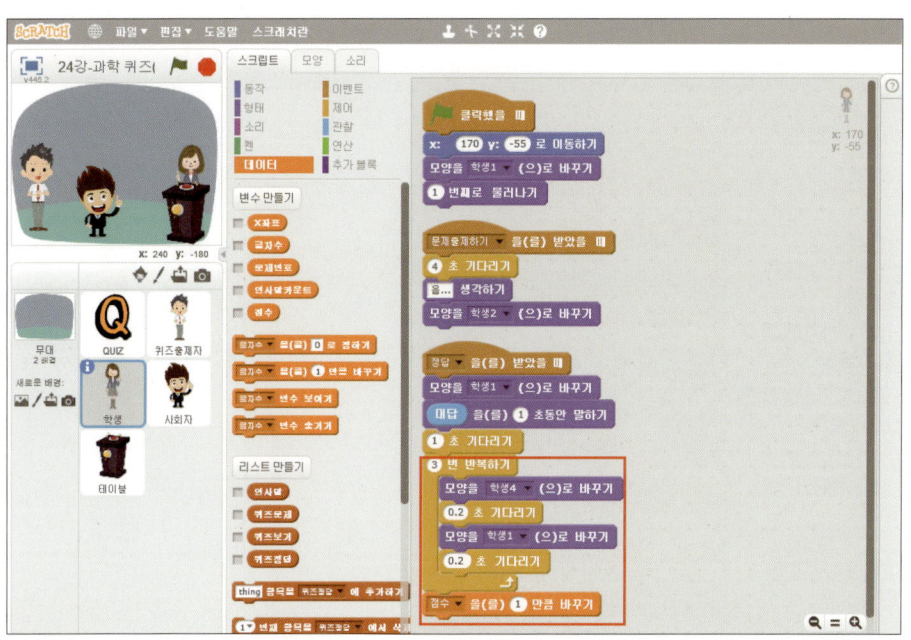

(4) 이벤트 팔레트의 문제출제하기 ▼ 을(를) 받았을 때 블록을 드래그하고 ▼를 클릭하여 [오답]을 선택합니다. 형태 팔레트의 Hello! 을(를) 2 초동안 말하기 블록을 연결하고 관찰 팔레트의 대답 블록을 연결하고 '1'로 값을 입력합니다. 형태 팔레트의 모양을 사회자1 ▼ (으)로 바꾸기 블록을 연결한 후, ▼를 클릭하여 [학생3]을 선택하고 제어 팔레트의 1 초 기다리기 블록을 연결하고 '3'을 입력합니다. 형태 팔레트의 모양을 사회자1 ▼ (으)로 바꾸기 블록을 연결한 후, ▼를 클릭하여 [학생1]을 선택합니다.

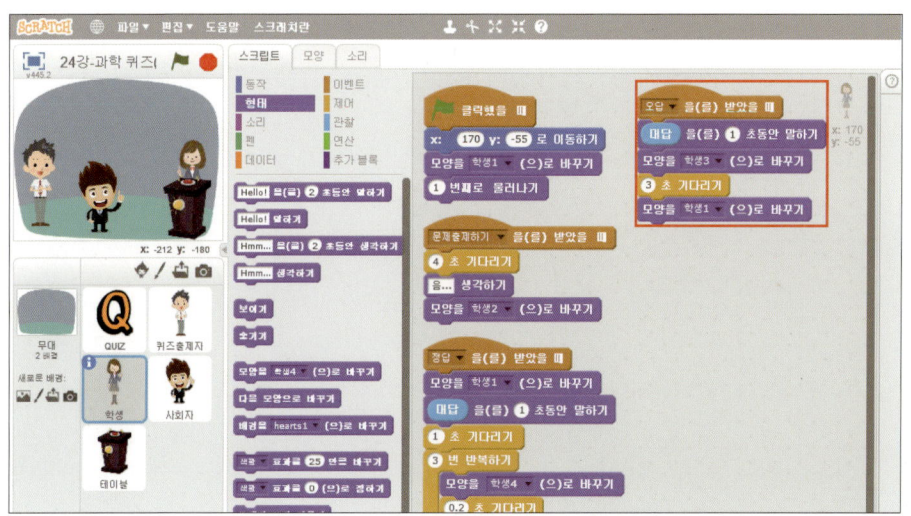

3 | 사회자 : 정답/오답 말하기

(1) '사회자' 스프라이트( )를 선택한 후, 이벤트 팔레트의 문제출제하기 ▼ 을(를) 받았을 때 블록을 드래그하고 ▼를 클릭하여 [정답]을 선택합니다. 제어 팔레트의 1 초 기다리기 블록을 연결합니다. 소리 팔레트의 clapping ▼ 재생하기 블록을 연결합니다. 형태 팔레트의 Hello! 을(를) 2 초동안 말하기 블록을 연결하고 첫 번째 칸에는 '정답입니다. Good job!'을 입력하고, 두 번째 칸에는 '1'을 입력합니다.

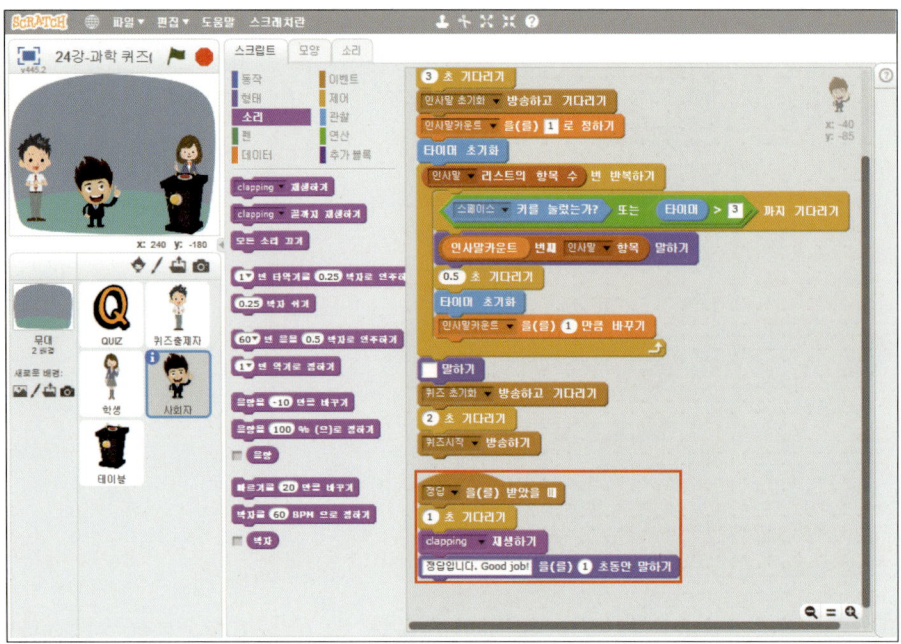

: TIP :

소리 추가하기

스프라이트에 소리를 추가하기 위해서는 [소리] 탭을 클릭한 다음 저장소에서 소리 선택( )을 클릭하여 'clapping' 파일을 선택 후 확인을 클릭합니다.

(2) 이벤트 팔레트의 문제출제하기 ▼ 을(를) 받았을 때 블록을 드래그하고 ▼를 클릭하여 [정답]을 선택하고,
제어 팔레트의 10 번 반복하기 블록과 형태 팔레트의 모양을 사회자1 (으)로 바꾸기 블록을 사용하여
'0.2'초 간격으로 [사회자4]와 [사회자1] 모양을 4번 변경합니다.

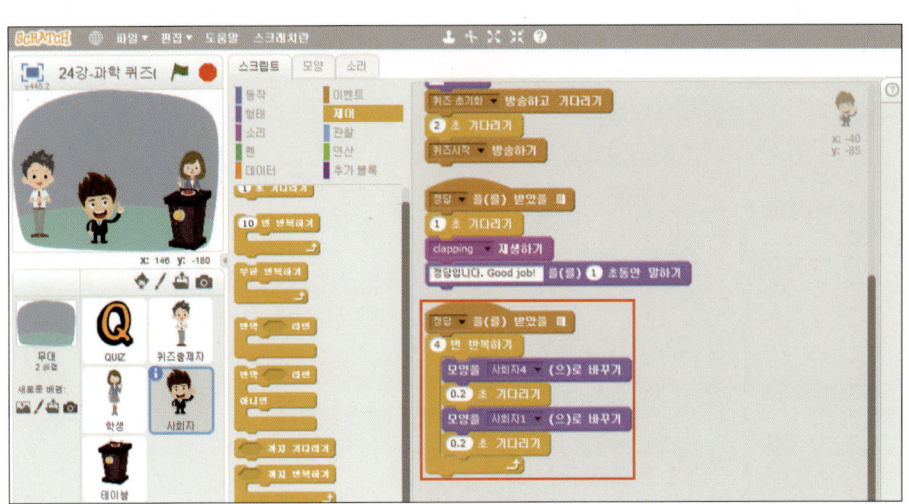

(3) 이벤트 팔레트의 문제출제하기 ▼ 을(를) 받았을 때 블록을 드래그하고 ▼를 클릭하여 [오답]을 선택한 후
1초 기다려 모양을 '사회자3'으로 바꾸고 '틀렸습니다.'를 1초 말한 뒤 다시 모양을 '사회자1'로
바꾸고 문제의 정답을 말합니다. 제어 팔레트의 만약 라면 블록을 연결하고 연산 팔레트의
◀ < ▶ 블록을 연결합니다. 첫 번째 칸에는 데이터 팔레트의 문제번호 블록을 결합하고
두 번째 칸에는 퀴즈정답 ▼ 리스트의 항목 수 블록을 연결한 후 ▼를 클릭하여 [퀴즈문제]를 선
택합니다. 형태 팔레트의 Hello! 을(를) 2 초동안 말하기 블록을 연결하고 '다음 문제로 넘어가겠습
니다.' 와 '4'초를 입력합니다.

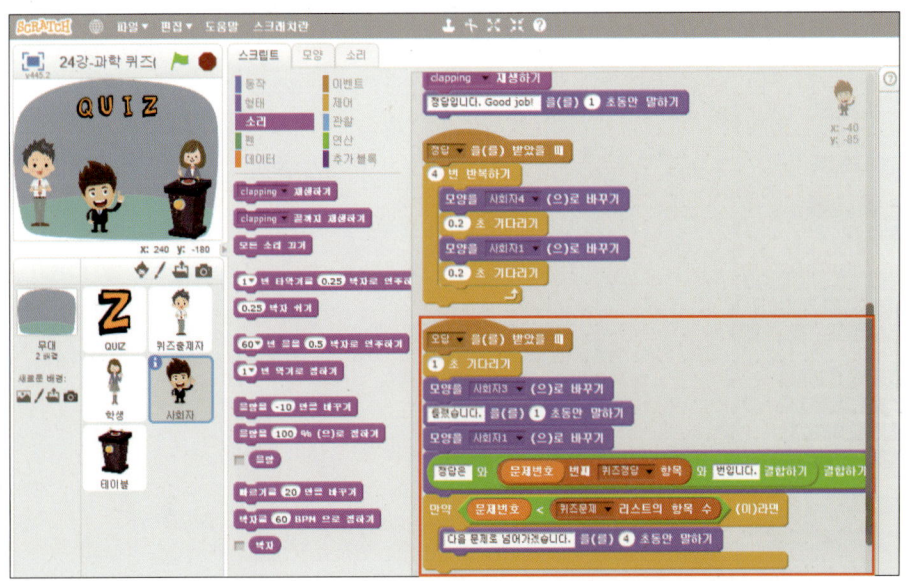

(4) 이벤트 팔레트의 문제출제하기 ▼ 을(를) 받았을 때 블록을 드래그하고 ▼를 클릭하여 [퀴즈종료]를 선택합니다. 형태 팔레트의 Hello! 말하기 블록을 연결하고 연산 팔레트의 hello 와 world 결합하기 블록을 2개 연결한 후 첫 번째 값을 '점수는'을 입력하고 두 번째 값은 데이터 팔레트의 점수 블록을 연결합니다. 세 번째 값에는 '점입니다. 수고했습니다.'를 입력합니다.

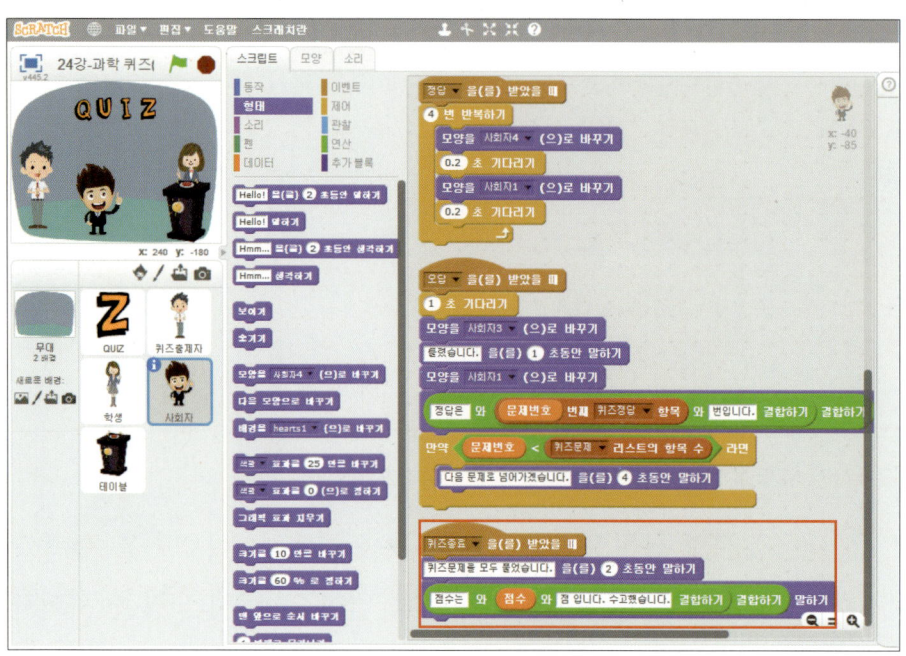

4 | 테이블 스프라이트의 시작 위치 지정 및 배경 바꾸기

(1) '테이블' 스프라이트(📦)를 선택한 후, 이벤트 팔레트의 클릭했을 때 블록을 드래그하고, 동작 팔레트의 x: 0 y: 0 로 이동하기 블록을 연결하고 'x: 160', 'y: −105'로 입력합니다.

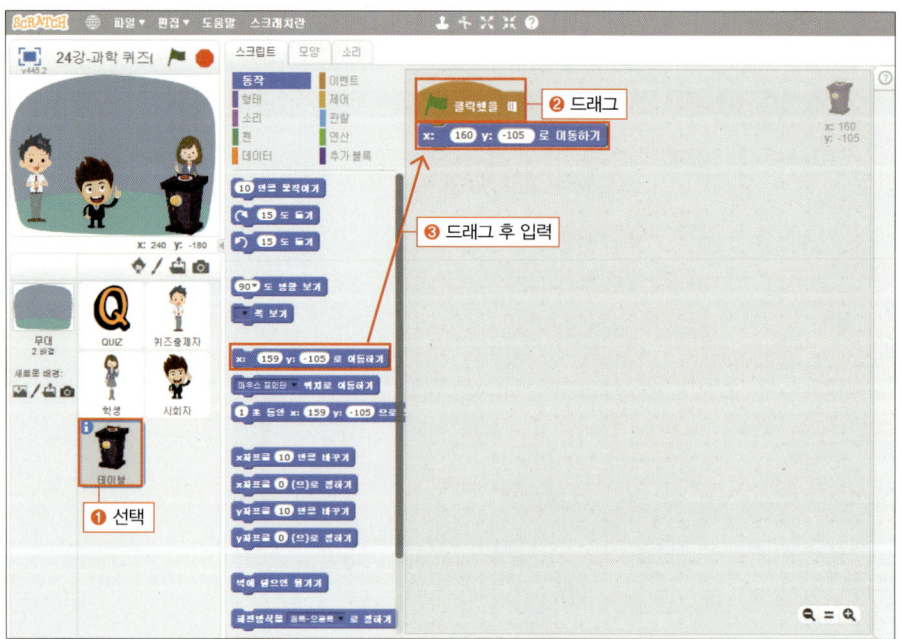

(2) 무대를 선택한 후 이벤트 팔레트의 문제출제하기 ▼ 을(를) 받았을 때 블록을 드래그하고 ▼를 클릭하여 [정답]을 선택합니다. 형태 팔레트의 배경을 배경 ▼ (으)로 바꾸기 블록을 연결한 후 ▼를 클릭하여 [heart1]을 선택합니다. 제어 팔레트의 1 초 기다리기 블록을 연결하고 '2'초로 값을 입력하고 형태 팔레트의 배경을 배경 ▼ (으)로 바꾸기 블록을 연결한 후 ▼를 클릭하여 [배경]을 선택합니다.

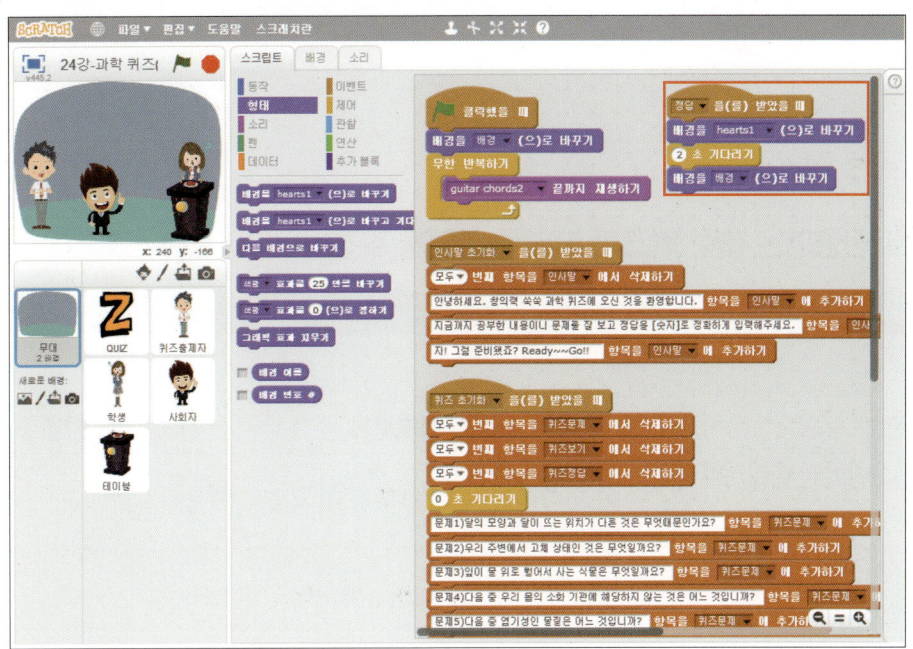

(3) [실행(🏳)] 버튼을 클릭하면 퀴즈가 진행됩니다.

사고력 향상 문제

○ 예제 파일 | 24강–과학 퀴즈(2)_완성.sb2
○ 완성 파일 | 24강–과학 퀴즈(2)_사고력향상_완성.sb2

1 퀴즈문제를 4개 더 추가합니다.

2 10개의 퀴즈문제로 진행되는 과학 퀴즈가 되도록 코딩을 수정합니다.

HINT

추가하는 퀴즈문제 샘플

퀴즈문제	퀴즈보기	정답
문제7, 지구가 물체를 끌어당기는 힘의 크기를 무엇이라고 하나요?	① 힘　② 무게　③ 부력　④ 저울　⑤ 높이	②
문제8, 조선 시대의 봉수방법에 따라 적이 나타나면 봉수대는 몇 화를 하나요?	① 1화　② 2화　③ 3화　④ 4화　⑤ 5화	②
문제9, 거울에 비친 물체의 모습은 원래 물체와 무엇이 바뀌어 보이나요?	① 앞뒤　② 상하　③ 좌우　④ 고저	③
문제10, 달의 바다에는 물이 없다.	① X　② O　③ 모름	②

스크래치야! 과학이랑 놀자 프로젝트편

1판 1쇄 발행 2017년 2월 28일
1판 2쇄 발행 2017년 11월 27일

저   자 | 김미의, 김현정, 이미향
발 행 인 | 김길수
발 행 처 | (주)영진닷컴
주   소 | (우)08505 서울시 금천구 가산디지털2로 123
　　　　　월드메르디앙 벤처센터 2차 10층 1016호

출판등록 | 2007. 4. 27. 제16-4189호

ⓒ2017. (주)영진닷컴

ISBN | 978-89-314-5540-3

YoungJin.com Y.
영진닷컴